KB267819

THE CAR PARADE IN THE REPUBLIC OF ILLUSION

환상 공화국의 카퍼레이드

THE CAR PARADE IN THE REPUBLIC OF ILLUSION

© 2026 by Won Jong Hun

2026 by Marco Polo Press, Sejong

All rights reserved.

이 책의 저작권은 저자와의 독점 계약으로 마르코폴로 출판사에 있습니다. 저작권법에
의해 한국 내에서 보호를 받는 저작물이므로 무단전재와 무단복제를 금합니다.

환상 공화국의 카퍼레이드

원종훈 지음

마르코폴로

목차

■ 일러두기 ■

1. 이 책은 논픽션이다.

여기에 실린 사건들은 1962년 5월에서 1981년 5월 사이에 일어났다. 이 기간 동안 발생한 모든 사건들은 다양하고 방대한 아카이브에서 가져왔다. 이 책은 조각조각 존재하는 오래된 기록물들의 궤적을 직조하듯 엮고 짜나가며 미세한 온기를 불어넣었다.

2. 이 책에서 사용한 기록물은 다음과 같다.

국내 신문기사, 국가기록원·대통령기록관·서울기록원의 공식문서와 기록사진, 외교부 문서, 법령, 관보, 공개/비공개 대한뉴스와 기록영상, 국내 오디오 녹음, 지도, 국내 TV영상, 해외기록영상, 기밀 해제된 미국의 공식문서, 해외신문·잡지, 해외라디오방송의 오디오 녹음 등이다.

3. 이 책의 제목에 관하여

일반적으로 퍼레이드(parade)는 축제, 축하 행사의 일환으로 차량과 코스튬을 한 사람들, 군인, 경찰, 고적대 등이 대열을 이루어 시가행진하는 것을 지칭한다. 차량 위주의 긴 행렬은 카퍼레이드(car parade), 모터케이드(motorcade)로 부른다. 또는 고층빌딩에서 대량의 종이테이프를 뿌린다 하여 '티커 테이프 퍼레이드(ticker-tape parade)'라고 한다.

THE CAR PARADE IN THE REPUBLIC OF ILLUSION

서울운동장에서 열린 파월장병 개선 환영식. 1973년.

원형경기장의 리허설

"군사혁명위원회는 오늘 오전 7시를 기해 일체의 장면 정권을 인수한다. 민의원과 참의원, 지방의회는 오후 8시를 기해 해산한다. 국가기구의 일체의 기능은 군사혁명위원회가 집행한다."

— 군사혁명위원회 포고문 4호,[1] 1961년 5월 16일, KBS라디오방송

경복궁과 군사혁명 1주년 기념 산업박람회

1962년 4월 20일은 국가적인 행사의 개막식이 열리는 날이었다. 경복궁은 완연한 봄이었다. 행사명은 군사혁명 1주년 기념 산업박람회. 1년 전인 1961년 5월 16일, 4·19혁명으로 집권한 민간정부를 무너뜨리고 권력을 장악한 군인들에게 오늘은 환희의 기억, 경축의 시간, 승리의 날이었다.

일제강점기부터 조선의 궁궐들은 박람회의 배경으로 활용되었

다. 과거의 전통과 새로운 문물의 화학적 결합을 시도하고 이를 대중에게 선전하는 데 궁궐은 최적의 장소였다. 1929년 9월 12일부터 10월 31일까지, 조선총독부는 경복궁에서 조선박람회를 개최했다. 주된 목적은 조선 식민통치 20주년 기념이었다.[2] 미군정 시기인 1946년 10월 15일부터 11월 25일까지 창경원에서 건국공업박람회가 열렸는데, 조선공업기술연맹이 해방 1주년을 기념하기 위해 주최했다. 예산은 천만 원 정도가 소요됐던 것으로 보인다.[3] 이승만 정권 시절인 1955년 10월 1일부터 11월 30일까지, 창덕궁에서 해방 10주년 경축 산업박람회[4]가 열려 세간의 관심을 모았다. 이처럼 조선의 궁궐은 왕좌를 손에 넣은 자들에게 무대의 세트장과 같았다. 조선의 궁궐은 권력을 위한 찬미의 공간이었다. 그뿐만 아니라 1963년 6월 6일에는 서독의 서커스단이 내한하여 경복궁에서 서커스 공연을 했고 같은 해 11월 10일에는 한일투견대회가 경복궁 특설무대에서 벌어졌다. 1964년 6월 28일에도 경복궁의 특설무대에서 미스코리아 선발대회가 열렸다.[5] 조선의 궁궐은 새로운 오락장으로 전락했다.

1962년 4월 20일 오전 11시가 되자 경복궁은 개막식에 초청받은 내외귀빈들의 발걸음으로 활기를 띠었다. 일반 공개는 오후 2시로 예정되어 있었다. 그 시각이 되면 경복궁은 관람객들의 물결로 발 디딜 틈 없이 북적일 것이다.

개막식이 준비된 곳은 박람회 전시관 중 하나인 '연예관'이었다. 귀빈으로 온 정복 차림의 군인 장성들이 하나둘 모여들고 있었다. 박람회 개최 기간은 4월 20일부터 6월 5일까지로 예정되었고 주최는 사단법인 한국산업진흥회였다. 해당 기관의 고문이 송요찬 내각

환상 공화국의 카퍼레이드

수반 겸 경제기획원 원장이었는데, 그는 1960년까지 육군참모총장이었다. 군인들의 손길이 박람회 전반에 뻗어 있었다. 1961년 11월경, 권력을 쟁취한 군인들은 박람회를 기획했다. 대중에게 혁명을 기념하고 축하하는 거대한 국가적 이벤트가 필요했다. 이듬해 1962년 2월 초에 박람회 전시관 공사가 시작되었지만, 초기부터 예상치 않은 난관에 부딪혔다. 국가보조와 융자로 마련한 최초 예산이 공사비가 늘어나자 계속 증액하여 10억 환까지 산출되었다.[6] 공사 인력은 대략 3만에서 6만 명 선으로 추정된다. 총 소요비용의 추정치는 최소 6억에서 최대 11억 환이다. 결과적으로, 공사 투입 인력과 비용이 기하급수적으로 늘어난 것이다. 박람회의 기획자들은 고심했을 것이다. 국가적 행사의 개봉일에 맞춰 모든 것이 실수 없이 진행되도록 밀어붙여야 했다. 계산상의 오류를, 그들은 혁명 완수의 군인정신으로 속전속결로 몰아치며 전진해갔다. 5월 16일 혁명 1주년을 위해서, 그리고 권좌에 오른 그를 위해서.

　박람회 개막식 날 뉴스의 초점은 테이프 커팅식[7]이었다. 전시관 주변에는 만국기가 내걸렸고 공중에 떠 있는 현수막과 애드벌룬이 바람에 흔들렸다. 박람회의 분위기는 아직 잔잔했다. 특별관 앞에 내외귀빈들이 모여들어 인사를 나누던 때였다. 고위 장성 한 명이 의전을 받으며 나타났다. 그는 군사혁명의 정점, 대통령권한대행이자 육군 대장, 46세의 박정희. 대외적인 그의 공식 직함은 국가재건최고회의 의장이었다. 갈색 선글라스에 흰색 장갑을 꼈으며, 과묵하고 단단한 인상의 소유자였다. 작은 키였으나 한눈에도 차가운 위압감을 풍겼다. 그는 모여든 대중 앞이 어색한 듯 경직된 느낌을 풍겼다. 하지만 갈색 선글라스는 베일처럼 그의 모든 표정을 가로막고 있었다. 내외귀빈들이 오색 테이프 앞에 일렬로 줄지어 서서 정가운데에 있는 그를 쳐다봤다. 그가 기다렸다는 듯이 오색 테이프를 자르면서, 군사혁명 1주년 기념 산업박람회가 본격적인 막을 올렸다.

새로운 왕국의 문이 열렸다. 박정희는 군주였으며 다른 한편으로 장군이었다. 갈색 선글라스 속 그의 시선이 어딘가를 가만히 응시했다. 갈색 선글라스를 낀 그의 모습은 파란 하늘과 선명한 대비를 이루며 차가운 발톱을 지닌 맹금류처럼 번뜩였다.

■ 박람회장에서 선전하라

경복궁 서북단은 민간인 통제구역이었다. 그곳에는 군부대 병력이 주둔 중이었다. 1961년 5월 16일 육군 30사단 1개 대대가 혁명군으로 동원되어[8] 경복궁 북단에 위치한 집옥재 인근에 진주했다. 혁명에 성공한 이후인 6월 1일부터 기존 1개 대대는 새로운 명칭의 부대로 탈바꿈했다. 수도경비사령부 소속 30경비단이었다. 그들의 임무는 담장을 사이에 둔 청와대를 경비하는 것이었다. 그래서 경복궁의 북단은 24시간 군인들의 군홧발과 총기가 지키고 있는 금단의 구역이 되었다. 무겁고 서늘한 공기가 궁궐의 시간을 지배했다.

그럼에도 박람회장을 열기에 가장 뛰어난 입지 조건을 가진 장소는 경복궁이었다. 주최 측이 박람회장 공사 일정을 무리하게 진행하면서 경복궁 뜰 450평이 심하게 훼손되었다. 이를 의식한 듯 박정희 의장은 5월 3일 전시관을 관람하면서 박람회 관계자들에게 지시를 내렸다.[9]

“경복궁을 이전 상태로 보수하시오.”

박람회장은 군부대가 있는 경복궁 북단을 제외한 대부분에 걸치는 규모였는데, 총 8만여 평의 대지 위에 1만 3천여 평의 각종 건물 150여 동이 세워졌다.[10] 이 수치는 30여 개의 전시관과 부대시설인 식당, 보건진료소, 파출소, 우체국, 공중전화, 면세점 등을 포함한 것이다. 박람회 개막식 당일인 1962년 4월 20일 오후 2시가 되자 박람회장의 문이 활짝 열렸다. 관람객들이 일제히 우르르 쏟아져 들어왔다.[11] 입장료는 대인 300환, 소인 150환, 군인과 경찰은 100환, 단체관람객은 100환이었다.[12]

전시관은 크게 특별관, 국제관, 업종별관, 도별관, 개인관으로 구분되었다. 특별관에는 혁명기념관, 재건국민관, 5개년경제계획관, 반공관이 들어섰다. 전시관의 명칭에서 보듯, 5.16혁명을 성공한 혁명정부의 업적, 경제5개년계획의 해설, 자유진영과 공산진영의 비교대조 등을 주된 내용으로 삼았다. 혁명의 선전장이었다. 특별관의 또 다른 전시관인 과학관, 발명관, 조달청관에서는 다른 볼거리를 보여주었는데, 과학관에서 전시한 원자로 모형이 관람객들의 눈길을 끌었다.

국제관에는 미국관, USOM(주한미국경제협조처)관, UN군관, 중국관[13], 이태리관, 일본관, 영국관, 서독관, 불란서관, 교포관을 설치했다. 미국관에 전시된 우주복과 인공위성 모형은 동경의 볼거리였다. 관람객들에게는 아직 너무 먼 공상과학의 세계였다. 선글라스를 벗은 박정희 의장은 뒷짐을 진 채 우주복을 유심히 살펴보았다. 그의 시선에는 호기심과 선망이 묻어났다. USOM관은 서울시의 미래모형을 전시했는데, 용산에 항구를 건설한다는 환상적인 설계 디자인이었다.[14] 교포관은 재일교포 기업들이 대부분이었다.

도별관은 총 10개 전시관이었다. 업종별관은 기계관, 농림관, 수산관, 공업관, 식품관, 전력관, 기구관, 문방구·운동구관 등 총 19개 관으로 구분했다.

기업, 식당, 직무역(면세점) 업체는 개인관에 속했다. 기업 전시관 중에는 시온관이 있었다. 시온관은 시온산업에서 생산한 식품류, 섬유류 같은 생활소비품들을 전시했는데, 그들의 말처럼 박람회를 통해 "시온제품이 공식적인 전시 기회를 갖게"[15] 되었다. 시온산업은 흔히 신앙촌, 전도관으로 알려진 신흥종교집단 천부교(天父敎)에서 세운 기업이다. 천부교는 1950년 중반에서 1970년대에 걸쳐 전국적으로 수백만의 신도들을 모으며 교세를 확장했다. 1962년은 그들의 전성기가 열린 전환점이었다. 개인관에는 서울에서 좀처럼 보기 힘든 외국요리점을 포함한 20곳 가량의 식당들이 자리했다.

4월 27일 박람회 기념복권이 박람회장과 서울 시내 일원에서 판매되었는데 국내 최초의 복권이었다. 신문사들은 연일 대한민국 최초의 복권에 대한 궁금증을 쏟아냈다. 1장 가격에 100환 하는 즉석복권으로, 특등 500만 환, 1등 100만 환, 그밖에 5등까지 당첨금이 정해져 있었다. 그로부터 3일 뒤인 4월 30일에 처음으로 1등 당첨자가 탄생했는데 그의 직업은 엿장수였고[16] 이어서 5월 1일에 뽑힌 1등 당첨자는 과자행상이었다.[17] 가난한 이들의 복권 당첨은 충무로 가족신파 멜로드라마의 인생스토리였다. 복권은 박람회를 선전하고 대중의 관심에 불을 붙이는 효과적인 수단이었다. 시간이 지날수록 박람회 분위기가 한껏 고조되면서 관람인파가 계속 늘어갔다.

　　　　　　　　　　　　　　환상 공화국의 카퍼레이드

박람회의 기획자들은 전시관을 통해 대중에게 혁명의 가치를 선전하는 데 초점을 맞췄다. 반면 특별쇼와 각종 부대행사의 이벤트 방향은 갈래를 달리했다. 대중에게 판타지와 극장쇼를 보여주는 것이었다. 박람회의 기획자들은 '한 손에는 혁명의 비전을, 다른 한 손에는 판타지와 극장쇼를' 보여주듯 영리한 전략을 구사했다. 그들은 대중의 구미를 당길 만한 다채로운 메뉴를 준비했다. 그러나 모든 기획은 군사혁명 1주년 기념이라는 대명제의 구현이었다.

국가재건최고회의는 5월 16일을 공휴일로 지정했으며, 통행금지 시간을 한시적으로 해제하기로 결정했다. 이와 같은 특별 조치에 따라, 박람회 개장시간은 오전 8시부터 밤 10시 20분까지로 연장 조정되었다.[18] 쏟아지는 관람객들을 맞이할 준비가 끝난 셈이다. 서울의 밤이 밝아졌다.

전시관 중 하나인 수족관에 40평 규모의 잠수관을 설치하여 제주도의 해녀들이 직접 물속에 들어가는 광경을 시연했다. 수족관 속 해녀들의 물질은 서울사람들에게 진기한 볼거리였다. 연예관은 연일 특별쇼를 제공했다. 미스·미스터 산업선발대회, 미8군사령부의 주최로 매주 토요일 저녁과 일요일 오후에는 미군 군악연주, 매일 1회의 GI쇼가 열려 관람객들을 불러 모았다.[19] GI쇼는 주한미군을 대상으로 하는 미8군쇼였다.[20] 빅밴드 악단으로 구성된 미8군쇼는 정통 아메리칸 스타일의 음악, 무용, 코미디, 마술 등이 가미된 1시간 남짓의 버라이어티쇼였다.[21] 어린이 놀이터, 당구장, 골프장 같은 최신 시설들이 설치되어 관람객들은 흔치 않은 오락을 즐겼다.

이벤트의 라인업은 화려하고 다양하고 굵직했고, 국제적인 모양새를 겸비해서 연출되었다. 음악제에서 영화제, 패션쇼, 해외무용단 공연, 아시아민족반공총회, 그리고 시가행진과 카퍼레이드까지 망라되었으며, 무엇보다 시각적인 볼거리로 꾸며졌다.

1961년 12월 26일 지휘자 안익태가 2년 만에 고국을 방문했다. 며칠 뒤인 1962년 1월 5일 그는 박정희 의장을 만났다.[22]

"안 선생께서, 한 해에 6개월씩 머물면서 나라를 위해 일해 주십쇼."

박정희 의장이 안익태에게 건넨 인사였다.

"보답의 시기가 꼭 올 것으로 믿습니다. 서울은 동양의 아테네가 될 겁니다."

안익태가 기꺼이 화답했다.

안익태는 올 연말까지 소화해야 할 각국의 공연 일정이 빽빽하게 잡혀 있는 처지였다. 고국에서 할 일을 쉽게 결정할 수는 없었다. 하지만 그는 박정희 의장이 발산하는 카리스마에 매료되었는데, 장군의 모습에 더 빠져들었다. 그래서일까, 그는 언론 인터뷰에서 속내를 고백하며 박정희 의장을 치켜세웠다.

"한 나라는 교향악단과 같아서 지휘자의 능력에 달렸죠. 위대한 지도자 박정희 장군 밑에서 국민 각자가 맡은 일을 잘 해나가면 됩니다. 나라가 잘 될 겁니다."[23]

얼마 뒤, 안익태는 출연진을 이끌고 메인 무대를 지휘하는 것은 물론 행사의 고문직까지 수락했다. 그렇게 제1회 서울국제음악제가 탄생했다.[24]

세종로 서울시민회관은 서울국제음악제의 첫 공연을 보기 위해 몰려드는 사람들의 발길로 붐볐다. 4월 18일 레나토 파사노의 지휘로 이탈리아 체임버 오케스트라 비르투오시 디 로마가 '오보에 협주곡'을 연주하며 음악제전의 첫 공연을 열었다. 서울국제음악제의 스포트라이트는 단연코 5월 2일 서울시민회관 공연에 모아졌다. 객석은 만원이었다. 무대의 주인공은, 스페인 마요르카 오케스트라의 상임지휘자로 있는 안익태였다. 곡명은 '교향곡 제9번 합창 제4악장'. 출연 인원만 해도 무려 800명에 이르는 대형 무대였다. 5월 3일 하프의 거장 니카노르 사발레타의 하프 독주회가 열렸다. 다음날은 첼로의 거장 앙드레 나바라가 '로시니의 주제에 의한 변주곡'을 연주했다. 5월 5일 무대에 선 피아니스트 오라치오 프루고니가 청중에게 '베토벤의 32개의 변주곡 C단조'를 선보였다. 5월 7일 독일의 전설적인 성악가가 등장했다. 그의 이름은 게르하르트 휘슈였는데, 오페라 연출자로서 무대에 섰다. 베토벤의 유일한 오페라 피델리오 중에서 2막 2장이 레퍼토리였다. 지휘자는 만프레드 구를리트였다. 두 음악가 모두 일본과 깊은 인연이었는데, 게르하르트 휘슈는 도쿄에서 교수로 활동을 했고 만프레드 구를리트는 일본으로 망명하여 도쿄필의 상임지휘자였다.

게르하르트 휘슈의 성악가로서 진면목은 5월 12일 국립극장에서 확인할 수 있었다. 그는 독창회에서 슈베르트의 '겨울나그네' 중에서 '보리수'를 열창했다. 청중은 그의 목소리에 매료되어 박수갈채를 아끼지 않았다. 5월 13일 빈 필하모닉 악장 출신의 위대한 바이올리니스트의 독주회가 열렸다. 그의 이름은 리카르도 오드노포소프, 연주곡은 '브람스 협주곡 D장조 제1악장'이었다. 전설적인 음악가들의 연주와 노래는 혁명 1주년 축하무대를 장중한 분위기로 수놓은 배경음악이었다.

5월 10일 오후 3시 소공동 반도호텔의 다이너스티 홀에서 제1회 국제패션쇼[25]가 열렸다. 국내외 패션디자이너들의 의상 작품이 선보였는데, 한국패션계의 개척자인 최경자, 일본의 왕족들에게 양재를 지도하던 하라 노부꼬, 프랑스의 피에르 가르뎅 같은 각국 일류들의 의상들이 출품되었다. 프랑스, 영국, 노르웨이 여성패션모델들이 패션쇼에 출연해서 화제를 더했다.

김포공항은 해외 유명인사들로 갑작스레 분주해졌다. 일본, 홍콩, 자유중국(대만), 싱가포르 등 아시아 영화계 스타들과 거물 영화제작자들이 속속 김포공항에 내렸다. 5월 12일 서울에서 열리는 제9회 아시아영화제에 참석하기 위해서였다. 한국에서 개최되는 첫 국제영화제인 만큼 정부는 각별한 공을 들었다. 주관 부처인 공보부는 영화제 소요예산을 정부보조 5천만 환, 영화제 참가국의 부담금 1,950만 환, 총 6,950만 환으로 책정했다.[26]

김포공항을 빠져나온 아시아 스타들의 행선지는 동작동 국립묘지였다. 무명용사명현에서 참배를 마친 뒤, 판문점으로 향했다. 스타들은 전쟁의 화기가 가시지 않은 판문점을 관광하고[27] 자매결연식을 위해 가까운 대성동 마을을 찾았다.[28] 스타들이 이 낯선 마을에 소 5마리를 선물로 기증하는 자리에는, 아이들이 흙바닥에 쪼그려 앉아 태극기를 흔들며 맞이했다. 아름다운 미소를 짓는 스타들 뒤로 대성동 마을의 궁핍한 초가집들이 보였다. 영화 속 스틸 컷의 모음 같았다.

5월 16일 저녁 7시 제9회 아시아영화제의 폐막식[29]이 서울시민회관에서 성대히 개최되었다. 아시아 스타들이 한자리에 모였고 일본의 거물 영화제작자들 몇몇이 눈에 띠었는데 오가와 히로시는 도에이 영화사의 설립자 겸 대표였다. 또 한 명은 나가타 마사이치 다이에이 영화사 대표였다. 그는 영화『라쇼몽』,『지옥문』,『우게츠 이야기』를 제작하여 베니스영화제 황금사자상, 아카데미영화제 외국어상, 칸영화제 황금종려상을 모두 석권한 국제적으로 명성이 높은 거물 제작자였다.

드디어 스타들과 청중들의 박수를 받으며 시민회관 무대 한가운데 의자에 귀빈들[30]이 앉았다. 그들 뒤로는 세종대왕이 그려진 트로피 모형이 세워져 있었다. 의자 맨 왼쪽부터 박정희 의장과 부인 육영수, 송요찬 내각수반, 김종필 중앙정보부장, 오재경 공보부 장관, 해외 인사 순으로 자리했다. 정중앙에는 송요찬 내각수반이 자리했지만, 사실상 이날은 또 하나의 스타인 박정희 의장을 위한 자리였다. 1년 전 오늘, 혁명을 성공으로 이끈 박정희 의장은 별 하나를 단 일개 육군 소장이었으나 지금은 별 네 개를 단 육군 대장이었다. 격세지감이었다. 아직 군인인 그가 내각수반에게 자리를 양보하는 것이 대외적으로도 모양새가 보기 좋았다. 적어도 혁명세력 내부의 권력을 견제하기 위해서, 내각수반의 자리를 부각시켜줄 필요도 있었다. 박정희는 5.16 직후부터 언론에 민정이양을 약속했기 때문이다. 그는 강당의 객석 먼발치를 가만히 올려보았다. 대중 앞에 선 그의 표정은 여전히 부자연스러웠다.

한국영화계의 거물 감독 신상옥이 영화『사랑방 손님과 어머니』로 최우수작품상의 영광을 거머쥐었다. 신상옥 감독의 부인이자 당대 최고의 스타인 최은희가 시상자로 나온 박정희 의장에게 큰절을 올렸다.[31] 대중 스타의 제스처가 빛을 발하는 순간이었다. 그제야 박정희는 최은희를 내려다보며 잇몸이 드러날 정도로 환하게 웃었다.

5월 10일 오전 10시 서울시민회관에서 아시아민족반공연맹 임시총회가 개최되었다. 14개 회원국 대표, 4개국 옵저버 대표 등이 참석했으며 임시총회 의장은 최규하였다. 개막식 당일 특별기조연설자로 한 남성이 연단에 올라섰다. 그는 초대 중앙정보부장이자 해당 조직의 창설자인 김종필이었다. 그의 연설은 장장 35분간에 걸쳐 거침없이 이어졌다.

"공산주의와의 대결에서 행동의 불일치와 같이 위험스런 일은 없습니다. 공산주의자들이 가장 원하고 노리고 있는 것은 곧 자유진영 국가 간의 균열이기 때문입니다."[32]

김종필은 30대의 나이였으나 군부 권력의 막후 실력자였다. 그의 손과 입은 비밀스런 정보들이 생산되고 수집되고 유통되는 출발 지점이었다. 그는 박정희의 분신 같은 존재였다. 그와 박정희는 조카사위와 처삼촌 사이였다. 그러나 박정희는 세를 불리는 김종필을 견제하기 위해서, 송요찬 내각수반에게 힘을 실어주었다.[33] 영화제 폐막식에서 내각수반이 중앙에 앉고 자신은 한쪽 구석에 밀려 앉았던 것처럼. 그것은 진짜 의도를 숨기고 적절한 기회를 엿보는 박정희의 술책이었다. 하나의 얼굴에 두세 개의 칼을 품은 듯했다.

5월 16일 4만 명의 관중이 들어찬 서울운동장[34]은 고대 로마의 원형경기장을 보는 듯했다. 박람회가 시작된 이후 진행된 모든 행사의 절정이었다. 연단 주위로 초청인사들이 자리했는데, 미국의 제임스 밴 플리트 장군, 가이 S. 멜로이 유엔군사령관 겸 미8군사령관 내외, 아시아반공연맹임시총회 대표들, 주한외교사절 등이 앉아 있었다. 지휘자 안익태가 400여 명의 3군 및 해병 군악대의 애국가 연주를 맡았다.

연단에 선 정복 차림의 박정희. 그는 오늘도 자신의 트레이드마크인 갈색 선글라스를 끼고 한 손에는 지휘봉을 들었다. 5.16혁명 1주년 기념식의 주인공은 박정희였다. 그의 음성이 원형경기장에 울려 퍼졌다.[35]

"국민 여러분은 스스로 헌법을 가장 민주적으로 개정해야 하고 스스로 대통령과 국회의장을 선출해야 합니다."

기념사를 연설하는 그의 음성은 짧고 명료했으며 절도가 있었다.

"국민이 한마음 한뜻으로 성스러운 혁명대열에 참여할 때 혁명과업의 성과는 더욱 빛날 것입니다. 그럴수록 민정이양의 시기는 빨라질 것입니다."

대중무대에 오른 그와 원형경기장에 선 그는 사뭇 달랐다. 박정희는 원형경기장에서 위력을 발휘했다. 그 누구든 제압할 수 있는 힘을 뿜어내며 강력한 기운을 내비췄다. 그러나 그의 의지와 달리, 그날 참석한 미국 측 요인들은 내심 그를 박 소장으로, 국가재건위원회는 군사평의회로 격을 낮춰 불렀다.[36] 미국 측은 그의 실체에 대한 의심을 거두지 않은 상태였다.

기념식이 끝나자 서울시청 앞과 시내 일대에서 대규모 시가행진과 카퍼레이드[37]가 펼쳐졌다. 이른 시각부터 남자, 아이, 노인, 청년, 양산을 쓴 여인들을 비롯하여 수많은 서울시민들이 행사를 구경하기 위해 거리를 가득 채웠다. 사람들은 2년 전 거리에 흘린 4·19혁명의 피를 잊은 듯했다. 경찰들은 도로변에 밀려 나온 시민들을 통제하느라 바삐 움직였다. 오전에는 재건청년회와 부녀회 대표 1,200명이 을지로와 남대문을 행진했다. 오후에는 3군사관생도, 군악대, 의장대가 종로와 세종로를 행진했다. 장식을 한 차량들의 행렬이 이어졌다. 차량 외관에는 '5.16'이라는 숫자와 오른손을 치켜든 군인이 그려져 있었다. 정복을 입은 박정희는 사열하듯 카퍼레이드 행렬에게 거수경례로 화답했다. 행렬의 무개차에는, 한국전통춤 의상을 입은 아름다운 여인들이 꽃장식에 둘러싸인 채 구경나온 사람들에게 손을 흔들었다. 뒤를 이은 인기 코미디언들은 우스꽝스런 연기로 폭소를 자아내다가, 쓰고 있던 모자를 갑자기 벗어 박정희에게 90도로 몸을 숙였다. 5.16군사혁명 1주년 기념식의 대미는 카퍼레이드가 장식했다.

원형경기장과 도로, 왕국의 탄생

5.16 군사쿠데타, 그 1년 뒤인 1962년 4월 20일부터 열린 박람회와 5월 16일의 기념식. 이 일련의 행사가 열린 경복궁과 서울운동장은 고대 로마제국의 원형경기장과 닮았다. 로마인들은 원형경기장에서 가장 흥분되는 육체의 오락을 즐기며, 제국의 일원이 갖는 쾌감을 경험했다. 황제와 원로원의 귀족들은 제국의 위대함을 널리 선전했다. 또한 황제는 신의 제사장처럼 군림했다.

1962년 박람회에서 군인들이 보여준 것은 리허설에 불과했다. 대중에게 절대군주이자 신의 제사장이 되고픈 열망과 과시, 환상의 극장쇼를 선사한 것이다. 이것은 이후 한국현대사의 연대기에서 펼쳐지는 중요한 장면들을 집약한 요약판이었다. 원형경기장의 리허설은 박정희라는 인물이 대중 앞에 자신을 드러내는 극적인 전환점이

환상 공화국의 카퍼레이드

었다. 역사에 표시되지 않는 왕국이 탄생한 것이다. 리허설을 진두지휘한 박람회의 기획자들은 뛰어난 역사극의 연출자였다. 그들은 도심의 도로가 발전의 상징이 될 것을 꿰뚫고 있었는지 모른다. 원형경기장의 리허설은 그들의 혁명 1주년을 장식하는 도로 위의 행렬로 연결되고 있었다. 도로 위의 시가행진과 카퍼레이드는 박정희가 품은 새로운 길로 향하고 있었다.

대한민국은 환상 공화국이었으며 그 이면은 왕국이었다. 20년에 걸친 그 왕국의 시대상들이 도로 위에 새겨졌다. 1962년 5월, 그날의 카퍼레이드는 도로 위를 따라 수많은 인물들의 등장과 퇴장, 환희와 슬픔, 희극과 비극이 교차하며 긴 연대기로 이어졌다. 존재하지 않는 어느 왕국의 흥망성쇠가 도로 위에 궤적을 남기는 날이었다.

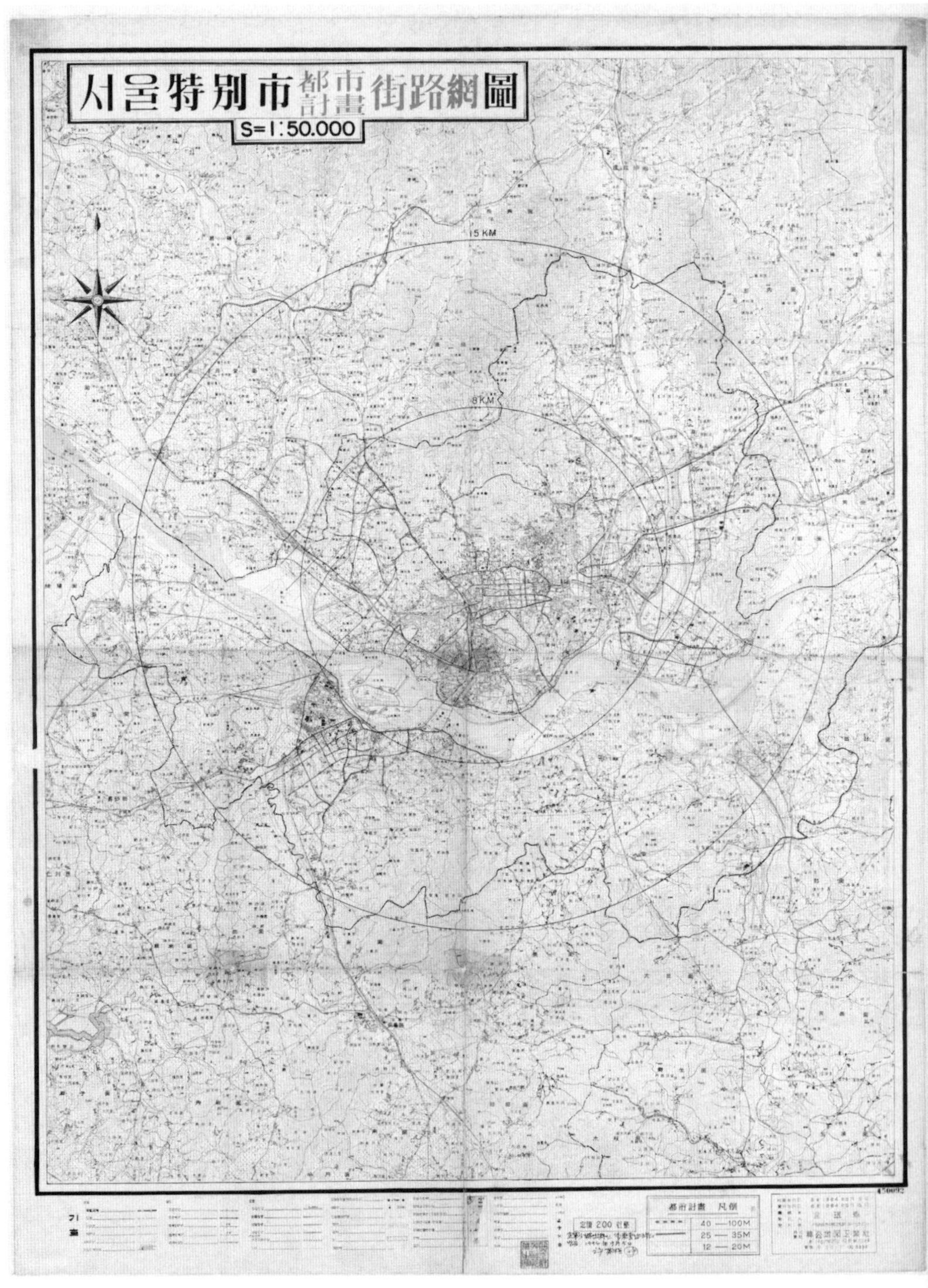

서울특별시 도시계획 가로망도. 1964년.

연대기 1
1960년대

"우리는 각하 내외분의 안녕과 각하의 영도 하에 있는 한국 국민의 지속적인 발전과 번영을 충심으로 축원하는 바입니다."[38]

— 하일레 셀라시에 1세 에티오피아 황제

"공산주의자들이 외계에 벽을 쌓을 수 없는 것을 하나님께 감사한다."[39]

— 버즈 올드린, 아폴로 11호 우주선 비행사

■ 1960년대 카퍼레이드 이동경로, 심리지리학적 탐색 ■

1960년대 카퍼레이드 행사의 이동경로는 서울이라는 도시의 경관 변천사를 파악하는 중요한 단서가 된다. 수집한 41건의 1960년대 카퍼레이드 기록 중 대표적인 이동경로 12건을 추적했다. 그리고 심리지리학[40]을 응용하여 카퍼레이드와 해당 이동경로에 속한 장

소가 서로 더해지며 표출되고 형성된 심상(Mentalité), 즉 집단적 사고
방식, 감정과 태도 등을 추출하여 다루었다.

〈표1〉 1960년대 카퍼레이드 이동경로

연도	행사명	이동경로	심상
1962년 5월	5.16혁명 1주년	을지로 → 남대문	호기심 과시
		종로 → 세종로	
1963년 1월	경찰 및 소방 시무식	중앙청 → 세종로	
1963년 7월	통일교 124쌍 합동결혼식	서울시민회관 → 세종로 → 종로	호기심, 과시
1966년 6월	한국 최초 프로 권투 세계챔피언 김기수 축하	시청 → 종로입구 → 종로5가 → 을지로5가 → 스카라극장 앞 → 퇴계로 → 조선호텔 → 반도호텔 앞	환희
1966년 10월	존슨 미국 대통령 방한	김포가도 → 제1한강교 → 시청 앞 → 중앙청 앞	환희, 숭배
1967년 5월	제5회 세계여자 농구 선수단 환영	김포공항 → 신촌 → 서소문육교 → 남대문 → 제일은행 → 상업은행 → 시청 앞 → 세종로 → 종로 → 서울운동장	환희
1967년 5월	방역소독 시범 시가행진	시청 앞 → 종로 → 을지로 → 퇴계로	기대감
1967년 7월	제16회 국제기능올림픽 선수단 환영	김포공항 → 제2한강교 → 신촌로터리 → 서울시민회관	환희, 영광

1968년 7월	제17회 국제기능올림픽 선수단 환영	김포공항 → 제2한강교 → 을지로 → 동대문 → 종로 → 서울시민회관 광장	환희, 영광
1969년 7월	교통정리대회	을지로 → 종로	호기심
1969년 11월	아폴로 우주인 일행 환영	김포공항 → 김포가도 → 제2한강교 → 대한일보 앞 → 남대문 → 신세계 → 을지로 입구 → 시청	환희, 열망 호기심

　카퍼레이드의 이동경로는 시기상으로 크게 두 갈래였다. 먼저, 1960년대 중반까지는 주로 서울 시내 일원에서 카퍼레이드가 벌어졌다. 을지로에서 남대문 코스, 중앙청이나 시청 등에서 출발하여 종로, 을지로 방향이거나, 시청에서 출발하여 종로, 을지로, 퇴계로 방향이었다. 다음으로, 1960년대 중반 이후부터 카퍼레이드는 김포공항에서 출발하여 김포가도를 타고 제1한강교나 제2한강교를 건너 시청, 서울시민회관, 중앙청, 서울운동장 중 한 곳에서 대단원의 막을 내렸다. 해당 이동경로에서 열린 카퍼레이드와 장소가 결합되며 심상은 호기심, 과시, 환희, 숭배, 기대감, 영광, 열망으로 표출되었다.

　1964년 제작한 〈서울특별시도로계획가로망도〉는 도심을 중심으로 8킬로미터, 16킬로미터 단위의 동심원으로 나뉘었다. 지도상으로, 서울 서부(동심원으로 16킬로미터)에 위치한 김포공항에서 출발한 카퍼레이드 행렬이 한강을 건너 도심 중심부로 진입했음을 확인할 수 있다. 어디서 출발했든 카퍼레이드 행렬의 방향과 초점은 언제나 시청, 종로, 을지로, 남대문이 속한 서울 중심부였다.

박정희 대통령이 제럴드 포드 미국 대통령을 영접하고 있다. 1974년.

1장
낯선 이벤트의 주인공들

서울 도심에서 카퍼레이드가 선보였다. 그렇게 1960년대의 막이 올랐다.

교통안전 캠페인, 경찰관과 소방관의 합동 시무식, 수백 쌍의 합동결혼식은 서울에서 벌어지는 일상의 생경한 에피소드들이었다. 낯설지만 호기심을 자극하는 육교의 설치는 수도 서울의 변화상을 과시했다. 기능올림픽의 메달 소식은 조국의 영광을 드높였다. 멸시 받던 장애인들이 대중의 친근한 시선 앞에 서기도 했다. 이 낯선 이벤트들이 대중의 환호와 뜨거운 스포트라이트를 받았다. 그러나 카퍼레이드 이면에는 좀처럼 드러나지 않는 무언가가 존재했다.

서울역 광장의 여경 안내소는 매일 아침 7시부터 밤 10시까지 수많은 사람들의 발길로 분주했다. 여경 주임 최헌자 경위는 매일 같이 서울역을 통해 상경한 사람들의 문제를 해결하느라 정신이 없을 정도였다.

"서울 가면 뭐든 해서 살 수 있다는 소문을 듣고 오죠. 집을 뛰쳐나와 윤락가로 찾아든 처녀들이나 윤락여성들을 귀향시켜야 합니다. 남편과 자식들을 찾아서 상경하는 시골 사람들이 많죠. 그러다가 여비가 떨어져서 안내소를 오는 거죠."[41]

이탈리아에서, 아일랜드에서 밀려든 이민자들이 처음 마주치는 뉴욕의 앨리스 섬처럼, 서울역은 지방 이주민들이 각자의 꿈을 이루기 위해 거쳐야 하는 관문이었다. 그들은 번잡스러운 서울역 광장에 섰을 때 서울에 왔음을 비로소 실감했다.

1960년대가 시작되자 사람들이 전국 각지에서 생존을 위해 서울로 꾸역꾸역 몰려들었다. 1959년 209만여 명이었던 서울 인구[42]는 1960년 244만여 명, 1963년이 되면 325만여 명으로 가파르게 상승했다. 1969년에는 477만여 명으로 팽창했다. 서울은 자신의 부피를 키우며 거대도시로 증식하고 있었다. 시내를 오가는 차량들도 계속해서 늘어났다. 대부분 버스와 택시 같은 대중교통 수단에 불과했지만, 1960년에 1만 1,533대에서 1965년에는 1만 6,624대로 증가했다.[43]

이처럼 서울에 인구와 차량이 폭발적으로 늘어나자 정부와 서울시는 대책마련이 절실해졌다. 도로교통법이 1962년 1월 20일부터 시행되었는데, 자동차와 보행자는 물론 차마(車馬: 교통수단으로 이용하는 소, 말, 자전거 등을 말함)와 궤도차(軌道車: 노면전차, 소금운반용 궤도차가 대표적임)까지 법에 포함되어 있었다.

바로 이 시기에 교통안전을 선전하기 위한 이벤트가 기획되었다. 낯설지만 시기적절한 행사, 교통안전 카퍼레이드였다. 거리의 시민들을 대상으로 하는 서울 도심의 이채로운 행사였다.

1961년 12월 29일 오전 10시 30분경,[44] 서울시민회관에 노란 교통 완장을 착용하고 경찰 제복을 입은 국민학생들 1,190명이 자리를 꽉 채우고 있었다. 아이들은 마치 진짜 경찰이 된 듯 진지한 표정으로 어깨에 힘을 주었다. 서울시 어린이 교통경찰대 발대식이 있는 날이었다. 이윽고 경감, 경위계급을 단 대장, 부대장 직위의 어린이들은 오른손을 들어 선서를, 나머지 대원들은 동시에 거수경례를 붙였다. 어린이 교통경찰대의 출범을 기념하는 '교통안전의 노래'가 서울 시내 파출소의 스피커에서 거리 곳곳으로 울려 퍼졌다.[45]

"차들은 오른쪽 길, 사람들은 왼쪽 길, 맘놓고 길을 가자, 새나라의 새거리. 냉냉, 뚜뚜, 빵빵, 따릉따릉 따르릉, 사람조심 차조심, 너도 나도 길조심 (…)"[46]

초겨울 세종로 네거리 복판에서 열린 이색적인 교통안전 행사가 뉴스의 화제였다. 한미합동교통정리경연대회와 행사를 보기 위해 2천여 명의 시민들이 모여들었다. 사람들의 시선이 서울 중심가 도로 한복판에 꽂혔다. 1962년 11월 3일 오후 2시경,[47] 한국군과 미군헌병, 교통경찰관이 교통수신호를 절도 있는 동작으로 시연하며 경합했다. 어린이 교통경찰대도 그럴듯하게 교통경찰관의 숙련된 동작을 흉내 냈다. 이날 거리의 시민들이 가장 기대한 순서는 스타들의 교통시범경연이었다. 동경하는 스타들의 모습을 가까이에서 볼 수 있는 특별한 기회였다. 최고의 스타 최은희를 비롯하여 도금봉, 연기파 김승호, 쇼무대 최고의 MC이자 코미디언 후라이보이 곽규석 등이 경연을 벌였다. 배우인기상 부문에서 후라이보이 곽규석이 1위, 최은희가 2위, 도금봉이 3위를 차지했다. 또 수십 대의 오토바이 순찰대가 원을 그리며 회전하는 쇼를 보여주었는데 감탄을 자아낼 만큼 멋진 실력이었다. 잠시 뒤에 군용 오픈카들의 카퍼레이드 행렬이 천천히 이어졌다. 다음으로 행사용 오픈카가 선전표어를 붙인 채 지나갔다. 차량에 커다랗게 붙은 '교통안전'이라는 표어가 도로변에 늘어선 사람들의 눈에 띠었다. 모범운전자들이 탑승한 오픈카가 카퍼레이드의 마지막을 장식했다.

1965년 6월 5일,[48] 교통정리경연대회의 일환으로 열린 카퍼레이드에서는 어린이들이 탄 군용 오픈카를 선보였다. 1969년 7월 여름에 열린 교통정리경연대회[49]는 대규모 행사로 치러졌다. 서울시 경찰은 매월 첫 주 월요일을 '교통안전의 날'로 정했고 그 첫 행사가 7월 14일에 열렸다. 당일 오전 7시부터 교통량이 많은 시내 15개 네거리 한복판에 TV브라운과 은막에서 접하던 스타들이 나타났다. 스타들이 일일 경찰관이 된 것이다. 그것은 연기가 아니라 실제였다. 가수 김세레나, 정훈희부터 인기 코미디언이자 배우 김희갑, 후라이보이 곽규석까지 총출동했다. 이날 12시경부터 군·관·민 합동 카퍼레이드가 을지로와 종로에서 진행되었다. 헌병과 경찰 사이카 행진과 모범운전자가 탑승한 차량들이 줄지어 이어지며 "교통안전"을 외쳤다.

  환상 공화국의 카퍼레이드

1963년 1월 12일 영하 10℃를 넘는 냉랭한 기온에 차가운 바람까지 더해진 가운데 경찰 및 소방 신년시무식이 열렸다. 내무부 산하 치안국 소속의 경찰관과 소방관의 시무식이 합동으로 열리게 된 것은 1957년의 결정사항[50]이었다. 보통 시무식의 장소는 서울운동장이었지만, 1963년의 시무식은 중앙청 앞에서 거행했다.

도열해 있던 경찰관과 소방관들의 행진과 카퍼레이드가 시작되었다. 중앙청에서 세종로 방향으로 일직선을 한 행렬의 규모는 컸으며 행렬의 줄은 길게 이어졌다. 경찰관과 소방관이 가두행진의 선두에 서고 뒤를 이어 깃발을 든 기마병들이 이동을 했다. 경찰마들이 허연 입김을 내뿜으며 도로 위를 걸었다. 그리고 흰색 군용 오픈카 수십 대의 카퍼레이드가 이어졌고 소방차 대열이 뒤따랐다. 도로변에는 맹추위 탓인지 카퍼레이드 광경을 보는 사람들이 적었지만, 경찰관과 소방관들의 카퍼레이드는 거대한 열병식을 하며 조직의 세를 과시하는 듯 보였다. 이날의 카퍼레이드는 붉은 동토에서 열리는 소비에트 군인들의 열병식을 연상케 했다.

1960년대 국내 소방차는 미국에서 원조로 들어온 잉여차량을 개조해서 사용하는 수준이었다. 1950년대부터 한국재건을 지원하기 위해 유엔에서 세운 한국 민사원조 사령부(KCAC: Korea Civil Assistance Command), 주한미8군, 국제협조처(ICA: International Cooperation Administration)에서 원조물자로 소방차를 지원했다. 1969년 무렵, 전국의 소방서와 의용소방대가 보유한 소방차는 총 550대 규모였는데, 미국의 GMC(General Motors Commercial)를 개조한 낡은 차량들이 대부분이었다.[51] 사람들은 GMC를 흔히 "제무씨"로 불렀다.

위생과 방역, 모기와 파리 떼에 맞서다

1962년 9월,[52] 사람들은 확산되는 모기떼의 공격으로 공포에 떨었다. 전국에서 모기로 인한 뇌염환자가 속출하면서 서울에서 6명이 목숨을 잃었다. 사망자들은 어린아이들이었다. 정부는 "각 가정에서 모기를 잡아 없애라", "10세 미만 어린이가 모기에 물리지 않도록 유의하라"는 주의사항이 고작이었다. 사람들은 모기떼 앞에서 속수무책이었다. 서울은 도시의 외형이 커지면서 여름철 발생하는 질병에 고심했다. 그 최전선은 모기와 파리 떼의 공격에 맞서는 것이었다.

서울시는 의사, 간호원, 소독수 등 3백 명의 방역인원을 구성하고 연막소독차 15대, 앰뷸런스 17대 등을 마련했다. 1967년 5월,[53] 서울시청 앞에 흰 가운 차림의 방역인원들과 방역차량이 줄을 맞춰 도열했다. 이른바 방역선전 퍼레이드였다. '시민건강 방역차량 도입 전염병을 박멸하자'라는 피켓이 방역차량에 달렸다. 해당 차량에 탑승한 방역인원들이 시청 앞을 출발, 종로, 을지로, 퇴계로를 돌며 위생과 방역을 선전했다. 여름철 이들에게 내려진 임무는 도로, 하수구, 변소, 난민촌 방역으로 모기와 파리 떼의 번창과 출몰을 막는 것이다.

서울시는 1965년 공식적으로 난민정착지를 지정했다. 그곳은 봉천동 난민촌[54]이었다. 1968년 기준으로 8천여 가구, 약 7만 명이 거북이 등에 달라붙은 게딱지처럼 모여 사는 빈천한 거주지였다. 최초 20군데의 공중변소를 설치하고 60군데를 추가했으나 수만 명의 거주자들에게는 애초부터 턱없이 부족한 숫자였다. 그러다보니 오줌, 똥이 곳곳에 지천으로 깔리는 형국이었다. 모기와 파리의 좋은 서식지였다. 특명을 하달받은 방역인원들은 모기와 파리 떼가 횡행하는 난민촌으로 향했을 것이다.

합동결혼식, 축복과 재생

1960년대는 합동결혼식이 붐을 이루었다. 그중에서 규모가 가장 크고 화려하며 서울 시내에서 카퍼레이드까지 펼친 것은, 세계기독교통일신령협회의 합동결혼식이었다. 이 종교단체는 '통일교'라는 이름으로 친숙했다. 1962년 6월 3일,[55] 통일교는 73쌍의 합동결혼식을 주최해서 세간의 주목을 받았다. 이들은 주례를 맡은 교주 문선명과 그의 부인부터 신랑신부까지 온통 흰 예복 차림이었는데, 흰색은 자신들의 동질감을 표출하는 상징색이었다.

1년 뒤에는 합동결혼식의 규모를 더 크고 더 대담하게, 더 대중적인 시도를 했다. 서울 도심 카퍼레이드였다. 1963년 7월 24일,[56] 서울시민회관에 124쌍의 신랑신부가 교주의 신호에 따라 무대로 향했다. 이번에도 그들은 온통 흰색 예복 차림으로 꾸몄다. 합동결혼식 숫자로 한국 최고 기록을 달성하는 순간이었다. 국립영화제작소는 이 행사를 찍어, "(…) 이들은 사회자의 호령에 따라 사뿐사뿐 걸어와 기약된 앞날을 축복받았습니다."라는 내레이션에 실어 내보냈다.

　교주의 축복을 받은 신랑신부들은 60여 대의 승용차에 나눠 타고 시내 카퍼레이드[57]를 진행했다. 그들이 탑승한 승용차는 최신형 모델 새나라. 1,200CC급 엔진을 장착한 차량으로, 국내에서 일본 닛산의 블루버드P310을 조립한 것이다. 124쌍의 신랑신부는 최신형 승용차를 타고 서울시민회관에서 세종로를 지나 종로 방향으로 카퍼레이드를 이어갔다. 도로변의 구경꾼들에게 합동결혼식의 진풍경과 최신형 차량의 번쩍거림을 마음껏 전파했다. 구경꾼들은 축복받은 신랑신부들이 마냥 부러웠을 것이다. 신랑신부들은 진리이신 교주의 깊은 사랑과 은혜에 감사했을 것이다. 1968년 2월 22일에도,[58] 그들은 서울시민회관에서 대규모 합동결혼식을 주최했다. 자신들이 세운 이전 기록을 갈아치웠는데, 무려 430쌍에 달했다. 이들을 태운 26대의 대형 리무진 버스의 긴 행렬은 도심을 순회한 듯 보인다. 그 뒤에 리무진 버스들은 제2한강교와 남대문을 지나 목적지인 국내 최고급 쉐라톤 워커힐 호텔로 달렸다. 이 무렵 통일교는 교회 1천 개, 신도 수 국내 30만 명, 일본 5만 명에 이르렀으며, 교주는 기독교 기성교단 인사와 만나는 횡보를 이어가며 영향력을 넓혀가고 있었다.[59]

　통일교라는 신흥종교가 사회 주류와 대중에게 자신들의 색채를 과감히 드러내던 무렵, 정부는 보조금을 지급하며 특이한 연구회를 조직한다. 그때가 1968년 12월. 조직의 이름은 '신흥·유사종교조사연구회', 구성원은 대학교의 종교 관련 교수들. 이 연구회 조직은 "전국에 산재하여 명랑한 사회를 어지럽히고 건전한 인간심리를 좀먹는 유사종교에 대한"[60] 정부의 문제인식에서 출발했다. 연구회 조직은 전체적으로 문화공보부 종무국과 문화국에서 주관했지만 내무부 치안국 정보국장이 회의에 참석했다.[61] 연구회의 최종 목적은 전국의 신흥종교 실태조사 현황을 작성하는 것이었다. 7명의 종교학, 기독교신학, 민속학 전공 교수들이 지역별로 나뉘어 현지조사를 수행했다. 그리고 1969년 2월부터 6월까지 여러 개의 조사보고서가 작성되었다. 종교단체는 대략 71개에서 99개로, 불교, 기독교, 동학 및 기타 계통으로 파악되었다. 연구회 교수들의 종교에 대한 학문적 견해와 별도로, 신흥종교, 유사종교에 대한 내무부 치안국의 공식 견해는 이러했다.

"(…) 무식한 부녀층을 상대로 미신요법, 혹세무민, 금품사취, 여신도 추행 등 반사회적 행위를 자행하거나 파쟁 등으로 건전한 사회질서를 저해하고 사회물의를 야기시키고 있어 일반의 빈축을 사고 있는 실정입니다."[62]

교주의 축복을 받는 신흥종교의 호화스런 합동결혼식이 있던 반면, 내세울 것 없는 이들의 합동결혼식은 조용히 치러졌다. 그 주인공인 신랑신부의 면면은 다양했지만 공통점이 존재했다. 그들은 변두리의 허름한 골방 같은 곳에 거주한다는 사실이었다. 그리고 그들의 합동결혼식에서 카퍼레이드의 일정은 허락되지 않았다.

1962년 4월 17일,[63] 식장에 11쌍의 신랑신부가 자리했다. 결혼식, 그 축복 받는 인생의 최고 순간이었지만, 신랑신부와 하객들 어느 누구도 웃지 않았다. 서울시에서 처음으로 마련한 제1회 합동결혼식이 열렸다. 서울시가 신랑신부들를 위해 경비 일체를 지불했다. 이날의 주인공은 모두 영세시민, 즉 가난한 사람들이었다. 이후 서울시는 매년 결혼식을 주최했는데, 1966년 12월,[64] 결혼식의 명칭이 희망합동결혼식으로 변경되었다. 서울시민회관 무대 정중앙에

서울시 주최 제1회 합동결혼식. 1962년.

선 40쌍의 신랑신부는 어두컴컴한 조명 아래에서 시종일관 굳은 표정으로 포즈를 취했다. 신부들은 고개를 푹 숙인 채 침울해 보였다. 그들은 한때 퀴퀴한 냄새로 도배된 비좁은 골목의 판잣집 홍등가에서 몸을 팔아 생계를 꾸리던 여성들이었다.

서울시와 충청남도가 공동 주최한 대한청소년개척단원과 시립부녀보호지도소생의 합동결혼식[65]이 서울시민회관에서 열렸다. 225

환상 공화국의 카퍼레이드

쌍의 신랑신부. 결혼식 날은 1964년 11월 24일 오전 11시. 사회에서 보기에, 신랑들은 도시의 뒷골목에서 태양을 등진 채 살아가는 사회의 폐기처분 대상들이었고 신부들은 욕된 삶에서 헤매던 불우 여성들이자 시립부녀보호지도소에서 재생한 윤락여성들이었다. 서울시장 윤치영은 그들을 갱생과 재생으로 인도하는 주례를 맡았다. 서울시는 이들에게 삶의 희망을 약속했다. 사회는 이들을 위해 기꺼이 그랜드쇼를 제공했다. 20만 원의 축하금을 지급했고 쉐라톤 워커힐 호텔에서 성대한 피로연까지 열어주었다. 이들은 일찍이 경험하지 못한 세상의 환대를 느꼈다. 이날 225쌍의 신랑신부는 보금자리가 있는 서산으로 향했다. 그 길이 사회가 그들을 완전히 격리시키고 강제노동을 부과하는 야만의 길이었는지, 그들은 신혼의 꿈에 젖어 예감하지 못했다. 그들은 서산의 개척지 수용소에 갇혀 살아야 했다. 그해 12월 8일 서울시민회관에서 인권선언기념식[66]이 열렸다. 인권옹호에 공이 큰 민정식이란 인물이 국무총리상의 영예를 안았다. 그는 대한청소년개척단의 단장이었다. 훗날 누군가는 그의 사지를 갈아 마시고 싶은 심정으로 울분을 토했다.[67]

　1962년 3월에는[68] 휴전 이후 북한에서 탈출한 군인들, 이른바 귀순용사 60쌍의 합동결혼식이 열렸다. 박정희는 이들에게 손수 금일봉을 내렸다. 군인들의 합동결혼식이 빈번히 열렸는데, 각각 처한 환경에 따라 결혼식 명칭이 달랐다. 1964년에는 재향군인들의 합동결혼식, 1967년 1월에는[69] 해병대 청룡상이용사들의 합동결혼식으로 칭했다. 그리고 1969년 10월에는[70] 월남전에서 부상당한 군인들이 결혼식장에 올랐다. 이들에게는 파월전상자의 합동결혼식으로 불렸다.

합동결혼식은 다양했다. 주최자들은 불행에 빠져 허우적대는 불우한 신랑신부들을 건져내 갱생의 길로 안내했다. 때로는 하사금을 내려 통치자의 덕을 선사했고 때로는 재생으로 인도했다. 그러나 이는 신랑신부의 뜻과 현실과 무관한 말들의 잔치였다. 그들은 도시의 짙은 그늘에 뒤덮인 채 겨우겨우 생존해 갔으며 그들의 존재는 환상처럼 빠르게 잊혀갔다.

비 내리는 서소문 육교, 불도저의 돌격 헬멧

카퍼레이드 행렬이 지나가던 서소문 육교는 서울의 상징이었다.

29살 나이에 요절한 가수 배호는 생전인 1967년에 2분 28초 길이의 노래를 녹음하기로 한다. 어찌된 일인지 그는 자신의 목소리를 녹음하지 못했고 오로지 애잔한 선율의 반주만 남긴 채 영원히 미발표곡이 되었다. 곡명은 '비 내리는 서소문 육교'. 그런데 같은 해, 1960년대를 대표하는 이만희 감독이 영화『귀로』를 발표한다. 영화 중반 무렵,[71] 한 남성이 빗줄기가 부슬부슬 내리는 서소문 육교 아래 거리를 배회하는 장면이 선명히 나온다. 감독이 그 노래의 반주를 들은 것처럼 말이다.

1966년 6월 25일 오전 9시 서소문 육교가 개통[72]되었다. 행사에 참석한 불도저 시장이라는 별명이 붙은 서울시장 김현옥은 만족스러웠다. 그는 돌격이라고 쓰인 헬멧을 착용한 채로 공사현장을 진두지휘했다. 어느 기자는 그에게 '도시계획사업을 요리하는 시장'이라는 문학적인 수사를 썼다. 하지만 그는 자신에게 날아드는 비판과 공격에 대해서는 심히 못마땅한 표정을 지었다. 얼굴을 붉히며 대응했다.

"제가 하는 일에 대해 일부에서 즉흥적이라고 말합니다. 시급한 것을 해결하기 위해 시급히 결단을 내리고 시급히 추진하는 것을 그렇게 평한다면 아직도 즉흥적으로 해결할 문제가 너무나 많습니다."

그는 한국전쟁 참전용사에 육군 준장 출신으로, 뼛속까지 군인이었다. 불도저라는 별명보다는 독일군의 타이거 전차나 소련제 T-34의 용맹함이 더 어울려 보였다. 그는 길이 493미터의 서소문 육교를 1억 원의 예산과 연 4만 명의 인원을 투입하여 1년 20일 만에 완공했다. 이제 막 오색 테이프를 끊으며 개통을 알렸을 뿐인데, 서소문 육교는 언론의 온갖 별칭을 얻었다. 별칭이 중구난방 어지러워서 수다스러웠다. 서소문 입체육교, 서소문 입체화 도로, 서소문 차도 육교, 서소문 고가도로, 4차선 무장애 고속도로, 우리나라에서 가장 큰 논스톱 입체도로까지 언론의 관심과 찬사가 연일 쏟아졌다. 여하간 이를 완성한 인물은 불도저 시장이었다.

서소문 육교는 서울역과 서대문 사이 도로와 경의선 철도 위를 지나, 서울시청에서 바로 제2한강교로 뻗은 도로를 따라 김포공항으로 직진하는 차량 전용 도로다. 1965년에 건설된 길이 10,208미터의 제2한강교는 서울시내와 김포공항을 잇는 교량이었다. 그러니까 서소문 육교의 특징은 서울 중심부와 서부를 연결하는 새로운 상징이었다. 서소문 육교의 탄생은 서울시의 교통난 해결이라는 시급한 측면도 있었지만, 또 다른 측면이 숨어 있었다. 그것은 수도 서울의 체면과 위신이 달린 문제였다.

1960년대 서울은 한국전쟁을 겪은 아시아의 빈곤국 수도에 지나

역사적인 서소문 육교의 개통식에 인파가 몰려들었다. 1965년.

지 않았다. 도시 경관은 보잘것없는 수준이었다. 이에 정부는 1961
년 김포가도 지구를 포함해서 공항과 도심 간 간선도로를 준미관지
구로 지정했다.[73] 가장 큰 이유는 국제적인 면목유지를 위해서였
다. 그래서 초가집의 건축을 금지한다는 규정을 집어넣었다. 1962
년 무렵 서울의 초가집은 1만 7천여 호에 이르렀고 무허가 판잣집
과 방공호에 거주하는 사람들이 1만 세대가 넘는 것으로 추산했
다.[74] 정부와 시는 초가집을 부끄럽고 볼썽사나운 주거양식으로 보

                    환상 공화국의 카퍼레이드

았을 것이다. 김포공항에서 시내로 오는 도로를 말끔하게 정비해서 서울의 체면은 세우고 수도의 위신은 올리고 싶었던 것이다.

서울의 도시 경관에 거대한 변화가 일순간, 속도를 조절할 틈도 없이 몰아닥쳤다. 모든 게 돌격 헬멧을 쓴 불도저 시장의 원맨쇼에 가까웠다. 추진력에 있어서 당대 최고수였고 대통령을 능가할 정도였다. 1966년 6월 서울 중요간선도로에 낯선 구조물인 육교가 들어섰다. 사람들이 건너다닐 수 있는 육교를 세운 것이다. 번듯한 중심가인 신세계백화점 앞, 시청 앞, 대한일보 앞, 아현시장 앞, 일신국민학교 앞, 대한극장 앞을 포함 모두 6곳에 들어섰다.

무분별한 육교 건설에 대한 도시건설계획 전문가들의 비판이 빗발치자, 불도저 시장은 대수롭지 않게 대답했다. 그의 목소리는 간단명료했다.

"육교는 앞으로 10년간 써먹으면 밑천을 뽑는 겁니다. 어차피 철거 예정이죠."[75]

불도저 시장은 왕국의 군주에게 부여받은 전지전능함을 발휘하며 서울의 도시 경관을 계획대로 조립해 나갔다. 1966년 10월 세종로와 명동에 지하도를 만들었다. 1967년 7월 청계천에 최고 건축가 김수근이 설계한 길이 850미터의 세운상가아파트를 건설했다. 1968년 9월 유료도로인, 일명 북악스카이웨이를 220일 만에 완공했다. 1969년 3월에는 두 개의 난공사를 해냈다. 남산에 최초의 1호 터널을 뚫었으며 서울 동서를 가로지르는 길이 3천 7백 50미터 삼일고가도로를 17개월 만에 세웠다. 1969년 4월까지 33개의 육교를 가설했다. 그의 활약은 전쟁의 승전가를 알리는 맹장처럼 눈부셨다. 그는 진정 속도전의 대가였다. 1968년 10월 1일 국군의 날 행사를 보기 위해 몰려든 대한일보 앞 육교 계단의 난간이 붕괴하는 사고가 발생했다. 이 사고로 50여 명이 동시에 추락을 해서 14명이 중경상을 입었다. 이날의 붕괴는 그의 업적에 균열을 알리는 작은 징후였을지 모른다. 1969년 4월 3일 한 신문사 인터뷰에서 불도저 시장은 득의양양하게 의욕과 비전을 설교했다.

"제 시정의 목표가 있습니다. 1, 2년 내 판잣집 주민까지도 1인당 연간소득 5만 원 이상 되게 하고 2천 동의 아파트 건설, 뒷골목 하수도 정리 등 국제 수준의 대도시 건설을 통해 승공사상에 투철한 시민으로 승화시키는 것입니다."

그 인터뷰로부터 1년 뒤인 1970년 4월 8일 새벽 6시 45분경이었다. 모든 것이 무너지는 소리가 들려왔다. 그의 최대 치적으로 꼽히는 서울 마포의 와우시민아파트가 처참히 붕괴되어 33명이 사망했다. 이 사태에 경악한 언론은 그를 "과열에 눈먼 불도저"[76]라고 쏘아붙이며 차갑게 돌아섰다. 그는 곧바로 서울시장에서 물러났다.

서소문 육교는 나날이 변화하는 서울의 경관을 대표했다. 그 이면에는 한 개인이 보여준 열망과 신념이 투사되었다.

박수와 함성, 그리고 소사하다

국제기능올림픽의 출전과 금메달은 국위선양의 길이었고 조국의 번영에 기여하는 영예였다. 또한 조국 근대화의 역군이 되는 지름길이었다. 출전 선수들의 종목은 기계조립, 선반, 가스용접, 라디오·TV수리, 가구, 복장, 자수, 도장, 금·은세공 등 다양했으며[77], 이

 환상 공화국의 카퍼레이드

들을 기능공이라 불렀다.

국가는 국위를 떨친 선수들에게 특별한 행사로 축하했다. 1967년 7월 27일,[78] 제16회 국제기능올림픽에서 종합 4위를 한 기능공들에게 카퍼레이드가 제공되었다. 육군 군악대의 팡파레가 김포공항에 울려 퍼졌고 환영객들은 박수와 함성을 선사했다. 선수들을 태운 오픈카 행렬이 김포공항을 출발하여 제2한강교를 지나 신촌로터리로 들어섰다. 도로변의 수많은 군중이 기꺼이 박수를 보냈다. 형형색색 꽃가루가 주변 고층빌딩에서 흩날리며 조국 근대화의 역군들을 맞이했다. 선수들의 카퍼레이드는 범국민환영대회가 예정된 서울시민회관에서 멈춰 섰다. 이날 선수들은 청와대에 들어갈 수 있는 혜택을 누렸다. 자신들을 기다리고 있던 박정희 앞에 섰다. 그는 금메달리스트에게 1백만 원을, 은메달리스트에게 50만 원을, 동메달리스트에게 30만 원을 선물금으로 내리는 영광을 베풀었다.

이듬해 1968년 7월 23일,[79] 제17회 국제기능올림픽에서 자랑스러운 성적을 거둔 선수들을 위한 카퍼레이드가 마련되었다. 이번에는 해군 군악대가 나와 힘찬 연주로 김포공항의 열기를 끓어 올렸고 교복 차림의 소녀들이 수줍은 미소로 선수들에게 화환을 걸어주었다. 선수들은 육군 지프차를 타고 도심으로 향했다. 선수들의 차량은 김포공항에서 제2한강교를 건너 을지로, 동대문, 종로를 거쳐 서울시민회관 광장에 도착했다. 도로변은 선수들을 환영하는 사람들로 넘쳐났다. 1969년 8월 20일 조국을 빛낸 국제기능올림픽 선수들을 위한 카퍼레이드가 또다시 펼쳐졌다.[80]

올림픽 메달리스트 기능공들이 박수와 함성 세례를 받는 동안, 다른 한쪽에서는 소사하는 이들이 있었다. 소사(燒死), 불에 타 죽다. 사회는 그들을 이렇게 불렀다. 여공, 노무자, 공원(工員), 직공, 종업원이라고.

　1960년 3월,[81] 부산의 국제고무공장에서 대형화재가 발생하여 여공 58명이 소사했다. 불에 탄 여공들의 나이는 16세부터 39살까지로 폭이 넓었지만, 10대, 20대가 대다수였다. 1964년 3월 오후 3시경,[82] 경기도 안양에서 거대한 폭음이 들렸다. 전쟁이 다시 터진 것만 같았다. 주변 건물들이 진동하고 유리창들이 산산조각나며 파편들이 사방으로 쇳소리를 내며 날아들었다. 한국탄약분해공장에서 대형 폭발[83]이 일어나 30명이 죽었다. 사람들이 달려갔을 때, 매캐한 화약 냄새가 진동했으며 사고현장은 주인의 몸에서 잘려나간 손목과 발가락이 여기저기 나뒹굴었다. 1965년 6월,[84] 서울 소재 평안제약공장에서 큰불이 일어나 순식간에 공장에 번졌다. 5명이 소사했다. 불에 타고 녹아내린 시신이 가마니에 쌓인 채 화재현장에 놓여 있었다. 시신은 처량했다. 그중에는 19세 소년도 있었고 보름 전에 약혼한 20대 남성도 있었다. 1966년 7월,[85] 한국필터산업 주식회사에서 벤졸가스 중독으로 3명이 사망했다. 사고 이전부터 중상자 10여 명은 온몸이 붓고 빈혈로 심한 고통을 호소했다. 한 남성은 어느 날부턴가 얼굴에 검버섯이 생기고 노랗게 변색이 되는 고통을 겪었지만, 여섯 식구들의 생계를 위해 일당 110원을 받으며 중노동을 했다. 소사하거나 가스 중독으로 세상을 떠난 이들은 모두 여공이었고 노무자였고 공원이었고 직공이었고 종업원이었다. 세상은 그렇게 불렀다. 이들에게 카퍼레이드 행렬은 다른 세계 별개의 일이었을 터. 조국 근대화의 역군은 이들에게 해당되지 않았다.

런던에서 개최된 제16회 국제척추불구자올림픽에서 금메달을 딴 선수단이 돌아왔다. 이날 1967년 8월 16일은[86] 빗줄기가 내리는 궂은 날씨였다. 이에 아랑곳없이 수많은 인파가 김포공항에서 절망을 이겨내고 국위를 선양한 선수들을 환한 얼굴로 반겼다. 경찰차 12대의 호위를 받으며 선수단의 카퍼레이드가 도심으로 향했다. 김포공항에서 제2한강교와 서소문 육교를 지나, 가장 번화한 소공동 고층빌딩 사이로 선수단이 들어섰다. 빗줄기와 종이꽃이 한데 뒤섞여 하늘에서 내렸다. 쏟아지는 빗줄기도 카퍼레이드를 가로막지 못했다. 정부는 선수들을 각별하게 대접했다.[87] 정일권 국무총리가 총리실에서 휠체어를 탄 선수들을 만나 격려와 훈시를 했지만, 선수들은 어색한 표정을 감추지 못했다. 청와대는 선수들을 위한 다과회를 베풀었다.

박정희는 선수들 사이에 선 채로 있었는데, 이날따라 생각이 가득한 무거운 낯으로 선수들의 이야기를 들었다. 2년 뒤인 1969년 8월 14일,[88] 제18회 국제척수장애자체육대회 선수단을 위한 카퍼레이드가 진행되었다. 이처럼 척추불구자와 척수장애자 금메달리스트는 카퍼레이드와 권력자의 뜨거운 환대를 받고 있었다.

반면, 불구자, 반신불수, 애꾸, 꼽추, 곱사등이, 곰보, 기형아, 앉은뱅이, 난쟁이, 백치, 정신박약자, 정신병자가 숨 쉬고 있었다. 장님, 벙어리, 귀머거리, 언청이가 존재하고 있었다. 누구도 이들을 주목하지 않았다. 이들은 도시의 그늘 밑바닥이나 습지 같은 곳에 붙어 서식하는 기생물처럼 살아야 했을 것이다.

  서울은 온 시민이 장애인의 성공을 축복하는 도시, 대통령이 불구
자를 따듯하게 맞이하고 심히 염려하는 환상의 도시였다.

  이렇듯 카퍼레이드는 정부와 서울시가 기획한 낯선 이벤트를 극
대화하는 화려하고 이채로운 무대였다. 그 무대는 너무도 특별해서
선택받은 자들만이 주인공으로 올라설 수 있었다. 간혹 그 기회가
열렸지만 요행이었다. 카퍼레이드라는 이벤트는 거부하기 힘든 매
력의 향기를 내뿜었다. 단 하루뿐인 오픈카의 주인공도, 도로변에서
지켜보는 군중도, 청와대에서 만인들 앞에서 권위를 보여주는 왕국
의 군주도.
  카퍼레이드는 언제나 총천연색 영화처럼 끝을 맺었지만, 서울 속
고단하고 고달픈 이들의 삶은 흑백화면처럼 지속되었다.

THE CAR PARADE IN THE REPUBLIC OF ILLUSION

월남 파병부대 환송국민대회에서 도로를 가득 메운 인파와 장병들. 1965년

서울운동장 앞 사거리, 파월장병 개선 환영 시가행진. 1973년.

2장

성전의 용사들

1960년대 한국의 카퍼레이드는 전쟁의 상흔과 영향을 정면으로 보여주었다.

하나는 한국전, 또 하나는 월남전. 카퍼레이드는 20세기 중후반 아시아에서 벌어진 치열한 전쟁의 단면을 직접적으로 볼 수 있는 장이 되었다. 카퍼레이드는 건군을 기념하고 모범용사를 위로하고 월남전 파병을 환송하고 한때 한반도의 국경이었던 만주지역에 대한 염원과 향수를 드러내는 자리였다. 무엇보다 공산주의에 맞서 결사항전하는 절대군주의 강인한 힘으로 국민을 결속하는 시간이었다.

국민을 위한 국민의 군대가 되라

1962년 10월 1일 건군 14주년 국군의 날 기념식은 그 어느 해보다 크고 다채로웠다. 박정희는 특별한 의미를 가졌을 것이다. 5.16 혁명 이후 고작 1년 5개월 정도의 시간이 지났을 뿐이었다. 그는 아직까지 대통령권한대행이자 국가재건최고회의 의장의 외투를 걸치고 있었다. 대내외적으로 강력한 통치력과 힘을 보여줄 창구가 필요했다. 국군의 날 기념식만큼 효과적이고 적절한 무대는 없었다.

당일 오전 10시 효창경기장,[89] 정복 차림의 박정희는 도열한 군인들 앞에서 연설을 했다. 그리고 과감한 발언을 던졌다.

"국토방위를 사명으로 하는 군대가 혁명을 일으킨다는 것은 본연의 자세가 아니다. 그러나 썩은 정치가 조국을 누란의 위기에 몰아넣고 파국에 직면한 민족의 운명을 좌시하고 있을 수 없었기에, 혁명을 일으킨 것이다. 국군장병은 이 같은 혁명의 이념에 투철해야할 것이다." 그러면서 그는, "국민을 위한 국민의 군대가 되라."고 역설했다. 그는 노련한 정치인 못지않게 이중의 언어 구사에 능했다.

시내에서 카퍼레이드와 시가행진이 벌어졌다.[90] 군악대의 연주가 울리는 기운데, 카퍼레이드의 선두에 선 것은 다름 아닌 '혁명공약'을 알리는 장식차였다. 혁명공약 6개 항이 차량 외관에 빼곡히 적혀 있었다. "1. 반공을 국시의 제일의(第一義)로 삼고 지금까지 형식적이고 구호에만 그친 반공태세를 재정비해 강화한다."는 내용이 선명했다. 혁명공약은 고대 함무라비 법전을 떠올릴 만큼 강력한 메시지였다.

군인들의 행렬이 지나가자, 본격적인 카퍼레이드 행렬이 선을 보였다. 먼저 거북선 모형차가 앞서 나갔다. 곧바로 포승줄에 묶인 죄인들이 탑승한 오픈카가 등장했다. 죄인들은 가슴팍에 큐바(쿠바), 북괴, 월맹(북베트남), 소련, 중공이라는 글씨를 써 붙인 실존 인물들의 대

　　　　　　　　　　　　　　　

역들이었다. 쿠바는 피델 카스트로 의장, 북괴는 김일성 주석, 월맹
은 호치민 주석, 소련은 니키타 후르쇼프 수상, 중공은 마오쩌둥 주
석을 가리키는 것이었다. 이들 앞에는 아름다운 여왕이 싱그러운 미
소로 앉아 있었는데, 여왕은 은막의 여신 최은희였다. 진기한 프로
파간다 연극무대였다. 이어서 고적대 꽃차, 신라시대 여인의 꽃차,
여장으로 꾸민 코미디언들이 탄 우마차 행렬, 국군의 날을 홍보하는
커다란 트레일러가 지나갔다. 카퍼레이드는 마치 만화경 속 장면들
같았다. 그 뒤는 군사퍼레이드였다. 수십 대의 군용 지프차가 꼬리
를 물고 이어졌다. 이날은 미국에서 제공한 MGM-18 라크로스 단
거리유도탄이 육군전차대에 배치된 뒤 처음으로 자랑스럽게 공개되
었다.[91] 그러나 2년 뒤, 라크로스는 기술적 장애로 미육군의 실전
배치에서 퇴역했다.[92]

제20주년 국군의 날 행사는 1968년 10월 1일에, 제21주년 국군
의 날 행사는 1969년 10월 1일에 개최되었다. 6, 7년 전에 비하면,
행사의 규모가 더 거대해지고 행사 범위 또한 넓어졌다. 소비에트
군대의 열병식 못지않은 육중하고 자기과시적인 장면을 연출했다.
몇 년 사이에 변화를 겪은 이유는 세 가지에 기인했다. 1968년 1월
23일 동해상에서 발발한 미해군 정보수집함 푸에블로호 피랍, 1969
년 1월 21일 북한특수부대 124군의 청와대 습격, 그리고 같은 해 4
월 15일 동해 북방한계선에서 북한 미그기에 격추된 미해군 정찰기
EC-121 사건의 여파 때문일 것이다. 이 사건들은 한반도를 둘러싼
국내외 정세를 걷잡을 수 없는 일촉즉발 상황 속으로 혼란스럽게 휘
몰아쳤다. 특히 EC-121 사건의 경우, 닉슨 행정부는 주한미군의 전
술핵을 사용해 북한을 궤멸시키는 비상계획을 수립했다. 작전명은

“프리덤 드롭(Freedom Drop)”[93]이었다. 한반도는 냉전의 최고점을 맞고 있었다.

“북괴가 제2의 6.25를 획책하고 있다는 것이 여러 가지 증거로 드러나고 있다. 우리는 그들의 침략을 즉각 저지 분쇄할 수 있는 만반의 태세를 갖추고 있으나 그들의 도발행위에 대해서는 배전의 감시와 경계를 게을리하지 말아야 할 것이다.”[94]

2년 전 행한 박정희의 이 말이 무용지물이 됐으니, 절대군주로서 그의 심정을 들끓어오르게 했을 것이다. 특히나 124군의 청와대 습격사건으로 그의 체면이 심하게 구겨졌다.

1968년과 69년 두 해의 시가행진과 카퍼레이드는 시가전을 방불케 했다. 1968년 10월 1일의 시가행진[95]은 두 코스로 나뉘었다. 도보부대가 서소문에서 시청 앞, 광화문, 종로, 동대문, 서울운동장까지 돌진했고 포병 및 기갑부대는 서울역에서 남대문, 시청 앞, 을지로, 퇴계로까지 전진했다. 1969년 10월 1일의 시가행진[96] 역시 두 코스로 나뉘었다. 도보부대가 여의도에서 제2한강교를 건너 신촌, 서소문, 동양TV방송, 시청 앞, 광화문, 종로5가까지 진격했으며, 군용차량 카퍼레이드가 뒤따랐다. 기계화부대는 여의도에서 한강교, 삼각지, 남대문, 시청 앞, 을지로5가로 이동했다. 1968년과 69년은 군부대가 서울 도심의 중심가 전체로 에워싸듯 일사분란하게 돌진하며 카퍼레이드 공간으로 물들인 해였다.

국군의 날이 오면, 서울 도심의 사대문(동대문, 돈의문/서, 남대문, 숙정문/북) 안은 국민을 위한 국민의 군대를 구경하기 위해 모여든 수많은 인파들로 북적였다. 흥미로운 무대를 놓칠 수가 없었다.

모두 성전⑻戰⑼의 용사들

　모범용사란, 일반적으로 국군 모범용사를 지칭하는 영광스런 호칭이다. 그러나 모범용사는 몇 개의 갈래로 나뉜다. 육군, 해군, 공군, 해병대를 포함할 때는 3군 모범용사, 전직 군인의 경우는 재향군인 모범용사, 한국에 주둔한 미군은 주한미군 모범용사, 월남전에 참전한 군인은 파월 모범용사. 어느 쪽에 속하든, 국가는 그들을 성전의 용사들로 찬미했다.

　1961년 10월 4일 오전 10시경,[97] 해군 군악대의 행진곡이 사방에 힘차게 울려 퍼졌다. 3군 모범용사 시가행진과 카퍼레이드의 시작을 알린 것이다. 31대의 군용 지프차에 육해공군과 해병대의 용사들이 탑승했다. 3군 모범용사를 태운 지프차들은 서울운동장에서 출발하여 을지로3가, 종로3가의 화신백화점 앞을 지나 남대문, 시청 앞, 중앙청까지 일주를 했다. 도로변에 모인 시민들은 감격스러워하며 용사들에게 화환을 걸어주었고 든든한 마음을 열렬한 박수갈채에 담아 보냈다.

　건군 14주년 국군의 날 기념 일환으로 모범용사 환영대회가 열렸다.[98] 때는 1962년 10월 4일,[99] 장소는 중앙청 앞 광장, 주최는 재건국민운동본부. 모범용사들의 카퍼레이드 행렬이 도로 위를 수놓았다. '환영 모범용사'라는 피켓을 든 여학생들이 일직선 도로 위를 길게 채우고 선두에 섰다. 뒤이어 대형 태극기가 등장하고 군악대 행렬이 줄줄이 뒤따랐다. 드디어 이날의 하이라이트인 수십 대의 군용 지프차가 2열로 천천히 움직였다. 탑승한 군인들은 앉은 채 차렷자세를 유지하며 정면을 응시했다. 그것은 모범용사의 전형이었다.

도로변에 나온 사람들은 질서정연한 모습으로 모범용사들의 카퍼레이드를 지켜보았다.

또 다른 모범용사대회가 열렸다. 그것은 한국전쟁의 9.28수도탈환 모범용사 환영대회 또는 9.28서울수복 모범용사 환영대회였다. 대회 명칭은 때에 따라 변화가 있었다. 1967년 17회를 맞는 9.28서울수복 모범용사 환영대회가 열리기 며칠 전, 나라 안에 냉전의 기운이 요동쳤다. 의문의 열차 폭파 사건이 연이어 터졌다.

1967년 9월 5일 밤 10시를 갓 넘긴 시각이었다.[100] 서울에서 경기도 포천으로 달리던 경원선 열차가 요란한 폭음과 함께 불꽃이 튀며 선로를 이탈했다. 그로부터 8일 뒤인 9월 13일 오전 7시 48분경이었다.[101] 인천에서 경기도 문산으로 향하던 경의선 제1181호 정기 열차가 폭파되었다. 선로가 폭발하며 열차가 탈선했다. 그런데 이날 발생한 폭파사고의 문제는 며칠 전 사고와 달리 간단치 않았다. 주한 미군보급물자를 수송하는 군용 열차였다는 점이다. 유엔한국통일부흥위원단, 즉 언커그(UNCURK)[102] 대표단까지 긴급히 조사에 나섰다. 며칠 뒤, 이들은 북한의 소행으로 간주했다. 정부 당국의 조사 역시 서둘러 진행이 되었는데, 경원선, 경의선 열차 폭파사건을 북한간첩의 테러로 규정했다.

폭파사건에 대한 면밀한 조사와 명확한 결론에 앞서, 냉전의 차가움이 한국사회에 더욱 두껍게 내려앉았다. 열차폭파사건을 계기로 철도청 훈령[103]에 따라 1967년 9월 26일 철도애호단(鐵道愛護團)이라는 특이한 조직이 창설되었다. 일제강점기를 기원으로 이승만 시대에 존재했던 조직이었으니, 철도애호단이 부활한 셈이다. 철도애호단의 발대식은 전국에서 모인 1천여 명의 단원이 참석한 가운데, 이듬해 1968년 4월에 있었다.[104] 철도애호단의 목적은 "국민 스스로 철도를 북괴의 파괴 활동에서 보호하고 내 고장의 철도를 아끼는"데 있었다. 철도애호단의 인원규모는 상당해서 성년부가 4만 1,250명, 소년부가 1,930명이었다. 이들은 각 지역에서 1인 1킬로미터의 철로 구역을 순찰하는 등 철도시설의 경비업무를 맡았다. 철도애호단은 사회의 지층에서 작동하는 또 하나의 냉전감시망이었다.

다른 한편, 반공대회와 북한 귀순자 환영대회가 대규모로 열렸다. 철도애호단 창설 다음 날인 9월 27일, 서울에서 아주(아시아)기독교반공대회가 개막했다. 냉전감시망 속에 기독교가 하나의 연결점이 되었다. 정일권 국무총리가 참석해 자리를 빛냈다. 대회 주최 측 대표가 대통령의 말씀을 전했다.

"우리가 아시아에 대한 국제공산주의자들의 만행을 분쇄하지 못한다면, 온 인류가 추구하는 세계평화는 커다란 위협에 직면하게 된다."[105]

공산주의자에 대한 대통령의 적개심과 분노는 국제적으로 확장되었다. 그러나 때로는 예외적일 만큼 너그러이 관용을 베풀었다. 그 대상은 북한에서 온 특별한 귀순자였다. 1967년 3월 22일 오후 5시 20분경,[106] 판문점에서는 군사정전위원회 제242차 본회의가 마무리되고 있었다. 그런데 갑작스런 비상사태 속으로 빠져들었다. 안경을 쓴 40대 북한 남성이 수십 명이 넘는 북한군의 눈길을 예의 주시하고 있었다. 그때였다. 유엔 정전위 위원인 영국 측 장성[107]이 본회의가 끝나고 세단에 탑승하려던 찰나였다. 그 중년의 북한 남성이 재빠르게 몸을 날려 차 안에 뛰어들었다. 남성을 태운 차는 북한군이 쏘아대는 수십 발의 총탄 세례와 도로를 가로막고 있는 초소 차단기를 그대로 뚫고 전속력으로 달렸다. 총성을 뒤로한 채 남측으로 탈출했다. 40대 북한 남성의 이름은 이수근, 직함은 북한중앙통신사 부사장이었다.

장충단공원에서 열렬히 환영받는 귀순용사 이수근, 1967년.

환상 공화국의 카퍼레이드

　1967년 4월 10일,[108] 서울 장충단공원에는 10만 명의 군중이 모였다. 북한 탈출 이수근씨 환영범시민대회가 열렸다. 최고의 인기스타 최은희, 고은아가 그에게 화환을 걸어주며 남쪽의 아름다운 미소로 반겼다. 서울시의 불도저 시장은 시민증을 수여하며 죽음을 무릅쓰고 자유대한으로 탈출한 그의 용기에 찬사를 아끼지 않았다. 이날 그에게 각종 명목으로 전달된 돈만 해도, 1천만 원이 넘는 거액이었다. 그 뒤로 이수근씨 환영대회가 전국 대도시를 순회하며 개최되었다.[109] 4월 12일은 춘천시청광장, 19일은 부산구덕종합경기장, 22일은 대전공설운동장, 5월 1일은 대구종합경기장, 3일은 광주공원 등에 각 지역민들이 모였다. 온 나라에 북한 귀순자를 향한 열성 신도들의 발길이 늘어만 갔다. 9월 서울 최고급 반도호텔 다이너스티룸에서 그는 전주의 한 대학교 전임강사와 결혼식을 올렸다.

　하지만 남쪽에서 보낸 그의 빛나는 시간은 무척이나 짧았다. 예상치 않은 사건이 터졌다. 1969년 1월 31일 베트남 사이공의 탄손누트 공항에서 이수근은 중앙정보부 요원에게 체포되었다. 콧수염으로 변장한 그의 모습은 스파이 영화 속의 악인을 닮아 있었다. 2월 13일, 이수근이 북한의 지령을 받은 위장간첩이라고 중앙정보부가 공식 발표했다.[110] 그는 자유 대한을 사랑한 귀순자가 아니었으며 이중간첩이었다. 온 나라가 그의 배신으로 집단적 충격에 휩싸였다. 광기 어린 분노를 표출했다. 그에 대한 후속조치가 일사천리로 이루어졌다. 5월 10일 국가보안법 및 반공법위반죄로 사형 선고가 내려졌다. 그 어디에서도 결백을 주장하고 억울함을 호소하는 그의 목소리를 들을 수는 없었다. 그는 성전의 용사들과 열성 신도들을 배신한 대가를 단단히 돌려받아야했다. 그것은 연기처럼 흔적 없이 사라지는 것뿐이었다. 2개월 뒤인 7월 2일 그의 사형이 집행[111]되었다.

자유의 십자군을 위하여

비둘기부대, 맹호부대, 청룡부대, 백마부대. 한국 최강의 군인들이 초강대국 미국과 북베트남이 대결하는 월남전의 밀림 속으로 뛰어들었다.

1965년 2월 영하 10도 안팎을 오르내리는 강추위가 일주일째 서울을 몰아쳤다.[112] 그리고 1965년 2월 9일,[113] 냉동고 같은 기온이 잦아진 날씨 속에서 월남 파병 시민환송국민대회가 열렸다. 한국군의 월남 파병이 시작되는 날이었다. 그 최초의 선봉은 비둘기부대였다. 비둘기부대는 육군, 해병, 공병, 해군 2천여 병력으로 구성된 혼합부대였다. 이날 오후 2시경 서울운동장에는 역사적인 순간을 기리기 위해 2만여 명의 시민들이 자리를 메웠다.

"우리 정부나 온 국민은 우리 장병들이 오직 조국의 명예와 반공의 대의를 위하여 맡은 바 자유의 십자군을 자부하길 바란다."

자유의 십자군을 역설하는 박정희의 목소리가 군인들과 군중 사이로 퍼졌다. 그는 왕국의 군주답게, 장병 전원에게 은제 팔찌를 하사품으로 내렸다.

한겨울의 시민환송국민대회는 카퍼레이드보다는 장병들의 당당한 시가행진에 초점을 맞췄다. 도로변에 모인 10만 인파가 열광적으로 환영했고 국립국악원의 악사들까지 나와 궁중음악으로 장병들의 무사기원을 빌었다.

1965년 10월 1일 오후에 열린 건군 17주년 국군의 날 행사[114]는 힘과 공격성이 어느 때보다 넘쳤다. 맹호부대와 청룡부대의 월남파병 환송식을 겸해서 열렸다. 세종로에 마련된 초대형 사열대에는 대통령 박정희와 부인 육영수는 물론 미국 쪽 인사들이 대거 참석했다. 그 면면은 휴전 조인 당시 UN군 사령군인 마크 클라크 장군과 미 상·하원의 국방위원들이었다. 월남 파병에 따른 미국의 외교적 의례였을 것이다. 열병식 카퍼레이드[115]가 전개되었다. 청룡부대, 즉 해병대는 차량에서 적진 침투를 시연하며 지나갔다. 맹호부대의 전차대대, 호크, 나이키 허큘러스, 어네스트 존 같은 최신 미국제 미사일들이 위용을 과시했다. 어네스트 존은 미국에서 최초로 개발한 핵탄두 장착이 가능한 미사일이었다. 그 뒤에는 인기스타 엄앵란이 장병에게 화환을 걸어주는 특별순서도 있었다. 해병의 상징인 청룡 모형이 부착된 차량과 기계화 부대인 맹호부대 차량이 각 부대의 대규모 병력 선두에서 열병식 카퍼레이드를 이끌었다. 도로를 빈틈없이 채운 1개 사단 병력의 기세등등한 행진을 보며 박수를 치는 박정희. 그는 오늘도 특유의 무표정함으로 일관했는데, 자부심의 그림자가 간간이 스쳤다.

이듬해 1966년 4월 2일에는 그의 월남 파병 결정에 힘을 실어주는 한 통의 편지가 전해졌다. 린든 존슨 미 대통령의 친서[116]였다.

"미국 국민과 정부 그리고 본인은 우리의 강력한 벗이며 동맹국인 대한민국이 월남에 있어서의 공산침략 저지 투쟁에 대한 지원을 대대적으로 증가하고 있는 것을 깊이 감사하고 있습니다. (…) 미국 정부는 이 증강부대의 파견으로 대한민국의 안전이 위태롭게 되거나 계속적 경제 발전에 차질을 가져오지 않도록 보증하겠다는 사실을 재차 강조하고저 합니다. (…)"

그로부터 며칠 뒤인 4월 8일 밤 9시를 넘은 시각,[117] 청량리역 플랫폼은 평소보다 많은 인파로 어지럽고 어수선했다. 군인들을 실은 야간열차가 출발을 앞두고 있었다. 월남에 증파되는 맹호부대의 환송식이 열리는 중이었다. 군악대의 연주, 떠나는 자와 보내는 자들의 뒤섞인 말소리, 군인들의 외침, 열차의 육중한 기계음까지 혼재된 청량리역은 사람과 소리의 전시장이었다. 사람들은 연신 태극기를 흔들었고 혈기가 넘치는 군인들은 열차 창밖으로 몸을 내밀고 가족들이나 환송객들에게 손을 흔들기에 바빴다. 환송을 나온 여학생들은 자신의 이름과 주소를 적은 쪽지를 군인들에게 건넸다. "꼭 편지해 주세요."라는 간절함과 함께.

7월, 10월에도 3개월 단위로, 월남으로 향하는 맹호부대 환송식이 청량리역에서 열렸지만, 참가인원들은 차츰 적어졌다.

1966년 8월 여름에 다시 한 번 열광적인 환송대회가 열려 서울 도심이 뜨겁게 닳아 올랐다. 이번에는 백마부대가 무대 위의 주인공이었다. 파월백마부대 환송국민대회[118]는 시가행진과 카퍼레이드로 장대했다. 중앙청 동편에는 특설식장이 설치되었고 시내 하늘에는 F5A 프리덤 파이터 편대가 비행을 했다. 부대의 상징물과 지프차 카퍼레이드가 선두에서 이끌며 백마부대 장병들의 시가행진이 시작되었다. 거리에는 "자유의 십자군, 이기고 돌아오라"라는 현수막이 내걸렸다. 거대한 백마상이 중앙청에서 종로 화신백화점 앞을 지나며 도로변에 운집한 사람들의 시선을 모았다. 이 진기한 물건이 서서히 다가오면서 분위기는 한층 고무되었다. 백마상은 언뜻 조선시대 왕의 국장에서나 등장하던 죽산마(竹散馬)와 죽안마(竹鞍馬)를 떠올

환상 공화국의 카퍼레이드

리게 했다. 종이로 만든 이 말들은 왕의 영혼을 태우고 하늘로 편안하게 이끄는 메신저 역할을 맡았다. 거대한 백마상은 중세 시대 왕국 군대의 출정식을 보는 듯 이질적이었다.

이 무렵 국내와 월남에서는 위문공연들[119]이 인기 시리즈물처럼 줄지어 기획되었다. 그중에서 대중문화의 스타들이 가장 활발했다. 1965년 6월에는 코미디언 구봉서, 만능 연예인 후라이보이 곽규석, 가수 이미자 등이 파월장병 위문단으로 월남에서 공연을 가졌다. 1966년 3월에는 KBS종군연예단이 파월장병 공연을 떠났다. 1968년 서울시민회관 공연은 화려한 출연진을 자랑한 파월장병 위문공연이었다. 원맨쇼의 일인자 남보원, 최고의 인기가수 배호, 최희준, 이미자, 문주란, 정훈희 등이 무대 위에서 열창을 했다. 인기배우 고은아도 나와 부드러운 목소리로 월남의 밀림에서 싸우는 장병들의 마음을 위로했다.

충무로는 월남전 영화 제작을 발 빠르게 착수했다.[120] 최고의 감독이자 메이저 영화사인 신필름의 대표인 신상옥은 두 편의 월남전 영화를 제작했다. 1966년 『월남전선 이상없다』는 파병 한국군의 활약상을 기록한 장편기록영화였다. 1967년에는 영화 『여자 베트콩 18호』를 제작했다. 같은 해 명감독 이만희는 해병대의 지원을 받아 영화 『얼룩무늬 사나이』를 연출했다. 1965년부터 국립영화제작소는 이른바 문화영화들을 제작했는데, 『월남전선』이 대표적이며 1967년 『무적의 백마』 등이 있다. 이들 작품 역시 월남 파병 군인들의 주인공으로 내세운 다큐멘터리물이었다.

온 나라가 자유의 십자군들을 위하는 길을 부지런히 찾고 있었다. 어느 소녀는 편지를 부탁하는 간곡함으로, 스타들은 노래와 코미디

와 미소로, 영화는 파병 군인들의 대활약상을 스크린에 보여주는 것
으로.

총진격하라, 오리엔트 웨스턴 활극

　1965년 11월 22일 쉐라톤 워커힐 호텔 연회장은 정관계 고위층
인사와 유엔군 장성들이 참석하는 중요한 행사와 파티 준비로 분주
했다. 국군 및 유엔군 한만국경 도달 15주년 기념식이 예정되어 있
었다. 한만국경 도달. 이 용어의 기원은 한국전쟁의 포화가 자욱한
1951년이었다.

　"대한민국의 국가원수인 대통령의 명령으로 지시하는 바이다. 38
선을 돌파하고 올라가야만 될 것이다."[121]

　1951년 3월 16일 이승만 대통령이 전군에 38선 돌파 지령을 내렸
다. 지난 1월, 즉 1.4후퇴로 한국군과 유엔군은 패전을 거듭했다. 급
기야 중공군에게 서울을 빼앗기는 수모를 겪었다. 그리고 3월 15일,
서울을 되찾은 한국군과 유엔군. 이승만은 한시바삐 38선을 돌파해
전쟁의 승기를 되찾으라는 지시를 한 것이다.

　며칠 뒤인 3월 24일, 그는 38선 돌파의 여세를 몰아 담화문을 발
표했다. 제목은 '한만국경까지 진격하라'.

　"승승장구하는 UN군은 반드시 북진하여 압록강, 두만강을 따라
있는(잇는) 한국과 만주 간의 자연적 경계까지 진격하여야 하는 것이
다. (…) 한만국경에 이르기 전에 정지하게 된다는 것은 아무 의미도
없는 것이다. 이제껏 달성해 온 모든 승리라는 것은 다 헛것이 되

　　　　　　　　　　　　　　　　　　　　　환상 공화국의 카퍼레이드

어 버릴 것이며, 불원간 다시 큰 싸움을 하지 않으면 안 될 것이다. (…) 결코 이 전쟁이 최후 목적인 한국의 통일과 독립을 완수하고 완전한 승리를 획득하기 전에는 어디서든지 간에 정지하지 않을 것이다."[122]

이승만의 담화는 단호했다.

3월 30일,[123] 전쟁 중임에도 서울 충무로 광장에 수만 명의 군중이 대거 집결했다. 한만국민진격국경대회가 열릴 참이었다. 이날 대회의 성격은 후방국민운동이었다. 북진하고 있는 군인들의 뒤를 이어서, 온 국민들이 일치단결하여 한만국경으로 총진격하는 것이 최종 목적이었다. 폐허가 된 서울에 모여든 사람들 사이에서는 흉흉한 소문이 퍼져 있었다. 38선에서 정전을 한다는 내용이었다. 사람들은 도무지 받아들일 수 없었다. 전쟁의 포성이 멈추지 않는 탓에 뒤숭숭한 분위기마저 더해졌다.

10시경 대회가 열리고 이승만이 마이크 앞에 섰다.

"(…) 38선을 넘고 압록강, 두만강의 한만국경까지 우리의 국토를 수복하는 것은 대통령의 개인적인 결심이나 정부의 결심이 아닙니다. 우리 삼천만 민중의 다 같은 결심인 것을 확신합니다. (…)"

대통령의 말이 끝나자 충무로 광장의 군중은 만세삼창을 외쳤다. 그러나 그 뒤 대통령도, 한국군과 유엔군도, 민중도 더는 한만국경까지 다가가지 못한 채 전쟁은 휴전 상태에서 멎었다.

1963년 1월 16일 서울의 새벽은 시베리아의 극지방 도시처럼 두껍게 얼어붙었다. 영하 16도의 매서운 기온이 서울 전역에 내려앉았다. 관상대에서는 "(…) 한만국경의 고기압은 16일 아침 현재 한만국경 부근에 머물러 있는데 차차 그 세력이 약해질 것입니다.

(…)"[124]라는 예보를 전했다.

한국전쟁 휴전 이후에도, 늙은 통치자가 쫓겨나고 새로운 정부가 들어서고 다시 쫓겨나도, 한만국경은 한국에게 포기할 수 없는 의미를 지녔다.

1965년 11월 22일,[125] 국군 및 유엔군 한만국경 도달 제15주년 기념 카퍼레이드가 서울 도심에서 열렸다. 카퍼레이드의 이동경로는 남대문에서 중앙청 사이의 태평로 구간이었다. 행사 피켓들을 설치한 지프차 몇 대가 선두에 서고 그 뒤에 군악대의 행진이 있는 소규모 행사였다. 카퍼레이드가 지나는 도로 중앙분리대에는 새로운 조형물들이 설치되어 있었다. 37기의 석고인물상이었다. 1964년 5월 16일 문교부가 5.16혁명을 기념하면서 민족정신을 드높이자는 뜻에서 세웠다. 카퍼레이드의 핵심 도로인 세종로와 태평로를 혁명과 민족정신의 고취 구간으로 변경한 것이다. 석고상들이 즐비한 도로는 마치 영화 세트장처럼 인공적이었다. 그러나 설치 직후부터 논란이 거세졌다. 석고인물상들이 낯 뜨거울 정도로 조악한 설치물이라는 비판이었다. 이를 의식한 정부는 석고 위에 동으로 도금을 하기로 했다. 기이한 결정이었다. 최고의 건축가 김중업도 비판의 대열에 가했다. 그는 점잖은 태도로 타일렀다.

"제발 태평로의 행렬식 동상 계획일랑 중지되었으면 좋겠습니다. 오히려 선열에 대한 불경이 될 겁니다."

이러한 논란의 석고인물상을 뒤로 한 채, 한만국경 도달의 원대한 꿈을 향한 카퍼레이드가 진행되었다. 같은 날 쉐라톤 워커힐 호텔 연회장에서 열린 국군 및 유엔군 한만국경 도달 15주년 기념식[126] 파티는 흥겨웠다. 국무총리와 유엔군장성들이 참석하여 가슴에 꽃

     환상 공화국의 카퍼레이드

오른쪽이 당대의 배우 최은희, 왼쪽이 배우 김정훈이다.

을 달고 악수를 하고 표창을 수여하고 유흥을 즐겼다. 그러나 한만 국경 도달은 차츰 요원한 꿈으로 흘러가고 있었다. 한만국경 도달은 파티장을 장식하는 고위인사들의 그럴듯한 만찬사에 불과했다.

이 무렵, 한국영화는 전성기를 구가하며 독특하고 이색적인 장르 영화를 양산했다. 영화 속 정의로운 주인공과 악인들이 드넓은 황야 에서 총을 쏘고 말을 타고 달리며 쫓고 쫓기는 추격전을 벌였다. 배 경은 일제강점기. 주인공은 독립군, 악인은 일본군, 팔로군, 마적단. 장소는 드넓은 만주 벌판이었다. 충무로는 공장에서 찍어내듯 오리

엔트 웨스턴 활극 액션 장르를 양산했다. 현실에서 이루지 못한 한만국경 도달의 꿈이, 영화관의 스크린에서 시네마스코프 총천연색 장쾌한 영웅의 서사로 탄생되었다.

한만국경의 독립군들 이야기를 다룬 1961년 작『먼동이 틀 때』를 필두로, 1962년『두만강아, 잘 있거라』, 1964년『소만국경』, 1965년『광야의 호랑이』,『불붙는 대륙』이 개봉되었다. 스타감독 정창화는 1961년『지평선』, 1963년『대지의 지배자』, 1966년『광야의 결사대』를, 거물 신상옥은 1968년『무숙자』를 완성했다. 이후에도 1968년『여마적』,『영』, 1969년『황야의 독수리들』이 영화팬들을 불러모았다.

말을 타고 만주벌판 황야를 폭풍 질주하는 영웅들의 실루엣. 한만국경을 유유히 흐르는 강물에 비친 영웅들의 호방함과 비장미. 관객들은 영화관을 찾아 한만국경 도달의 환영을 즐겼을 것이다. 1960년대 후반을 넘어서면서 관객들의 호응은 서서히 시들시들해졌다.

하지만 뉴스는 변함없이 한만국경의 날씨를 예보했다. 1969년 8월 중순, 중부 내륙에는 폭풍주의보가 내렸다.

"이번 비는 중국내륙지방에서 발달한 저기압이 남하했기 때문입니다. 저기압의 중심이 한만국경에 머물고 있어 중부 지방에 많은 비가 내릴 것으로 예상됩니다."[127]

국민을 위한 군대가 되라, 자유의 십자군임을 명심하라, 만주국경을 향해 총진격하라. 왕국의 군주는 강력한 언사로 용사들을 독려했다. 국민과 자유와 국경 탈환을 위한 성스런 전쟁의 용사가 되기를 원했다. 군주가 제공할 수 있는 가장 호화찬란한 레토릭은 카퍼레이드였다. 서울 도심의 대로를 행진하는 용사들의 카퍼레이드는 강력한 힘을 과시하는 열병식이자 공산주의와 대격돌을 앞둔 결연한 의지의 표현이었다. 그것은 군주의 언사를 실천하기 위함이었다. 도시의 경관 또한 그의 노선을 구축하는 방향으로 서서히, 때로는 은밀히 바뀌어 나갔다. 그는 회심의 카드 한 장을 쥐고 있었다. 그것은 반공이었다. 그의 카드는 넘볼 수 없는 필살기여서, 누구도 거부하기 힘들었으며 누구도 저항하기 어려울 만큼 위압적이었다. 한국은 거대한 냉전의 감시망이 작동하는 국가와 사회로 단단하고 두껍게, 겹겹의 층으로 굳어져 갔다.

박정희 대통령과 카퍼레이드를 벌이고 있는 가봉의 봉고 대통령. 1975년.

3장
신의 대리인 또는 제사장

대통령, 국왕, 황제.

카퍼레이드의 모든 영광은 그들을 위해 예비된 것처럼 보였다. 그들은 전혀 다른 계통의 통치자였으나 내면에는 한 가지 공통점이 존재했다. 그들은 모두 신의 대리인과 같았다. 그들은 손을 치켜들어 자신을 연호하는 군중에게 답례를 했다. 군중은 다가오는 그들에게 최대한 몸을 낮춰 예를 나타냈다. 그들은 평화의 전도사가 되어 고색창연한 문장을 만들어냈다. 그들은 언제나 세상의 안전과 태평과 모든 이의 행복과 풍요를 약속했으며 모든 이에게 공평한 은전을 베풀었다. 그들은 신에게 부여받은 전지전능한 능력의 소유자로서 행동했다. 군중은 그들의 은혜에 기뻐했으며 경의를 표하기 위해 기다려야 했다. 군중의 발걸음은 때로는 자발적이었으나 때로는 국가를 위해 동원되었다.

위대한 사회(The Great Society)를 추진한 린든 존슨 미국 대통령의 방한이 결정되었다. 방한일은 1966년 10월 31일.

존슨의 방한 보름 전쯤인 10월 13일 밤 11시 25분경,[128] 미국에서 온 비행기 한 대가 김포공항에 내렸다. 백악관 공보비서 빌 모이어스, 의전국장 윌리엄 스튜어트 사이밍턴이 대통령 방한 선발대원 40명을 이끌고 왔다. 그들의 체류 예정 시간은 만 24시간. 정보를 입수해서 공항에 나타난 기자들에게 모이어스가 분주히 이동하며 답변을 했다.

"대통령의 방한에 앞서 준비상황 및 영접 절차에 관해 한국정부 관계 당국자와 만나 협의하기 위해서 온 겁니다."

그의 말은 백악관 공보수석에 어울리는 의례적인 발언이었지만, 한편으로는 실제적인 발언이기도 했다.

한국 정부 역시 존슨 영접 준비에 한창이었다. 10월 7일 정부의 영접위원회는 장관 3인, 차관 2인을 포함해서 총 10명의 영접위원으로 구성되었다.[129] 불도저 서울시장 김현옥도 영접위원 중 한 명이었다. 각종 행사 준비 또한 착착 순서를 밟고 있었다. 10월 12일 영접위원회는 정부 부처에 영접의전차량 동원 협조 문서[130]를 내렸고 이에 정부 및 국영기업체의 차량 리스트가 전달되었다. 외무부 의전실은 차출된 차량 리스트[131]를 작성했다. 그 내용은 다음과 같았다. 기관으로는 은행(한국은행, 상업은행 등)과 국영기업(대한석탄공사, 충주비료주식회사, 대한무역진흥공사, 대한중석광업주식회사 등)에서 차출된 차량이 있고 정부 부처(경제기획원, 외무부, 내무부, 상공부 등)에서 차출된 차량이 포함되었다. 기관에서 차출된 차량은 버스(모델: 뷔크, 포드, 시보레, 머큐리)가 주종이었고 정부 부처에서 차출된 차량은 시보레, 뷔크가 대부분이었다. 도심의 각종 기념조형물의 기본표준안[132]을 만들었다. 영접 기본 표어는 국문 "환영 존슨 미합중국 대통령 각하 내외분 방한", 영문 "Welcome His Excellency the president of the United States of America and Mrs. Lyndon B. Johnson"으로 하되, 영문을 국문보다 크게 하도록 상세한 표준안을 제시했다. 기념조형물에 쓸 다섯 가지 표어도 작성했다. "서로돕는 한미우정 길이빛날 자유평화", "굳어지는 한미친선 뻗어가는 자유세력", "내가 흔든 태극깃발 굳어지는 한미우호", "반겨맞자 평화사도 보여주자 번영모습", "오고가는 우정 속에 강화되는 한미유대"였다.

10월 27일에는 메인 행사 장소인 시청 앞 광장에서 행사 참가자들이 예행연습[133]에 열을 올렸다. 남녀중고생 밴드반과 합창반과 군악대, 군인들이 질서정연하게 대열을 갖춰서 방한 당일 연습을 했다. 시청 건물 외벽에는 대통령 박정희의 커다란 초상화가 보기 좋게 내걸렸지만, 존슨의 초상화는 미완성인 듯 걸려 있지 않았다. 영접위원회 측은 경쟁적으로 학생 밴드반과 합창반 경연대회까지 시키며 행사의 만전을 기했다.

정부는 존슨 방한을 맞아 각종 기념품을 준비했다. 먼저 담배와 우표.[134] 전매청은 존슨 방한 기념담배를 출시할 예정이었다. 양국 대통령의 얼굴이 들어간 신탄진 담배 50만 갑을 전국에서 존슨 방한에 맞춰 판매하기로 했다. 또한 체신부는 양국 대통령을 도안한 7원, 83원 우표 총 60만 장, 소형시트 2만 장을 발행하기로 했다.

철도청은 존슨을 위해 특별한 선물[135]을 마련했다. 존슨 대통령 부부와 수행원들을 위한 기념철도 무임승차증 발매를 정했다. 존슨 대통령은 주한유엔군사령관 전용 객차를 이용할 예정인데 이에 맞춘 증정 기념선물인 것이다.

1966년 10월 31일 오후 3시경,[136] 존슨 대통령이 미공군1호기에서 내렸다. 기다렸던 만여 명의 환영객이 태극기와 성조기를 흔들며 트랩을 내려오는 존슨 대통령과 부인을 기뻐하며 맞이했다. 존슨 부부는 환한 미소로 화답했다. 잠시 뒤 트랩 아래에 있던 박정희와 존슨이 만났다. 왕국의 군주와 제국의 군주가 반가운 표정으로 악수를 나눴다. 한쪽에서는 천 명의 여성으로 구성된 대규모 합창단이 아름다운 화음으로 제국의 군주를 찬양했다. 제목은 '환영의 노래'였다.

의전 영접 순서에 따라 존슨 대통령 부부의 모터케이드[137]가 시작되었다. 모터케이드는, 공식 행사장으로 이동하기 위한 의전·경호 차량 행렬을 말한다. 경찰 사이카 30대가 선두로 하여 모터케이드 150대, 200미터나 되는 길이를 자랑하는 행렬로, 까다로운 미국 측 의전팀이 흡족할 만했다.

존슨을 위한 화려한 카퍼레이드의 서막이 올랐다.[138] 이동구간은 김포공항에서 서울시청까지 총 24킬로미터인데 구간구간마다 수많은 인파가 장사진을 이루고 있었다. 김포가도를 달리던 존슨의 차량이 잠시 멈춰 섰다. 의전차에서 내린 존슨은 친근한 미소로 환영객들에게 악수를 건네기도 했다. 김포가도에서 제1한강교를 지나 남영동 입구에 존슨의 차량이 들어섰다. 인근 중고교생 2천여 명이 존슨을 맞이했다. 갈월동 입구에서는 5천여 명의 중고생들이 연호하고 카우보이 복장의 학생 밴드부가 연주를 했다.

"웰컴 존슨! 웰컴 존슨!"

양쪽 도로 안쪽까지 인파로 발 디딜 틈 없이 가득했다. 서울역 앞에서는 여고생 3천여 명이 '아리랑'을 불렀고 남대문의 시민들도 "웰컴 존슨!"을 외쳤다. 한복을 입은 여고생 2천여 명이 양국 깃발을 흔들며 하늘에 풍선을 날렸다. 도로는 온통 사람들의 물결과 사람들의 흥분된 환호성과 사람들이 흔드는 깃발의 날갯짓으로 진동했다. 서울은 존슨과 박정희의 초상화, 대형 아치, 대형탑, 플래카드로 도배가 되었다. 존슨이 지나가는 도로 위에 사람들은 국화와 코스모스를 뿌렸고 번듯한 고층빌딩에서 뿌린 오색종이와 테이프가 도심을 뒤덮으며 끊임없이 쏟아져 내렸다. 제국의 군주가 지나는 길을 최고의 상찬(賞讚)으로 맞이했다.

오후 5시경,[139] 3천여 명의 여성합창단이 부르는 '개선의 노래'를 배경 삼아, 존슨 대통령 부부가 서울시청 앞 무대에 비로소 등장했다. 광장에는 대형 태극기와 성조기가 바람에 나부끼고 애드벌룬이 떠 있었다. 존슨은 시청 앞 광장을 채운 30만 인파에게 손을 흔들어 기쁨의 인사를 보냈다. 양국 대통령이 앉을 좌석은 왕의 옥좌 형식으로 제작하고 이중 지붕을 얹어 천상의 권위를 갖췄다. 존슨이 옥좌에 앉자 공중에서 폭죽이 터지고 5백 마리의 비둘기가 광장을 가로질러 날았다. 불도저 시장이 어김없이 나와 순금으로 제작한 행운의 열쇠를 존슨에게 바쳤다. 존슨은 왼손을 여유롭게 흔들어 군중의 성의에 인사를 보냈다.

서울 도심에 어둠이 내려앉았지만 성대한 환영행사의 엔딩이 남았다. 양국 대통령은 시청 앞에서 중앙청까지 최대한 천천히 오픈카 퍼레이드를 펼쳤다. 세종로의 시민들은 존슨에게 손을 흔들거나 박수를 보냈다. 세종로 빌딩에서 내리는 꽃가루와 오색테이프가 대미를 장식하듯 카퍼레이드 차량을 뒤덮었다. 오후 6시가 지난 시각, 중앙청 광장에는 3백 명의 여학생들이 청사초롱을 들고 존슨 부부의 길을 밝히고 있었다. 존슨 부부가 탑승할 헬기가 대기 중이었다. 이윽고 존슨 부부를 태운 헬기가 서울 상공을 날아 쉐라톤 워커힐로 방향을 틀었다.

옥좌에 앉아 군중을 내려다보던 두 명의 대통령은, 군주이기도 했다.

라인강의 기적, 뤼프케

며칠 전부터 서울 시내는 대대적인 환영 준비로 들떠 있었다. 정부는 서독(독일)과 한국이 전쟁 직후 분단되었다는 동질성을 강조했다. 이에 발을 맞춰 서울의 신문들은 연일 '한강의 기적'이라는 헤드라인을 찍었다. 제2차 세계대전의 패전국에서 경제적 부흥을 일군 서독을 두고 '라인강의 기적'이라고 불렀다. 정부는 그 기적을 마법의 주문처럼 퍼뜨리며 국민들에게 선전했다.

수십 개의 환영탑과 수백 개의 플래카드가 설치되어 행사의 분위기를 끌어올렸다. 중앙청 앞 도로 중앙에는 양국의 국기와 대통령들의 사진이 내걸렸다. 사진의 주인공들은 한국의 박정희와 독일의 뤼프케였다. 10개의 환영아치가 카퍼레이드가 펼쳐지는 중요 길목들을 장식했다.[140]

국토양단 같은 운명 함께 뭉쳐 타개하자

본받자 라인강 기적

이룩하자 한강 기적[141]

　1967년 3월 2일 김포공항에는 요한 스트라우스의 '라데츠키 행진곡'이 경쾌하게 울려 퍼졌다. 봄맞이에 잘 어울리는 선곡이었다. 모인 사람들의 어깨가 들썩였다. 오후 4시경 김포공항 활주로에 도착한 루프트한자 1호기에서 서독, 즉 독일연방공화국의 하인리히 뤼프케 대통령 부부가 내렸다. 뤼프케 대통령은 유럽의 국가원수로서 최초의 내한이었다. 그는 트랩 아래에서 기다리던 박정희 대통령과 악수를 나눴다. 두 사람은 이번이 두 번째였다. 3년 전 서독에서 한 차례의 만남이 있었다. 이때는 박 대통령이 한국의 국가원수로서 처음 유럽을 방문했다.

　뤼프케 대통령 부부가 카퍼레이드 의전차량에 탑승했다. 김포공항에서 제2한강교 구간 사이에는 육군사관생도와 공군사관생도 수백 명이 도열했다.[142] 카퍼레이드는 서소문, 소공동, 퇴계로를 따라 이어졌다. 언제나 그랬듯이, 시청 앞 구간은 빌딩들에서 내리는 꽃가루 천지였다. 뤼프케 대통령 부부의 차량이 들어오자 사방이 꽃가루로 날렸고 군중의 환호로 들썩거렸다. 연도에 늘어선 사람들은 오색풍선을 들고 있었고 하늘에는 애드벌룬들이 떠 있었다. 오늘의 행사를 위해 준비한 수백 마리의 비둘기들이 주변을 날았다. 박정희와 육영수는 공식만찬회와 리셉션이 열리는 중앙청에 도착해서 뤼프케 부부의 도착을 기다렸다.[143] 그렇게 서울은 라인강의 기적을 일군 유럽의 분단국 대통령을 환대했다.

정부는 각종 기념물을 제작했다. 체신부는 기념우표 5백만 장, 소형시트 10만 장으로 구성된 기념우표세트를 발행했다. 전매청은 고급담배인 '신탄진'을 기념담배로 제작하여 5백만 갑을 판매하기로 정했다.

3월 4일 뤼프케 대통령 부부의 카퍼레이드는 빗속의 부산으로 이어졌으며 한국을 떠나는 날에도 계속되었다. 한국 정부의 카퍼레이드 행사는 극진했다. 하지만 언론에서[144] 외국정상 초청에 대해 지나치게 많은 예산이 소요된다는 지적을 했다. 게다가 선거를 앞둔 전략이라며 비판의 각을 세웠다. 이는 부인할 수 없는 사실이었다. 실제 1967년은 굵직한 선거가 연달아 잡혀 있었다. 5월 3일 제6대 대통령선거, 6월 8일 제7대 국회의원선거가 한 달 간격으로 숨 가쁘게 치러질 예정이었다. 박정희와 여당인 공화당은 중요한 시국에 놓여 있었다.

뤼프케 대통령의 방한 한 달 뒤, 정부는 태국의 정상에게 이러한 지적을 반영한 듯한 제스처를 보였다.

태국 왕국에서 온 손님

1967년 4월 2일,[145] 태국 왕국의 타놈 키티카촌 수상 부부가 방한했다. 타놈과 박정희는 1년 전 마닐라에서 개최된 세이토(SEATO) 정상회담에서 만난 바 있었다. 타놈 수상 부부의 카퍼레이드 일정은 오후 1시 20분 김포공항을 출발해서 1시 50분 도착으로 잡혀 있었다.[146]

덕수궁 앞과 시청 분수대를 둘러싸고 그 주변에 환영객들이 모여 있었지만 한산했다. 불과 한 달 전 독일 뤼프케 대통령의 카퍼레이드를 떠올리면 단출한 규모였다. 시청 앞 광장에서 열리는 시민환영대회에 참석한 인파들은 비교도 안 될 만큼 적은 수였다. 이날도 어김없이 나타난 불도저 시장은 타놈 수상에게 행운의 열쇠를 증정했다.[147] 4년 뒤인 1971년, 그는 이른바 친위 쿠데타를 시도하여 헌법을 무력화하고 국회를 해산하여 태국을 군부독재의 국가로 이끌었다. 그리고 1973년 10월 14일 일요일,[148] 태국 방콕에서 민주화를 외치며 군부독재에 저항하는 대학생들의 대규모 시위가 벌어졌다. 군대의 발포로 300명이 넘는 대학생들이 목숨을 잃었다. 결국 타놈은 태국판 '피의 일요일'을 자행한 탓에 권좌에서 쫓겨나 해외로 도주했다. 군인, 쿠데타, 반공친미주의자라는 그의 면면은 박정희와 닮아 있었다.

수상의 방한, 4월의 서울

1967년 4월 6일,[149] 호주의 해롤드 홀트 수상 부부가 방한했다. 오후 5시 10분경 특별기로 도착한 홀트 수상은 공항에서 소감을 밝혔다.

"공산주의에 맞서 함께 싸우는 한국을 방문하여 기쁩니다."

서울 도심의 도로는 차량이 완전히 통제되었다. 12대의 경찰 사이카가 수상 부부의 차량을 둘러싸고 그 뒤로 경호, 의전차량들이 길게 따르며 카퍼레이드가 진행되었다.[150] 태평로 대한일보 빌딩 앞과 건너편 대한항공 빌딩 앞에는 인파가 거리를 메웠고 양쪽 빌딩 위에서는 꽃가루가 날리며 도로를 뒤덮었다. 며칠 전, 태국 타놈 수상의 간소한 카퍼레이드와는 사뭇 대조적인 풍경이었다. 군악대의 연주와 시민들이 시청 앞에서 홀트 수상 부부를 맞이했다.

이틀 뒤인 4월 8일 토요일 오전 11시 40분경,[151] 홀트 수상은 울산의 비료공장과 정유공장을 방문하고 있었다. 그는 접견실에서 공장 모형들을 보며 브리핑을 듣고 있었다. 10여 분이 조금 지났을 시각이었다.

아침부터 서울에는 부슬비가 내렸다. 오전 11시 52분경,[152] 성동구(현재는 중구) 청구동 일대에 하늘을 찢는 폭음과 함께 불길이 치솟았다. 여의도 비행장을 떠나 대구로 향하던 제5공수비행단 소속 쌍발 C-46수송기 1대가 이륙 10분 만에 성동구 청구동 산 중턱의 판자촌에 추락했다. 일대를 불구덩이로 만들었다. 탑승자 군인 24명이 사망했다. 판자촌에 사는 갓난아기와 어린아이들, 어른들 포함 50여 명은 영문도 모른 채 불귀의 객이 되었다. 시신이 산산조각난 사고 지점은 지옥도처럼 참혹했다.

그날 오후 6시경, 홀트 수상은 청와대 영빈관에서 기자회견을 열고 다음 날 오전 환송을 받으며 한국을 떠났다. 며칠 뒤, 여의도 공군기지에서 사고 희생자 합동장례식이 거행되었다. 4월의 서울은 환호와 오열이 뒤섞여 교차했다.

뉴질랜드 수상의 입경(入京)

1968년 10월 18일, 뉴질랜드의 키스 홀리오크 수상 부부가 내한했다. 오후 3시 45분 도착 후 홀리오크 수상이 성명을 발표했다.

"성공적으로 경제적, 사회적 건설을 이룩한 한국은 아시아태평양 지역의 평화와 안전 유지에 중대한 공헌을 하고 있습니다. 경하해 마지않습니다."[153]

홀리오크 부부는 오픈카를 타고 서울 시내로 향했다.[154] 11대의 경찰 사이카가 수상이 탑승한 오픈카를 둘러쌌다. 카퍼레이드는 제2한강교와 아현고가도로를 지났는데 태평로 대한일보 빌딩 앞은 오색종이꽃가루가 쉴 새 없이 날렸다. 이윽고 시청 앞 광장에는 3만여 시민들이 홀리오크 부부를 맞이했다. 시민들의 손에서 양국의 국기가 춤을 추고 5백 마리 비둘기가 떼지어 시청 앞을 날았다. 홀리오크는 불도저 시장이 건네는 행운의 열쇠를 받았다. 뜨거운 환영에 감격한 그는 이렇게 답사했다. "영원히 잊지 않겠습니다."

머나먼 대륙의 나라, 공화국의 각하

서아프리카의 신생 독립국, 니제르공화국의 초대 대통령 디오리 하마니가 한국에 도착했다. 1969년 10월 27일 오후 4시 20분이었다. 박정희는 공항에서 열린 환영식에서 이렇게 강조했다.

"우리 두 나라는 침략과 분쟁을 거부하고 평화와 안전을 확보하려는 결의와 노력을 함께하고 있으며 번영된 복지사회를 이룩하려는 개발과 건설의 길을 함께 전진하고 있다."[155]

평화, 안전, 번영, 복지사회, 개발. 박 대통령은 이 땅과 검은 대륙이라 부르는 아프리카에 지상낙원을 건설하겠다는 의지로 넘쳐흘렀다. 한국 정부가 니제르 공화국의 대통령을 맞이한 데는 다른 셈법이 있었다.

"북한 괴뢰가 침투의 광장으로 삼고 있는 아프리카 대륙에 새로운 한국관을 부각시킬 수 있는 계기"였기 때문이다. 아프리카에서 한국은 북한의 외교력에 밀리고 있는 실정이었다. 박정희는 이를 극복하기 위해 절치부심했다.

카퍼레이드는 김포공항에서 서울시청까지 진행되었다.[156] 공항은 물론 시내 곳곳에, "디오리 하마니 니제르 공화국 각하 내외분 방한"이라는 환영아치가 설치되었다. 카퍼레이드의 절정은 태평로와 시청 앞 광장이었다. 태평로 도로에는 시민들이 양쪽 거리를 꽉 채웠고 덕수궁 앞에서 시청 앞 분수대까지 학생들이 일렬로 줄을 지었다. 시청 앞 상공에는 거대한 양국 국기가 애드벌룬에 달려 떠 있었다. 최고의 장식은 시청 앞 건물 전면에 내걸린 두 대통령, 박정희와 디오리 하마니의 초상화와 국기였다. 이들의 모습은 왕국의 국왕을 연상케 했다.

5년 뒤인 1974년 4월 15일, 니제르공화국에서 군부 쿠데타가 발발했다.[157] 육군참모총장인 세이니 쿤체 중령이 자신을 임명한 하마니 대통령을 축출한 것이다. 15년간 지속된 독재정치를 참을 수 없어 쿠데타를 일으켰다고 쿤체 중령이 이유를 밝혔다. 이날 하마니의 영부인이 암살되었다. 바로 이튿날, 쿤체 중령은 니제르의 국가원수이자 최고군사위원회 의장에 취임했다. 디오리 하마니 대통

환상 공화국의 카퍼레이드

령은 부인을 잃고 1987년까지 수감과 가택연금을 반복하는 치욕을 경험했다. 초대 대통령의 권좌에서 쫓겨난 그는 초라한 말년을 보냈다.

당신과 우리의 영광

서울 중앙청 광장을 압도하는 규모의 대형 취임식장이 세워졌다.[158] 10여 개의 원형기둥이 떠받치고 있는 형태로, 그중 5개의 기둥은 정부의 경제개발 5개년 계획을 상징하고 있었다. 기둥과 식장은 단청으로 채색했다. 수직으로 뻗은 기둥들이 그리스 신전의 외형을 떠올리게 했다. 비가 내리는 가운데, 우산을 쓴 내외빈과 시민들이 운집했다.

의전차량 한 대가 청와대를 떠나 중앙청 안으로 들어갔다.

"당신의 영광에는 우리의 영광이, 일하고 땀흘리는 자의 영광, 젊음과 꿈을 갖는 자의 영광! 진실로 조국을 사랑하는 자의 영광, 오 당신과 우리의 영광이!"[159]

국립영화제작소의 대한뉴스는 이렇게 박정희를 숭배했다. 사람들은 태극기를 흔들며 기뻐했다.

드디어 모닝코트 차림의 박정희가 연단 앞에 섰다.

"선서. 나는 국헌을 준수하고 국가를 보위하며 국민의 자유와 복리의 증진에 노력하여 대통령으로서의 직책을 성실히 수행할 것을 국민 앞에 엄숙히 선서합니다. 1967년 7월 1일 대통령 박정희."[160]

비가 계속해서 내리는 1967년 7월 1일 토요일 오후 2시, 박정희는 제6대 대통령으로 취임했다. 그는 엄숙하고 단호한 표정으로 취임사를 읽어 내려갔다.

"단군 성조가 천혜의 이 광토 위에 국기를 닦으신 지 반만 년 이어 온 역사와 전통 위에 이제 대한민국 제6대 대통령으로 취임하면서 나는 국헌을 준수하고 나의 신명을 조국과 민족 앞에 바칠 것을 맹세하면서 겨레가 쌓은 이 성단에 서게 되었습니다.(…)"[161]

취임사를 끝낸 그는 의자에 앉아 자신을 찬미하는 축가를 들으며 연단 아래를 쳐다보았다. 그의 표정은 시종일관 엄격했으며 일말의 희미한 미소조차 감지되지 않았다.

하지만 이날은 모든 게 온화하고 환상적이었다.[162] 1,700여 명의 수형자들에게 특별감형을 내렸고 전국 교도소의 수감자들에게 특별급식을 지급했다. 대통령의 은전이었다. 정부는 이날을 임시공휴일로 지정해서 일요일까지 쉬는 연휴가 되었다. 임시로 통금이 해제되어 늦은 밤을 즐길 수 있었다. 이 또한 대통령이 국민들에게 베푸는 은전이었다.

오후 4시 30분부터 카퍼레이드가 열렸는데 역대 가장 큰 규모라 해도 손색이 없었다.[163] 카퍼레이드는 대통령 취임식을 맞이하는 경축종합예술축제의 일환이었다. 수만 명의 인파가 중앙청, 세종로 연도를 가득 메우고 활보했다. 카퍼레이드는 광화문에서 출발했다. 먼저 시가행진이 도로를 장식했다. 3군 군악대와 학생 밴드의 연주가 울려 퍼졌고 화교협회 학생들의 중국 전통춤 공연 행렬이 이어졌다. '경축'이라는 글자가 크게 붙은 꽃차가 뒤따랐는데, 이를 본 연도의 사람들이 손을 흔들었다. 꽃차에 탑승한 인기배우들이 팬들에게 미소와 손 인사로 화답을 했다. 김진규, 남정임, 문희, 김희갑, 허

  환상 공화국의 카퍼레이드

장강 등 만인이 선망하는 최고의 배우들이자 쟁쟁한 은막의 스타들이었다. 카퍼레이드는 남산야외음악당으로 향했다. 카퍼레이드의 종착지인 남산야외음악당은 4천석 규모를 자랑하는 만큼 대통령 취임식 분위기를 한층 배가하기에 최적의 장소였다.

저녁 6시가 되자 경복궁 경회루에서 취임식 명사들을 위한 성대한 연회가 열렸는데 참석자가 1,600명이나 됐다.[164] 해방 이후 공개하지 않던 근정전의 문을 열어 축하객들에게 공개했다.[165] 이날의 절정은 밤 9시 25분을 넘어선 시각이었다.[166] 서울의 5곳, 즉 남산, 인왕산, 조선의 성곽이 있는 낙산, 흑석동의 명수대, 서울시청 옥상에서 쏘아올린 오색의 폭죽이 하늘로 치솟았다. 일순간 2천여 발의 폭죽이 터지며 서울의 밤하늘을 형형색색으로 물들였다. 통금 해제의 자유를 누리는 시민들은 아름다운 불꽃에 빠져들며 탄성을 내질렀다.

1967년의 제6대 대통령 취임식은 해방 이후 사상 최대 규모의 축제였다. 도심 거리를 채운 인파는 대통령의 자비로움을 만끽했다. 거리의 사람들은 신민(臣民)이었고 대통령은 천하의 군주였으며 단군의 계승자였다. 사람들은 잠시 잊었지만 대통령은 육군 대장 출신이었다. 몇 년 전까지 그는 4성 장군이었던 것이다.

그는, 박 장군

1961년 11월 4일, 전직 대통령 윤보선은 무력으로 자신을 몰아낸 장군 박정희의 어깨에 별을 수여했다. 윤보선은 미소 띤 표정으로

박 장군과 악수를 나누며 덕담을 주고받았다. 불과 2년 만에 박정희
는 육군 소장에서 육군 대장으로 진급했다.

"귀하가 미국 방문 중 본인과 나의 정부당국자들과 더불어 가졌던
회담에서 본인은 크게 고무된 바 있습니다. 이번 회담은 우리가 한
국혁명이 현재 및 장래에 있어서 취할 길을 이해하는 데에 큰 도움
을 주었습니다. 본인은 귀하가 한국의 여러 문제를 다루는 데에 있
어서 보여준 정력과 민첩성으로부터 깊은 인상을 받았으며, 대한민
국을 위한 앞으로의 귀하의 노력이 성공하기를 바랍니다. 귀하의 귀
국 여행이 재미 있고 즐거운 것이 되기를 빕니다."[167]

1961년 11월 19일 존 F. 케네디 미국 대통령은 워싱턴에서 자신
과 회담을 마치고 돌아가는 박 장군에게 서신으로 귀국 인사를 전했
다. 케네디는 박 장군의 든든한 후방 지원군 역할이 되었다.

우방국인 미국, 자유중국과 한국의 외교에 있어서 박정희는, 박
장군이라는 존재로 등장했다. 그는 얼음장처럼 차갑고 칼날처럼 날
카로운 인상을 풍겼다.[168] 실제로 그는 군인의 기질에 잘 어울리는
캐릭터를 갖추고 있었는데 그만큼 4성 장군이라는 계급을 영광스럽
게 여기고 있었을 것이다. 그는 군인의 피를 지닌 인물이었다. 한 신
문사에서 그 이력을 상세히 공개하였는데, 1940년 만주군관학교에
입교하여, 1942년 민주군관학교 2년 예비과정을 수료하고 1944년
일본육군사관학교를 졸업하였으며, 1945년 해방 직전에는 일본군
중위였다.[169] 그는 철저히 일본제국에 피로서 서약을 맹세한 군인
이었으나 누구도 개의치 않았다.

1963년 8월 박 장군은 대장으로 예편하고 같은 해 10월 제5대 대
통령선거에 출마하여 당선되었다. 이제 그는 대통령에 올라섰지만

                    환상 공화국의 카퍼레이드

스포츠 경기대회를 보면 그가 어느 정도나 장군이라는 위치에 대한 깊은 애정이 있었는지, 또는 군인의 정체성이 강했는지를 발견할 수 있다.

1963년은 연초부터 한파가 서울을 몰아쳤다. 1월 5일 서울의 기온이 영하 12도까지 내려가며 한강이 완전히 얼어붙었다.[170] 한파가 지속되는 날씨 속에서 서울은 어느 체육관에서 내뿜는 열기로 달아올랐다. 서울이라는 도시의 면모를 일신시켜 줄 건축물이었다.

1963년 2월 1일이었다. 국내 최초의 실내체육관인 장충단시립체육관이 위용을 드러냈다. 보통은 장충체육관으로 불렀다. 신문들은 장충단에 위치한 탓에 장충단체육관이라는 별칭을 썼다. 신문들은, "지붕 있는 운동장"[171], "동양 굴지의 실내코트"[172]라는 헤드라인으로 일제히 지면을 장식했다. 장충체육관 개관을 기념하는 제1회 박정희장군배 쟁탈 동남아여자농구대회가 개최되었다.[173] 우승컵에 새겨진 '박정희장군배'라는 타이틀이 황금빛으로 빛이 났다. 최고의 스타플레이어 박신자가 버티고 있는 국내 최강 팀인 상업은행, 한국은행, 자유중국 춘더팀, 일본 최강 니치보 히라노팀이 출전했다. 개막전을 보기 위해 몰려든 관중으로 장충체육관은 수용인원 8천 명을 가득 채우고 자리가 모자란 나머지 체육관 맨 위층에 서서 관람하기까지 했다.[174] 2월 4일 군복차림의 박정희는 대회에 출전한 한국여자선수들을 만나 일일이 악수를 나눴다.[175] 박정희는 육군 대장이면서 국가재건최고회의 의장이었다. 그는 장군이었다. 이번 대회는 첫 회라는 의미도 있었지만 일본을 이기고 동남아 여자농구의 일인자를 지키느냐가 큰 관심사였다. 박정희 장군의 높은 관심에 호응하듯, 상업은행은 박신자의 대활약으로 박정희장군배의 우승컵을 차지했다.

평소 얼굴에 표정 변화가 거의 나타나지 않는 박정희였지만 자신의 이름을 딴 농구대회에서만큼은 감정을 드러내곤 했다. 1966년 제4회 대회는 상업은행이 우승을 했는데, VIP석에 있던 박정희는 흐뭇한 미소로 박신자에게 우승컵을 전달했다.[176] 그의 미소는 박 장군 자신을 빛낸 박신자에게 보내는 신뢰의 제스처였다.

에티오피아의 황제 셀라시에 1세의 방한은 최대의 이벤트였다. 1968년.

제국의 황제와 군주국의 왕이 한국 방문 초청을 수락했다.

에티오피아 황제가 한국에 왔다. 그는 에티오피아 제국 솔로몬 왕조의 제64대 황제 하일레 셀라시에 1세였다. 셀라시에 황제는 솔로몬 왕과 시바 여왕의 직계 후손인 인물이었다. 한국전쟁 당시 황제 직속 친위대인 칵뉴 대대가 참전하여 승전을 올렸다. 박정희는 황제를 초청하기 위해 공을 들여왔다.

정부와 서울시는 셀라시에 황제를 영접하기 위해 대대적인 실행계획을 세웠다.[177] 영접위원회는 위원장 부총리, 영접위원 외무부 등 총 9개 부처장관, 서울시장 등으로 구성했다. 우선 황제가 지나가는 카퍼레이드 이동경로는 김포, 제2한강교에서 동교동로터리, 신촌로터리, 아현동, 서소문 육교, 충무로, 대한극장 앞, 광희동로터리, 시청 앞, 퇴계로를 지나 영빈관에 이르는 도로로 정했으며, 해당 지점에 무려 20만 명의 인원을 배치하기로 했다. 총무처는 정부 각 부처와 기관, 서울시 공무원들에게 '공무원 및 정부관리기업체 직원 연도환영 공문'을 하달했다. 다시 말해, 공무원 총동원령이 내려졌다. 황제의 카퍼레이드를 따라, 각 구간별로 나눠 도로 좌우측에 인원들이 배정되었다. 이를테면, 충무로 입구에서 대한극장 앞은 우측에 감사원, 수산청, 중부세무서, 수산업협동조합, 한국수산개발공사, 주택공사, 대한준설공사 직원들이, 좌측에 내무부, 전매청, 국세청, 중앙전화국, 중앙우체국, 대한중석, 대한석유공사, 대한통운 직원들이 환영인파를 형성하도록 배치했다. 행사 당일 대략 시민 10만 명과 학생 5만 명, 공무원 및 기업체 직원 5만 명이 연도 곳곳에 나와 깃발을 들고 손을 흔들며 아프리카의 황제를 맞이하는 광경이 펼쳐지도록 동선을 짰다. "에티오피아 황제 폐하 만세", "환영 하이레 세라세 1세 황제 폐하" 같은 아치가 카퍼레이드가 지나는 지점들에 세워져 분위기는 상승 작용할 것이다.[178] 아치는 10개, 탑 7개, 현판 14개, 플래카드 16개, 대형 초상화 3개 등을 마련했다. 그 외에 인기 있는 신탄진 담배 250만 갑, 기념우표 등 방한기념품을 제작했다. 행사 당일 고층빌딩에서 오색꽃가루가 도심 하늘을 뒤덮으며 쏟아져 내릴 것인데 그 양만 해도 1,500킬로그램에 다다른다.[179] 시청 앞 광장에서 황제 영접은 절정으로 오를 것이다. 시청 건물 외벽에 대형 국기, 대통령과 황제의 초상화, 휘장을 나란히 걸어 권위를 나타내도록 했다. 대규모 군중이 모인 가운데 황제환영대회를 열고 이 자리에서 서울시장이 행하는 행운의 순금 열쇠 증정식이 거행될 예정이다. 내부 검토에 따르면,[180] 이전에 방문한 미국의 존슨 대통령, 서독의 뤼프케 대통령의 카퍼레이드 행사에 비해 작은 규모이지만, 피로서 한국전쟁을 사수한 에티오피아의 황제를 위해 크고 융숭한 국가적 예우를 취했다. 이로써 모든 영접 준비를 끝마쳤다.

1968년 5월 18일 오전 11시경 76세의 셀라시에 황제가 특별기에서 내려 자신을 기다리던 박정희 대통령과 만났다.[181] 두 사람은 우산 아래에서 첫인사를 나눴다. 오전부터 때아닌 비가 내리고 있어 성대한 영접 일정에 차질이 생겼다. 공항의 영접 행사는 약식으로 진행되었다. 그러나 동원된 인파가 우산을 쓰고 황제의 카퍼레이드가 지나는 연도를 채우고 있었다.[182] 황제의 의전차량을 수십 대의 사이카들이 둘러싸고 유유히 달렸다. 아프리카의 유서 깊은 제국의 황제는 아시아 변방의 신민들에게 손을 들어 인사를 보냈다. 대한일

　　　　　　　　　　　　　　　　　　　　　환상 공화국의 카퍼레이드

보 빌딩 앞과 덕수궁, 시청 앞에는 수많은 사람들이 환호했고 하늘에서는 꽃가루가 예정대로 떨어져 내렸다. 사람들은 빗속에서도 황제의 방한을 보기 위해 자리를 지켰다.

그리고 5년 뒤인 1973년 5월, 박정희는 셀라시에 황제가 보낸 진기한 예물을 유심히 쳐다봤다. 황제의 선물은 동계스케이팅 대회에서 수여할 높이 90센티미터, 직경 40센티미터의 순은제 우승컵으로, 양국의 변함없는 우의를 돈독히 하기 위해 보낸 것이다.[183] 1974년 1월 '제1회 에티오피아 황제배 쟁탈 전국시도대항남녀빙상대회'가 강원도 춘천에서 성황리에 열렸다. 그런데 1개월 뒤 예상치 못한 사건이 발발했다. 에티오피아에서 멩기스투라는 군인이 육군 쿠데타를 일으켰다. 이후 수개월에 걸쳐 에티오피아 정국은 걷잡을 수 없는 혼돈에 빠져들었다. 같은 해 9월, 셀라시에 황제는 강제 폐위되어 연금 상태에 들어갔다. 멩기스투는 황제가 사라진 세상에 사회주의 군부 독재국가를 건설한 뒤, '아디스 아바바의 도살자'로 악명을 떨쳤다.

이후 한국에서는 1975년 제2회 대회를 취소하고 대회 명칭에서 황제를 제외하자는 논란이 일었다.[184] 그토록 숭배하던 황제의 존재를 쉽게 지워버렸다.

1975년 8월 27일 에티오피아 방송은 갑작스런 황제의 서거를 발표했다.[185] 그의 나이 83세였다. 그는 에티오피아의 마지막 황제였다. 그의 시신은 자신이 살던 메네리크궁 지하에 비밀리에 암매장되었다.

1969년에는 말레이시아 국왕이 한국을 찾았다. 말레이시아 국왕은 셀라시에 황제와 다르게 임기가 정해진 입헌군주국의 원수였다.

1969년 4월 29일,[186] 이스마일 나시루딘 말레이시아 국왕의 카퍼레이드 행렬이 도심으로 들어섰다. 덕수궁 주변의 빌딩에서는 오색 꽃비가 쏟아져 내렸고 거리를 가득 채운 시민들이 깃발을 흔들며 말레이시아 국왕과 왕비의 방한을 열렬히 환영했다. 서울시청 앞 광장의 환영대회에 참석한 불도저 시장 김현옥은 공손했다. 말레이시아 국왕 폐하 내외 앞에 선 자리였기 때문이다. 불도저 시장은 국왕에게 400만 서울 시민의 이름으로 행운의 순금 열쇠를 증정하는 영예를 얻었다.

카퍼레이드의 이동경로에 있는 것들

대통령, 황제, 국왕이 지나가는 길, 또는 그들을 위한 카퍼레이드 행사가 펼쳐지는 도로에는 1960년대 서울의 상징들이 배치되어 있었다. 그 상징들은 황량한 곳에도, 번잡해지는 도로 복판에도 모습을 드러냈다. 그 상징들은 신의 대리인들과 서울시민들에게 스펙터클한 시각적 볼거리와 논스톱 질주의 시원함을 제공해주었다.

조형물 – 기념탑과 동상

김포공항을 빠져나온 의전차량들은 한강이 보이는 김포가도를 따라 달렸다. 차량들은 공항과 시내를 잇는 관문인 제2한강교로 들어섰다. 잠시 뒤 멀리 제2한강교 북쪽 입구를 지키고 있는 거대한 V자

제2한강교입구에 위치해 있던 유엔군참전기념탑. 그 주변의 서울은 황량하다. 1964년.

형 흰 탑이 시선을 압도했다.[187] 그렇게 차량들은 탑을 통과해 시내로 진입했다. 이 탑의 명칭은 유엔군참전기념탑이다. 1964년 6월 10일에 완공되었으며 당시 한국에서 가장 높은 콘크리트 탑으로 약 53미터 높이를 자랑했다. 탑에는 화강석으로 된 14미터 높이의 자유의 여신상과 승리의 남신상이 붙어 있다. 탑의 설계와 조각을 맡은 조각가 김세중은, 탑 하단의 문은 서양의 개선문 형식을 갖추었다고 설명했다. 의전차량들의 긴 행렬은 동양의 개선문을 관통하는 장관을 연출했다.

그로부터 5년 뒤인 1969년 10월 14일 제2한강교 남쪽 입체교차로 도림여중 앞 녹지대에서 동상 제막식이 열렸다.[188] 고구려의 명장 을지문덕 동상이었다. 화강암으로 된 좌대의 높이는 9.7미터, 입상은 4.5미터로, 전장 14.2미터로 제작했다. 장군의 형체는 2.5톤의 청동으로 주조했다. 장군은 칼집에서 뺀 칼을 하늘 높이 치켜든 모습이었다. 당장이라도 일거에 적들을 물리칠 기세였다. 동상을 제작한 조각가 최기원의 말을 종합해 보면, 장군은 칼을 뽑아들고 북쪽으로 진격해서 적을 무찌르는 늠름함을 표현한 것이다. 그것이 곧 남북통일의 염원을 상징하는 것이라고 했다. 을지문덕 장군의 동상을 주도적으로 기획한 곳은 애국선열조상건립위원회였다.

1966년경 조직된 애국선열조상건립위원회는 민족 위인들의 동상을 건립하기로 추진했다. 첫 동상은 충무공 이순신 장군이었으며 세종로 네거리 한복판에 세웠다.[189] 충무공의 동상은 그의 탄신일 하루 전날에 제막되었는데 그날은 1968년 4월 27일이었다. 조각가 김세중의 작품으로, 좌대 높이는 12미터, 입상은 7미터, 전장 19미터로 제작했다. 동상 무게만 해도 7톤이 나갔다. 지혜와 용기와 덕을 갖춘 위엄 있는 지휘관의 모습을 표현했다고 조각가가 말했다. 세상을 내려다보는 충무공의 동상은 이 땅을 지키는 수호신과 같았으며, 세종로에서 펼쳐지는 카퍼레이드를 스펙터클 드라마의 절정으로 끌어올리는 요소였다.

애국선열조상건립위원회가 건립한 또 하나의 동상이 김유신 장군으로, 을지문덕 동상보다 20여 일 먼저 세워졌다. 카퍼레이드 행렬이 남대문을 지나면 바로 앞에 장군의 동상이 나타났다. 좌대 4.8미터, 입상 4.5미터, 전장 9.8미터 높이, 4.5톤의 구리로 제작했다.[190] 장군은 두 다리를 들어 올린 근육질의 말에 앉아 칼을 뻗은 형상이었다. 장군의 동상은 1969년 9월 23일에 제막했다. 그렇게 카퍼레이드 의전차량들은 칼을 든 장수들의 동상을 지나 수도 서울의 도심 경관 속으로 들어왔다.

건축물 — 교차로와 고가도로

1967년 서울시의 시정목표는 '건설 돌진의 해' 또는 '돌격의 해'였다. 육교, 교차로, 고가도로 건설을 군사작전에 돌입한 돌격대처럼 수행했다.

서울시는 삼각지에 '한국 최초의 타원입체교차로'를 개통했다. 1967년 12월 27일 입체교차로를 완공한 이유는 삼각지를 통과하는 1일 평균 1만 7천 5백여 대의 차량 통행량을 감당하기 위해서였다. 서울역, 이태원, 원효로, 제1한강교 방면으로 오가는 차량들을 논스톱으로 원활하게 만들고자 했다. 김포공항에서 출발한 카퍼레이드가 제1한강교를 건너 삼각지 입체교차로를 타면 서울역을 지나 시청 앞까지 한 번에 올 수 있었다.

1968년 9월 19일 왕복 4차선 아현고가도로가 완공되었다. 아현고가도로 건설의 주 목적은 세 가지였는데, 첫째는 폭주하는 교통량 해결, 둘째는 외곽으로 인구 분산, 셋째는 시청 앞에서, 서소문, 아현동을 지나 제2한강교를 건너 김포공항으로 빠르게 진입하는 통로 역할이었다. 아현고가도로는 카퍼레이드 경로의 중요한 연결고리였다.

서울시의 돌격은 명료했다. 더더욱 가속페달을 밟아 전속력으로 질주하며 서울시의 경관을 바꿔놓는 것이었다.

카퍼레이드는 의전차량들의 행렬이 일순위로 스포트라이트를 받았지만, 부속 행사로 함께 진행되는 시가행진도 중요했다.

1967년 7월 제6대 대통령 취임식 축하 카퍼레이드 행렬은 남산이 종착지였다. 바로 남산야외음악당이었다.[191] 콘크리트 조개모양의 남산야외음악당은 높이 21미터, 깊이 14미터, 폭 26미터로 대형 공연장이었다. 남산야외음악당은 서울시 남산개발계획으로 건립된 건축물인데, 음악공연과 대중 행사장으로 사용되었다. 1967년 4월에는 제6대 대통령 선거 유세장으로 사용되기도 했다.[192] 이때 윤보선 후보의 유세에는 무려 25만 명의 청중이 운집했다. 윤보선은 자신의 대통령직을 박탈한 박정희와 싸웠으나 100만 표가 넘는 표차로 패배했다.

대통령, 황제, 국왕.

그들이 탑승한 의전차량들은 항시 최고의 예우를 받았다. 수많은 사람들은 비가 내리는 궂은 날씨에도 연도를 가득 메운 채 기다렸고 뜨겁게 환영했다. 그들을 치켜세웠다. 모두 기뻐했다. 그들의 카퍼레이드는 한국에서 가장 높은 것, 최초의 것을 지녔으며 가장 빠른 길로 정해졌다. 그들은 너그러우면서도 위엄 있는 자로 행동했다. 또한 민족의 혈연적 계승자로 자처했으며 국가의 야망을 대변했다. 무대의 연출자들은 그들을 숭배하도록 치장하고 최대치로 선전했다. 그들은 특별한 존재였다. 그들에게 황금의 행운을 선사했다. 그들은 신탁을 위임받은 신의 대리인이었다. 또는 제단의 제사장이었다. 공화국의 대통령은 왕국의 군주와 다르지 않았으며 시민들은 스스로 신민으로 살았으되 알지 못했다. 수많은 이들이 무리지어 따르며 때로는 격정에 사로잡혔다. 이때의 심정은 이러했을 것이다.

카퍼레이드의 모든 영광을 그들에게!

세계 최초의 우주비행사는 지구에서 가장 유명한 인물이 되었다. 잘생긴 노동자계급 출신의 가가린은 사회주의 체제의 우월성을 선전하기에 딱 알맞았다. 1961년.

스페이스 오페라, 스포츠, 그리고 냉전

1963년 8월 10일,[193] 미인이 탑승한 오픈카와 사이카의 호위대열이 서울 광화문 도로를 천천히 지나갔다. 화환을 목에 건 한복 차림의 미인은 연도에 길게 늘어선 시민들에게 연신 손을 흔들며 시원한 미소를 보냈다. 미인의 이름은 김명자, 여대생이다. 미국에서 열린 미스 유니버스 대회에서 최종 다섯 명에 뽑혔다. 이를 축하하는 카퍼레이드가 서울 시내에서 진행된 것이다. 세계적인 주목을 받은 미인의 카퍼레이드는 흔치 않은 볼거리였는데 시민들은 어색한 듯 미인의 미소를 멀뚱멀뚱 구경만 했다. 미인의 카퍼레이드는 한여름의 시원한 판타지처럼 지나가 버렸다.

이보다 더 강렬하고 더 화려하고 장쾌한 판타지가 다가오고 있었다. 그것은 우주와 체육관과 스타디움에서 전개되는 영웅들의 치열한 활약상이자 모험의 대서사였다. 그러나 판타지에는 냉전의 긴장감이 깊게 드리워져 있었다.

1961년 4월 14일 소비에트연방의 모스크바는 흥분의 도가니였다. 유리 가가린이 보스토크 1호를 타고 인류 최초의 우주인 타이틀을 거머쥐었다. 흐루쇼프 수상은 우주개발경쟁에서 미국을 제압했다는 기쁨과 자신감으로 충만했다. 그는 브누코브 국제공항까지 직접 나가 위대한 붉은 영웅을 예우했다.

공항에서 시작된 수십 대의 자동차행렬은 일직선으로 이동했는데 그 끝이 보이질 않을 만큼 엄청난 규모의 카퍼레이드였다.[194] 가가린과 흐루쇼프는 오픈카에 나란히 동승했다. 붉은 광장에서 출발한 카퍼레이드는 19킬로미터를 이동했다. 레닌스키 프로스펙트 거리를 따라 수백만 모스크바 인민들이 연도에 운집했다. 상공의 헬기는 꽃종이를 뿌려대며 영웅의 귀환을 기렸다. 연도변의 여성들은 두툼한 코트를 입고 머리에는 수건을 두른 채 가가린의 차량 행렬을 기다렸는데, 손에는 풍선이나 꽃들을 들고 있거나 환영 플래카드를 준비했다. 남성들은 붉은색 소비에트연방 국기를 들고 무리지어 행진했다. 모스크바는 지난날의 러시아혁명을 재현하듯이, 온통 사람들과 깃발의 물결로 춤을 췄다. 수백만의 인민들이 영웅이 지나가는 레닌스키 도로를 따라 동시에 걸었다. 인민들은 미국을 제치고 인류 최초의 우주인을 배출한 국가적 자긍심을 감출 수가 없었다. 가가린이 오픈카에서 모스크바 시민들에게 오른손을 들어 답례를 보냈다. 그는 영웅의 미소를 지그시 지어보였다.

수백만 모스크바 인민들이 세계 최초의 우주인이자 자랑스러운 소비에트연방의 군인을 마음속에 간직하기 위해 붉은 광장에 집결했다.[195] 높은 단상 위에 선 군복 차림의 가가린이 광장의 인파를 향해 경례를 올렸다. 인민들은 열광했다. 환호했다. 흥분했다. "우라!(Ypa, 만세)"를 거듭 외쳤다. 흐루쇼프는 영웅 가가린을 치켜세웠다. 가가린은 소비에트연방의 영웅으로서 최고의 영예인 레닌 훈장을 받았다. 잡지『소비에트 유니온』은 그를 이렇게 극찬했다. "Нация приветствует своего героя(국가가 영웅에게 경의를 표했다.)"[196]

얼마 뒤부터 그는 인류 최초의 우주인으로서 체코슬로바키아, 불가리아, 쿠바, 인도네시아, 폴란드, 베트남 등 전 세계를 순방했다. 7월에는 군복 차림으로 동서냉전의 대척점에 선 영국을 방문하여 카퍼레이드를 벌였는데 런던 시내는 환영 인파로 붐볐다.[197] 사람들에게 냉전의 군복은 중요치 않았다. 그는 팝의 우상 못지않은 선풍적인 인기를 끌어 모았다. 가가린은 소비에트연방의 완벽한 홍보 대사였다.

제미니 6·7호, 서울시청 앞 광장, 쉬라와 보먼

붉은 광장의 가가린으로부터 5년이 지난 1966년 2월, 두 명의 우주인들이 한국을 찾았다. 그들은 미국인이었고 세계친선방문의 일환이 목적이었다. 그들은 해군 대령 월리 쉬라와 공군 대령 프랭크 보먼이었다.

2개월 전이었다. 1965년 12월 15일 태평양 마리아나군도 297킬로미터 상공의 대기권 밖에서는 위험천만한 시도가 진행 중이었다. 미국의 유인우주선 간에 랑데부가 예정되었다.[198] 제미니 6호가 우주의 진공상태를 가르며 제미니 7호에 서서히 접근했다. 자칫 충돌 사고가 발발할 수 있는 아찔한 상황. 두 우주선 사이의 거리는 1.8미 터까지 좁혀졌다. 마침내 편대 비행을 완수했다. 제미니 6호의 쉬라 와 제미니 7호의 프랭크 보먼, 짐 러벨이 우주에서 대화를 나눴다. 마이크의 잡음 너머로 들려오는 이들의 목소리는 여유로웠다.

쉬라   여기는 교통이 굉장히 복잡한 것 같군 그래.

보먼   교통순경을 부르지 그래.

쉬라   자네들이 점점 가까이 보이는군.

러벨   당신 입술이 움직이는 게 보이는데 (…)

쉬라   지금 껌을 씹고 있단 말이야.

러벨   보먼이 보이나?

쉬라   훨씬 더 잘 보여.

러벨   시야는 어때? 나쁜 편 아냐?

쉬라   그렇긴 한데, 창 너머로 자네들을 볼 수 있어. (…)

제미니 6호와 7호가 인류 최초로 우주에서 랑데부에 성공한 것이 다. 우주개발기술의 놀라운 진일보였다. 5년 전 가가린에게 선수를 빼앗긴 미국이 인류 최초의 타이틀을 다시 만들어 미국의 힘을 보여 준 순간이었다.

1966년 2월 15일,[199] 우주개발의 새로운 장을 연 쉬라와 보먼이 부인들과 함께 서울에 도착했다. 공군 군악대의 경쾌하고 힘찬 연주 곡이 김포공항에 울려 퍼졌다. 전쟁영화『지상 최대의 작전』의 메인 테마곡('The Longest Day')이었다.

 환상 공화국의 카퍼레이드

"우리집에 돌아온 기분입니다."

쉬라의 센스 넘치는 첫인사였다. 그는 한국전쟁의 참전용사였다.

"우주를 산책하기에 알맞은 한국의 하늘입니다."

보먼이 여유 있게 한마디 덧붙였다.

정부는 우주인들의 카퍼레이드를 귀빈 대우로 준비했다. 7대의 사이드카가 검은 세단에 탑승한 우주인들을 겹겹이 에워싸며 호위하였다. 시민들은 성조기를 흔들며 우주인들을 맞이했다. 'WELCOME 환영, 미 우주인 쉬라 대령 보만 대령 내한'이라는 환영 문구가 서울시청 건물 전면에 내걸렸다.[200] 시청 앞 광장에는 멀리서라도 우주인들을 보기 위해 모여든 인파로 빽빽하게 들어찼다. 단체로 온 경기여자중고등학교 학생들도 자리를 채우고 태극기를 흔들었다. 서울시는 우주인들에게 명예시민증을 수여하고 행운의 열쇠를 건넸다. 인류 최초로 우주 랑데부에 성공한 쉬라와 보먼은 아메리카합중국의 멋진 홍보대사였다. 하지만 짧은 예고편에 불과했다.

이글호의 장엄한 우주 곡예

1969년 7월 한여름 밤의 남산에서 판타지 한 편이 상영될 예정이었다. 세 명의 우주인이 아폴로 11호를 타고 인류 최초로 달 착륙을 시도한다는 스토리였다. 그런데 상상해 본 적도 없는 광경이 며칠이 지나면 현실이 될 것이다. 이것은 미국의 장대한 우주개척사의 최신판 프로젝트였다. 주한미국대사관 미국공보원은 한국인들에게 자신들의 우주프로젝트를 홍보하기 위해 초대형 TV를 남산야외음악당에 설치했다.[201] 크기가 가로 6미터, 세로 4.5미터에 달해서 100미터 거리에서도 시청이 가능하다고 홍보했다. 이 TV는 미국공보원이 1만 달러의 비용을 들여 일본에서 임대를 하고 주한미8군이 위성을 통해 미국에서 직접 수신하는 형태로 실황중계를 맡았다.

역사적인 7월 16일. 이날따라 비가 내렸다. 우산을 쓴 시민들이 저녁 무렵부터 시시각각 모여들었는데, 비가 그치고 밤 10시 30분 경이 되자 남산야외음악당의 4천 석은 넘치는 인파로 모자랄 지경이 되었다. 무려 5만여 명이 운집한 것이다. 당초 예상인원 2만 명을 훨씬 뛰어넘는 수치였다.

초대형 TV에서 전개되는 우주 판타지의 오프닝은 눈이 부셨다. 아폴로 11호가 케네디우주센터에서 발사에 성공하자 시민들은 박수를 치며 환호했다. 시민들은 달을 향해 전진하는 우주선 속으로 빠져들었다. 아폴로 11호의 달 착륙은 우주 정복이고 우주 곡예라는, 신문들의 기사는 우주 판타지의 환희를 담기에는 역부족이었다. 정부는 7월 21일을 임시공휴일로 미리 지정하는 순발력을 발휘했다.[202] 그 이유는 달 착륙을 기념하기 위해서라고 공지했다.

새벽 12시경, 아폴로 11호의 착륙선 이글호가 고요의 바다에 무사히 내려앉았다. 닐 암스트롱의 목소리가 우주에서 날아왔다. 초현실적이었으나 생생했다.

암스트롱　휴스턴, 여기는 고요의 기지. 이글이 착륙했다.[203]

그리고 몇 시간 뒤, 암스트롱은 역사에 길이 남을 명언을 남겼다.

암스트롱　이것은 한 명의 인간에게는 작은 발걸음이지만, 인류에게는 커다란 도약이다.[204]

시민들은 우주 곡예를 보며 충격과 감동을 받았다. 이렇게 일제히 외쳤다.

"세계 인류 만세!!"[205]

아폴로 11호, 뉴욕, 암스트롱, 콜린스, 올드린

1969년 8월 13일 뉴욕 전체가 승리의 순간으로 들끓어 올랐다. 아폴로 11호의 영웅들이 티커-테이프 퍼레이드를 펼치는 날이었다.[206] 퍼레이드는 브로드웨이에서 파크 에비뉴까지 이어졌는데, 퍼레이드의 차량행렬은 성조기들로 장식한 가로등을 따라 끝이 보이질 않았다. 세 명의 우주 영웅, 닐 암스트롱, 마이클 콜린스, 버즈 올드린을 보기 위해 수를 헤아릴 수 없는 인파가 도로와 거리를 완전히 점령했다. 제2차 세계대전의 승전 기념 퍼레이드에 버금가는 가장 많은 시민들의 운집이라 해도 과언이 아니었다.

존 린지 뉴욕시장은 영웅들에게 찬사를 아끼지 않았다.

"오늘 뉴욕이 준 모든 것은 여러분이 한 일에 비하면 왜소한 것입니다."[207]

아폴로 11호의 우주 영웅들이 지나갈 때마다 뉴욕시민들은 열광적으로 환호했고 환한 미소와 터지는 탄성에 무한한 사랑과 존경을 더했다.

인류 최초의 달착륙선 아폴로 11호의 승무원들을 위한 카퍼레이드. 뉴욕은 환희와 열광의 도시였다. 1969년.

　　뉴욕의 빌딩 숲에서는 우주인들의 카퍼레이드 행렬에 색종이와 펄럭이는 장식들이 쏟아져 내렸다. 이날의 카퍼레이드는 찬란하고 격정적이었으나 평화로웠다. 대형 성조기를 앞세운 학생 기수단들, 카우걸 복장의 미녀들, 전통의상 차림의 아랍인들, 브라스밴드가 한데 뒤섞여 행진과 연주를 하며 춤을 췄다. 경찰 사이카의 사이렌 소리, 우주인들의 모습을 담기 위해 이동하는 트럭 위에서 촬영하는 취재진들의 열기, 건물 밖으로 몸을 내밀고 구경하고 소리치는 사람들, 도로를 점령한 엄청난 인파의 물결이 진풍경으로 이어졌다. 하늘에서 끝없이 내리는 색종이와 펄럭이는 장식들, 하늘

환상 공화국의 카퍼레이드

로 오르는 오색 풍선들, 뉴욕의 초고층 빌딩을 도배한 환영 문구들… "CHICAGO WELCOMES MOON HERO", "MONTCLAIR'S Man on the Moon", "OUR HERO". 아폴로 11호의 우주인들은 아메리카합중국의 위대한 영웅이었다.

CBS방송국의 명앵커 월터 크롱카이트는 TV 시청자들에게 퍼레이드의 감격을 전했다. "우리는 모두 세 명의 아폴로 11호 우주비행사들과 함께 먼 길을 왔습니다. 그들은 우리를 자랑스럽게 만들었고 우리에게 거대한 국가적인 노력이 우주에 도달하든 … 아마도 바로 여기 지구의 표면에서 찬사를 보낼 수 있다는 것을 보여주었습니다."[208] 뉴욕은 이날을 영원한 승리와 기쁨의 기억으로 남겼다.

스페이스 오페라의 주인공, 한국에 오다

아폴로 11호의 우주인들이 한국에 방문하기로 결정되자, 정부는 문화공보부(현재의 문화체육관광부)장관을 위원장으로 하는 우주인환영위원회를 꾸렸다. 우주인들을 국빈대우로 영접하기로 결정하고 무궁화장을 수여하기로 국무회의에서 의결했다.[209] 이들에게 수여할 훈장은 국민훈장 최상위 1등급에 해당하는 높은 대우였다.

1969년 11월 3일,[210] 미대통령 전용기가 김포공항에 착륙했다. 세 명의 우주인, 암스트롱, 콜린스, 올드린이 자신들의 아내와 함께 한국 땅에 발을 디뎠다. 이들은 미국 특사자격으로 24개국 친선 순방 중이었는데, 한국은 스물세 번째 해당 국가였다. "WELCOME APOLLO ASTRONAUTS 환영! 아폴로 우주인 방한"이라는 대형 환영 문구와 미국 국가 '성조기여 영원하라'가 연주되었다. 환영 나온 학생들의 피켓이 들뜬 분위기를 거들었다. "WELCOME PIONEERS"

암스트롱이 공항 환영식에서 인사를 했다.

"아폴로 11호의 업적은 인간의 지식을 우주에 넓히려는 모든 나라의 노력의 결과입니다. 인간이 달 착륙이라는 큰 문제를 극복한 기술적인 성공은 지구의 평화와 진보의 문제를 해결하는 데 있어 희망을 주어야 합니다."

암스트롱, 콜린스, 올드린이 오픈카에 동승했고 사이카 8대가 좌우에서 날개처럼 펼쳐져 경호했다. 3분의 1 크기로 축소한 이글호 모형 꽃차를 비롯해서 수십 대의 차량행렬이 길게 이어지며 김포공항에서 카퍼레이드를 출발했다. 우주인들은 제2한강교를 건너 신촌 로터리와 서소문 육교를 지났다. 이윽고 대한일보 앞과 남대문으로 들어섰는데, 남대문 인근은 환영 인파로 넘쳐났다. 하늘에서는 오색 종이꽃이 끝없이 내렸고 거리의 사람들은 깃발을 흔들며 아폴로 우주인의 방한을 성대히 맞이했다. 세 명의 우주인들은 오픈카에 선 채로 연신 손을 흔들어 감사인사를 보냈다. 한국은행과 미도파백화점을 지나 반도호텔 앞을 달려 시청 앞 광장 특설 환영대까지 이어졌다. 시청 앞 상공에는 대형 태극기와 성조기가 나란히 떠 있었고 광장을 가득 메운 인파가 우주인들을 열렬히 환대했다. 한국에 거주하는 미국 남녀아이들이 모국에서 온 우주 영웅을 반갑게 인사했다.

서울은 인류애를 실현하고 인류의 진보를 보여주는 우주인들에게 흠뻑 빠져들었다. 그들은 메이드 인 USA호가 그려내는 스페이스 오페라의 완벽한 주인공들이었다. 게다가 친근하고 사심없고 활기 넘치는 표정의 아메리칸 가이였다.

세계챔피언의 탄생

국가재건최고회의 시기인 1962년 1월, 정부와 서울시는 신년도 4대시설계획을 발표하고 추진한다.[211] 핵심은 대규모 종합경기장 건설이었다. 1964년 도쿄 올림픽 대비와 1966년 아시안게임 유치를 위한 발판 마련에 초점이 마춰졌다. 서울시는 2년 전부터 장충단공원에 있던 군체육관을 인수하여 공사를 시작하였으나 지지부진한 가운데 완공을 하지 못하고 있었다. 한시바삐 서울에 없던 건축물을 완성해야 했다.

1963년 2월 1일에 선 보인 장충체육관의 관중석은 25개의 계단식으로 되어 최대 8천 명이 관람할 수 있는 규모로 지어졌다. 공사 비용만 해도 1억 2,323만 원이 소요되었다. 서울의 명소이자 국가적인 자랑거리가 들어선 것이다.

고작 4개월 만인 6월경에 들어서자 장충체육관에 커다란 문제가 발생했다.[212] 체육관 실내의 냉동장치, 환기장치, 마루 부실시공으로 2개월간 보수공수를 하는 상황이 된 것이다. 어찌된 일인지, 이듬해인 1964년 11월경, 장충체육관은 또다시 보수공사를 하는 처지가 된다. 개장 당시 찬사 일색이었던 언론도, "동양 굴지의 맘모스 실내체육관"이라는 조롱을 섞어가며 문제를 지적했다.[213] 체육관 마루 밑바닥이 모두 썩어서 들뜨는 현상이 생겨 540만 원의 시 예산이 추가로 발생했다. 국내 최초이자 동양 최고라는 장충체육관의 체면과 위상이 구겨지고 말았다.

이러한 사실과 분위기를 일거에 반전시킬 만한 폭발적인 흥행 이벤트의 주인공이 등장했다. 1965년 1월 13일 청와대에서 두 명의 무적이 만났다.[214] 그들은 대통령과 권투선수였다. 박정희가 동양 미들급챔피언 김기수의 단단하고 묵직한 손을 잡았다. 3일 전인 1월 10일, 김기수는 일본의 심장부 도쿄에서 일본선수를 KO로 눕히고 동양챔피언벨트를 차지했다. 박정희는 짧은 머리에 단단한 근육질 체격의 김기수를 보며 희미한 미소를 띠었다. 박정희는 김기수가 획득한 상장과 상패를 손으로 잡은 채 유심히 살펴보았다. 두 사람의 만남은 일회성으로 끝나지 않고 이듬해까지 이어졌다. 그날 박정희는 동양을 넘어 세계 정상에 올라선 무력의 정복자를 원했는지도 모를 일이다.

김기수는 무적의 프로권투선수였으며 장안의 스타였다. 그는 스포츠 영화『내 주먹을 사라』에서 주연을 맡았다.[215] 그는 스크린의 눈부신 여왕 김지미의 연인으로 나와 열연을 펼치며 유명세를 탔다. 같은 해 8월 실제 권투선수가 출연한 스포츠 영화라는 화제를 모으며 극장에서 상영했다.

김기수에게 세계챔피언 타이틀매치에 도전할 기회가 왔다. 상대선수는 세계주니어미들급챔피언 니노 벤베누티. 그는 1960년 로마 올림픽 권투 금메달리스트였다. 하지만 챔피언에게 지불해야 할 대전료가 관건이었다. 그러던 차에 김기수는 청와대 연락을 받고 박정희를 만났다. 박정희의 말은 간단명료했다.[216]

"김기수 선수, 이길 자신 있나?"

"젖 먹던 힘까지 다해서 노력하겠습니다."

　　　　　　　　　　　환상 공화국의 카퍼레이드

정부는 대전료를 지불하는 것으로 응답을 했다. 박정희는 김기수의 주먹에 확신을 걸었을 것이다.

한국에 입국한 챔피언 벤베누티는 빨강 체크무늬 상의에 흰 구두 차림으로 댄디한 멋을 내고 KBS방송과 인터뷰를 진행했다.[217]

"나의 승리는 뻔한 거 아닙니까? 시합 후에 맛있는 한국음식을 실컷 먹겠습니다."

챔피언은 자신만만했다.

"만약 진다면, 그건 내 운명으로 돌릴 수밖에 없죠. 김은 위대한 선수가 될 겁니다. 나는 16세에 챔피언이 되었습니다. 패배할 것 같으면 한국에 뭐 하러 왔겠습니까?"

챔피언은 거들먹거리며 호기롭게 인터뷰를 마쳤는데, 그도 그럴 것이 로마 올림픽에서 김기수가 판정패한 전적이 있기 때문이었다.

다음 날 도전자 김기수는 한 인터뷰에서[218] 챔피언에게 강력한 펀치를 날리듯 짧게 쏘아붙였다.

"나는 산송장이 아닙니다."

만일 당신이 KO 당한다면 어쩌겠냐는, 기자의 도발적인 질문에 도전자는 분노의 펀치를 날리듯이 답했다.

"생각해본 일이 없습니다. 나의 레프트 펀치에 넘어질 챔피언을 상상했을 뿐입니다. 이것이 대전에 임하는 나의 정신무장입니다."

도전자의 눈동자에 핏기가 서렸다고 인터뷰 말미에 기자가 썼다.

1966년 6월 25일 장충체육관 정중앙 사각의 링 안에는 두 명의 전사가 마주보고 서 있었다. 하루 온종일 쏟아지는 빗속을 뚫고 챔피언 벤베누티와 도전자 김기수의 세계주니어미들급 타이틀매치를 응원하기 위해 1만여 관중이 운집했다. 경기 시작 1시간 전 일찌감치 나타난 대통령은 귀빈석에 자리를 잡았다.

운명의 시간이 열렸다. 밤 9시 17분경, 1회전 경기 시작을 알리는 공이 실내에 울려 퍼졌다.[219] 수성을 하는 챔피언과 과거의 설욕을 다지는 도전자가 링 한가운데로 무섭게 달려들었다. 펀치와 펀치가 꽂히고 벌거숭이 몸뚱이들이 서로 맞부딪치는 격전이었다. 땀과 피가 뒤엉킨 채 시간이 흘렀다. 1시간쯤 뒤인 밤 10시 20분, 심판의 손과 도전자의 손이 동시에 하늘 높이 올라갔다. 김기수가 2 대 1로 판정승 하고 한국 최초의 프로권투 세계챔피언이 된 것이다. 관중의 함성과 박수와 환호가 체육관을 뒤흔들었다. 무력으로 세계 정상에 오른 정복자의 탄생에 모두 기뻐했다. 김기수는 땀과 피에 젖은 모습으로 저 높은 제단 위에 앉은 박정희에게 달려가 정중하게 고개를 숙였다. 박정희는 전쟁터에서 무사 귀환한 전사를 맞이하는 군주처럼 환한 표정으로 챔피언 김기수를 얼싸안았다. 좀처럼 보기 힘든 광경이었다. 그리고 박정희는 황금빛 세계챔피언벨트를 손수 김기수의 허리에 감아주었다. 박정희의 행동은 이례적이었다. 그의 미소도, 그의 행동도 모두 특별했다. 이로써 장충체육관은 세계챔피언의 산실이 되었다.

6월 27일 오후 서울 도심에 세계를 정복한 인물이 그 모습을 드러냈다. 시민들은 세계챔피언 김기수를 위한 카퍼레이드에 자신의 일인 양 빠져들었다. 국군 군악대의 힘찬 연주가 시작되었고[220] 오픈카에 탄 김기수는 화환에 묻힌 채로 연신 시원한 미소를 지으며 팬들에게 손을 흔들었다. 시민들은 무적의 챔피언에게 승리의 박수를 아끼지 않았다. 챔피언의 오픈카는 시청 앞을 출발해서, 종로 화신백화점 앞, 을지로5가와 스카라극장 앞을 지나 퇴계로, 신세계백화점, 조선호텔을 거쳐 다시 시청 앞에서 끝이 났다. 챔피언을 기다리던 시민들이 사인을 받기 위해 떼지어 몰려들었는데, 이 역시 처음 보는 열광적인 애정공세였다. 이날의 카퍼레이드는 스포츠 영웅이자 스포츠 스타의 탄생을 축하하는 축제였다. 무엇보다 세계챔피언을 보유한 뿌듯한 날이었다.

20여일이 지난 7월 15일, 한 편의 장편기록영화가 서울과 전국 극장에서 상영되었다. 제목은『세계의 철권왕 김기수』. 김기수의 주먹과 육체는 한 편의 영화가 되었다.

세계레슬링의 왕자

"장창선 만세!"[221]

수백 명의 환영 인파가 함성을 외쳤다. "환영 장창선군 세계제패"[222]라는 환영 플래카드가 장창선을 드높였다. 미국에서 돌아온 24세의 장창선 앞에 꿈같은 장면들이 펼쳐졌다. 장창선은 지독한 가난을 물려받은 레슬링선수였다. 또한 미국 톨레도에서 개최된 세계레슬링선수권대회에서 우승을 한 금메달리스트였다. 신문에서는 가난의 굴레를 뚫은 그를 "세계의 왕자"[223]라고 극찬했다. 그는 진정 세계레슬링의 왕자였다.

장창선은 한복 차림으로 온 어머니와 뜨거운 포옹을 나눴다. 이윽고 어머니의 두 손을 번쩍 치켜들었다. 눈물을 쏟아내는 어머니와 울먹이는 아들의 모습에 주위는 잠시 말을 잃고 숙연해졌다. "어머니, 창선이가 돌아왔습니다. 우시지 마세요. 나를 키워준 조국에 감사하고 어머님께 감사드립니다."[224]

그는 왕자라는 칭호를 얻었지만, 그의 어머니는 인천 신포시장에서 콩나물을 팔아 겨우 생계를 잇는 빈천한 여인이었다. 그날도 인천 신포시장의 여인들 백여 명이 자리를 함께하며 기쁨을 나눴다.[225] 그가 마이크 앞에서 환영사를 전했다. "가슴에 달고 온 이 금메달은 국민 여러분의 것입니다. 국민의 적극적인 후원에 힘 입어 그저 악착같이 싸운 것뿐입니다. 앞으로도 계속 정진하여 분에 넘치는 국가적인 환영에 보답하겠습니다."[226]

장창선은 2년 전인 1964년 도쿄 올림픽 은메달을 획득한 세계적인 레슬링선수였다. 하지만 인천 신포시장에서는 더할 나위 없이 자랑스러운 아들이자 듬직한 동네청년이었을 것이다. 수많은 시민들이 군용 지프차에 탄 레슬링 왕자의 카퍼레이드에 기쁨의 박수를 보냈다.[227] 그의 카퍼레이드는 제2한강교에서 이화여대입구를 지나, 서대문에서 서소문 육교와 남대문, 신세계백화점, 퇴계로, 을지로, 서울운동장, 동대문, 종로, 체육회관까지 코스였다. 고층빌딩에서 오색꽃가루와 오색테이프가 날리고 거리의 시민들은 손을 흔들었다. 서울 도심은 온통 태극기들이 물결쳤다. 화환을 목에 걸고 오색테이프에 묻힌 레슬링의 왕자는 자신을 연호하는 시민들에게 두 손을 들어 감사를 보냈다.

시청 앞 광장에 도착한 레슬링의 왕자는 환영 인파를 향해 황금빛 트로피를 들어 보이며 만천하에 자신의 승리를 알렸다. 그날 저녁 장한 어머니 돕기 특별 파티가 열린 체육회관에서 레슬링의 왕자는 박정희를 만났다. 만면에 미소를 띤 대통령은 자애로운 손길로 그의 어깨를 따뜻하게 두드려주었다.

환상 공화국의 카퍼레이드

등번호 14번, 여자농구선수, 센터, 이름은 박신자. 1967년은 온전히 그녀의 해였다. 그해 4월 13일, 체코슬로바키아의 수도 프라하에서 제5회 세계여자농구선수권대회 개최가 예정되어 있었다. 체코슬로바키아는 한국과는 외교관계가 없는 나라였다. 무엇보다 동유럽의 공산권 국가였으니 적성국가였다. 한국여자농구선수들은 동서냉전의 긴장감 속에서 프라하로 떠났다. 선수들의 짐에는 김치통조림과 디자이너 앙드레 김이 디자인한 멋진 유니폼이 들어있었다.[228] 김치통조림은 선수들의 긴장감을 달래고 위안을 주는 영혼의 음식처럼 보였다.

한국팀은 개최국인 체코, 이탈리아, 쿠바와 함께 B조에 속했다.[229] 그런데 행운이 찾아왔다. 쿠바가 불참을 선언한 것이다. 예선리그에서 한국은 이탈리아를 이기고 개최국이자 강팀인 체코를 접전 끝에 67 대 66으로 승리를 하고 결승리그에 진출했다. 이어 동독과 일본까지 연파하는 놀라운 경기를 보여준 것이다. 센터 박신자는, "세계 최강 소련도 겁날 것이 없다."[230]며 기염을 토해냈다.

연일 날아오는 승전보에 국민들은 들떴고 대통령은 이에 맞춰 축전을 보냈다.

"노고를 충심으로 치하하며 앞으로 남은 경기에서 가일층 분발하여 조국 대한의 이름을 온 세계에 빛내 줄 것을 국민과 더불어 기원합니다."[231]

그러나 한국팀은 세계 최정상인 소련의 키와 기술에 아쉽게 패하고 말았지만 마지막 경기인 유고슬라비아를 이기고 4승 1패로 대회 준우승의 영예를 안았다. 선수들은 공산주의 국가 체코슬로바키아의 프라하를 뒤흔들었다. 그녀들은 장신의 선수들을 압도하며 누구도 예상치 않았던 전대미문의 성적을 올렸다.

등번호 14번의 박신자는 176센티미터의 센터였다.

그녀는 최적의 신체조건을 가진 선수였다. 이미 아시아 정상의 선수였으나 세계무대에서는 무명과 같았다. 아시아의 가난한 나라 한국을 모르는 것과 같은 이치였으니까. 프라하에 도착한 그녀는 동양인은 작다는 편견을 여지없이 무너뜨리며 걸출한 농구기술과 체력으로 코트를 종횡무진 누볐다. 그녀는 무적이었다. 그녀의 농구공은 서양의 장신숲과 숙명의 라이벌인 일본을 상대로 연전연승을 일구어냈다. 그녀는 대회 MVP로 선정되는 또 한 번의 기적을 만들어냈다. 그래서 그녀의 별명은 '한국여자농구의 여왕'이었다.

정부에서 준비한 선수들의 환영식은 각별했다. 먼저 눈에 띠는 것은 육영수가 선수단환영준비위원회의 명예회장을 맡았다는 점이다. 선수들에 대한 특별한 애정은 선수들의 일거수일투족마다 이루어졌다. 선수들은 프라하를 출발해서 돌고 돌아 5월 6일 일본 하네다 공항에 도착했다. 도쿄 시내 호텔에 마련된 특별 스튜디오에서 대통령, 영부인과 축하 통화를 나누고 선수들은 '몽금포타령'으로 화답했다.[232]

이튿날 5월 7일 오전 11시 30분 경,[233] 김포공항은 환영물결로 넘쳤다. 세계여자농구선수권대회에서 준우승을 차지한 선수들이 김포공항 트랩 계단에서 마중 나온 환영객들에게 손을 흔들었다. 선수들은 감격에 찬 표정이었다. 김포공항의 모든 시선이 일시에 12명의 여자선수들에게 쏠렸다. 2천여 명의 인파가 12명의 선수들을 연호하자 그 소리가 군악대의 연주를 집어삼킬 정도로 컸다. 임원 4명과 선수 12명이 대기하고 있던 오픈카에 올라탔다. 환영인파의 벅찬 시선을 받으며 16대의 오픈카가 시동을 걸었다. 언론은 "공산 하늘에 태극기 꽂고"[234]라는 표현을 써가며 한껏 고무되었다.

대회 MVP인 박신자 선수를 포함한 총 16명의 선수, 임원들이 탑승한 오픈카의 카퍼레이드가 출발했다. 선수들은 열화와 같은 환영을 받으며 신촌, 서소문 육교로 들어섰다.[235] 길게 뻗은 4차선 논스톱 입체도로인 서소문 육교를 지나 남대문으로 향했다. 카퍼레이드의 분위기는 KAL빌딩 앞을 지날 때 고조가 되었는데 이날도 마찬가지였다. 풍선, 오색종이들이 하늘에서 쏟아져 내리며 도로를 뒤덮었다.[236] 이윽고 시청 앞에서 종로로 진입했다. 도로변에 나온 수십만 인파는 오픈카 행렬을 보며 환희에 찼다. 공산주의 국가에 태극기를 꽂은 영웅의 귀환에 가슴이 벅차올라 기뻐했다. 여느 때와 달리 여자농구선수들의 오픈카의 최종 도착지는 시청 앞이 아니었다. 서울운동장에서는 1만 개의 오색풍선들이 하늘을 뒤덮었고 3만여 명의 군중이 기적을 만든 선수들을 열정적으로 환영했다.[237] 거대한 스타디움이 오늘의 절정이었다. 12명의 선수들이 스타디움에 들어서자 헨델의 오라토리오 '유다스 마카베우스'의 '보아라 용사 돌아온다'가 들려왔다. 합창단의 승전가였다. 대통령과 영부인과 3만여 명의 시민들은 일치되어 승리의 선수들을 열렬히 환대했다. 가슴에 훈장을 단 박신자가 시원하고 환하게 웃었다. 이날의 환영대회는 여기가 끝이 아니었다. 남산야외음악당에서 한 차례 더 시민환영대회가 열렸으니[238], 이 또한 여느 때와 다른 특급대우였다.

박신자는 같은 해 9월, 도쿄에서 열린 제5회 유니버시아드대회에서 금메달을 안았다. 결승전에서 라이벌 일본을 63 대 43으로 대파하고 아시아여자농구의 여왕임을 각인시켰다. 그녀는 다시 한 번 카퍼레이드의 영광을 안았다.[239]

등번호 7번, 남자농구선수, 슈팅 가드, 이름은 신동파.

1969년 11월 29일,[240] 태국 방콕의 키티카촌 체육관에서 제5회 ABC 농구대회 결승전이 벌어졌다. 똑같이 8전 8승으로 결승에 올라온 두 팀은 필리핀과 한국. 필리핀은 아시아 최강의 실력을 자랑하는데, 필리핀에서 농구의 인기는 절대적이었으며 국가적 자부심마저 풍기는 스포츠다. 이에 맞서는 한국에는 등번호 7번에 키 190센티미터의 신동파가 있다.

결승전에서 신동파는 원 핸드 점프 슛까지 던지는 최신의 기술과 뛰어난 기량을 자유자재로 뽐냈다. 그의 몸놀림은 밀림의 야수처럼 날렵하고 민첩했다. 그의 손에서 날아간 농구공이 아시아 최강, 스페인의 무적함대 같은 필리핀을 가라앉혔다. "95 대 86으로 꺾고"[241] 아시아 정상에 올라섰다. 이날 그가 넣은 득점이 무려 50점이었으니 가히 신기에 가까운 기량으로 코트를 점령한 것이다. 필리핀에서는 경악을 금치 못했다. 필리핀 신문은 "신동파를 멈출 수 있는가? 기도하는 수밖에 없다.[242]"라는 표현으로 찬사와 경의를 보냈다. 자국의 패배보다 신동파라는 선수에 매료된 것이다. 이후 필리핀 농구팬들 사이에서 신동파 팬덤이 생겼다.

12월 4일 "휘문의 자랑 신동파 「아시아」 농구왕"[243]이라는 플래카드가 김포공항에 나붙었다. 우승컵을 안고 돌아온 한국남자농구선수들에게 빛나는 카퍼레이드가 제공되었다. 공항을 떠난 16대의 오픈카 행렬은 연세대, 남대문, 한국은행, 전매청, 기업은행, 수도육군병원을 지나 체육회까지 이어졌다.[244] 퍼레이드 내내 거리의 시민들은 아시아 정상에 등극한 선수들을 보며 기꺼이 기뻐했다. 이날의 주인공은, 아시아의 농구왕이자 필리핀에 팬덤을 불러일으킨 신동파였다.

1969년 한국 축구는 아시아에서 열리는 국제대회 정상을 노리고 있었다.

그해 말레이시아의 메르데카배 국제축구대회와 태국의 킹스컵 국제대회가 개최될 예정이었다. 5월 13일 말레이시아의 수도 쿠알라룸푸르에서 중국 화교계 주민들의 퍼레이드가 벌어지고 있었다. 선거에서 선전한 화교들이 자축연을 즐기는 중이었다. 말레이계 주민들이 무리를 지어 공격하면서 끔찍한 유혈사태로 번졌다. 추정 200여 명이 사망했다. 다수인 말레이계와 소수인 중국화교계 사이에 있던 오래된 갈등과 반목이 선거를 계기로 증폭되면서 터진 것인데, 정확한 피해 인원은 알 수가 없었다. 이러한 말레이시아 국내 사정으로, 메르데카배 대회가 8월 예정에서 10월 말로 급작스럽게 연기되었다.

9월 한국 축구는 상비군들을 선발해서 메르데카배 대회와 11월 19일 태국에서 열리는 킹스컵 대회에 연이어 출전하기로 결정했다.[245] 선수들에게는 체력적으로 부담스러운 일정이었다. 그런데 10월 30일 아시아 7개국과 서호주팀이 맞붙은 메르데카배에서 졸전 끝에 5위로 예선 탈락의 수모를 겪었다. 한국 축구에 초비상이 걸린 것이다. 결국 최정예 국가대표가 킹스컵에 출전하기로 변경했다. 다행인 점은 무시무시한 별명의 두 선수가 버티고 있었다. 아시아의 표범인 스트라이커 이회택과 아시아의 호랑이인 골키퍼 이세연이 그들이다.

11월 19일 제2회 킹스컵 개막전에서 한국팀은 라오스팀을 꺾은 뒤, 말레이시아를 이기고 개최국 태국과는 무승부로 끝났으나 월남은 격파했다.[246] 표범과 호랑이가 이끄는 한국팀은 파죽지세로 결승행에 올랐다. 11월 28일 결승전이 열리는 방콕 국립경기장은 뜨거웠다. 태국의 국왕인 푸미폰 아둔야뎃이 자신을 숭배하기 위해 열린 킹스컵을 지켜보기 위해 자리했다.[247] 그는 태국의 아버지로 칭송받는 상징적인 존재였다. 한국팀에 맞선 인도네시아팀은 킹스컵의 초대 우승팀이자 최근 있었던 메르데카배의 우승컵을 거머쥔 아시아의 강자였다. 그러나 한국팀의 표범의 어시스트를 받은 동료 선수가 태국의 골망을 뒤흔들면서 한국팀이 1 대 0으로 완승을 거두었다.[248] 태국의 국왕은 한국선수들에게 황금으로 제작한 킹스컵을 친히 하사했다.[249]

12월 4일 선수들은 자랑스러운 모습으로 국왕의 킹스컵을 높이 들고 김포공항에 내렸다. 또다시 서울시내에서 축하 카퍼레이드가 열렸다.[250] 추운 날씨 탓인지, 선수들의 카퍼레이드는 무교동 대한체육회 건물 앞에서 시작했다. 그리고 남대문, 을지로, 동대문, 종로 일대를 누비며 서울시민들에게 승리의 위용을 뽐냈다. 그날 표범과 호랑이가 포함된 축구선수들은 청와대에 초대받았다. 기다리던 박정희는 국왕의 킹스컵을 들어 보이며 흡족해 했다.[251] 킹스컵이 청

                                        환상 공화국의 카퍼레이드

와대를 빛냈다. 그렇게 1969년의 겨울은 저물어갔다.

냉전의 격전장, 스타디움

1960년대 미소 동서냉전은 우주개발경쟁에 이은 스포츠 스타디움에서도 과열상태였으며 남북관계는 극지방의 빙설기후처럼 연중 얼어붙은 채였다. 한국 스포츠 영웅들의 카퍼레이드 이면에는 동서냉전의 영향이 짙게 깔려 있었다. 흥미로운 사실은 서로 다른 세상을 꿈꾸는 경쟁자들이면서도 닮은 구석이 많았다.

1962년 9월 17일 정부는 "국민체육향상을 위한 국민체육진흥법을 공포"[252]했다. 해당 법률 제2장 제7조에, "국민의 체육정신을 고취하고 체육의 보급을 도모하기 위하여 매년 체육의 날과 체육주간을 설정한다."[253]는 내용이 나온다. 국가가 온 국민의 체육정신 증진을 위해 나서고 있었다. 한편 정부는 그해 10월에 열리는 제43회 전국체육대회를 국가대표로 성장할 선수 발굴의 창구로 삼아 제18회 도쿄 올림픽을 대비하고자 했다.[254] 한국은 도쿄 올림픽에 신경이 쓰일 수밖에 없었다. 북한선수단의 참가가 확실시 되는 상황에서 한국은 남북관계의 우월함을 보여줘야 했다.

이에 맞추듯 그해 11월경, 정부는 도쿄 올림픽 훈련단을 가동해 4단계 국가대표 합동훈련에 진입했다.[255]

1963년 11월은 동서냉전의 차가운 기류들이 아열대기후 인도네시아에서도 흘렀다. 11월 10일 제1회 신흥국경기대회, 약칭 가네포(Games of the New Emerging Forces, GANEFO)가 인도네시아 자카르타에서 개최되었다.[256] 소련과 중국이 주축이 된 아시아, 아프리카, 동유럽 국가들 위주로 열린 스포츠 대회였는데, 북한도 참가했다. 일본, 프랑스, 벨기에 등 서방국가들도 참가했지만, 주축은 사회주의권 국가와 제3세계 국가였다. 수카르노가 이끄는 인도네시아는 공산당의 지지율이 절대적이었으며 제3세계 비동맹국가의 맹주를 자처했다. 1년 전인 1962년 8월, 자카르타에서 제4회 아시안게임이 개최되었다. 그런데 인도네시아 정부가 친서방국가인 이스라엘과 중화민국 선수단의 입국을 거부하는 사태가 생겼고 이에 국제올림픽위원회는 인도네시아 정부를 비판했다. 급기야 인도네시아는 국제올림픽위원회에서 제명되고 말았다. 이로 인해 서방국가에 적대적인 사회주의권과 제3세계국가들이 반발하며 수카르노의 인도네시아에 힘을 실어주었다. 그 대항마로 신흥국경기대회를 개최한 것이다.

11월 도쿄 올림픽조직위원회의 발표에 한국 측은 신경질적이면서도 강경한 입장을 표출했다. 도쿄 올림픽 측이 북한국기와 북한국가 사용에 문제가 없다는 공식입장을 발표했고 한국 측은 즉각 "북괴기 밑에서는 올림픽을 참가할 수 없다."라는 반응을 보였다.[257] 하지만 한국 측의 입장은 비공식적이었다.

1964년 도쿄 올림픽이 다가오자, 언론에서는 "이번 올림픽이 동서 양 진영의 힘의 각축"[258]이 벌어질 거라는 표현을 써가며 싸움판을 부추겼다.

1964년 10월 1일 세계는 충격을 받았다. 일본이 세계 최초로 고속철도 신칸센을 개통한 것이다. 이후 200km/h의 속도를 자랑하며 눈 덮인 후지산을 배경으로 질주하는 신칸센의 이미지는 전후 일본 고도성장의 상징으로 자리 잡았다. 신칸센으로 올림픽의 분위기를

                                                            환상 공화국의 카퍼레이드

열어젖힌 일본은 그 기세를 몰아 10월 10일 개막식으로 속도를 올렸다. 그런데 올림픽 개막 하루 전날 봉인된 문제가 불거졌다. 국제올림픽위원회가 1963년 개최된 신흥국경기대회를 정치적인 경기로 규정을 하고 해당 경기에 출전한 선수들에게 올림픽 참가 출전 금지 결정이라는 초강수를 두었다. 일본에 도착해 있던 북한선수단 144명은 부당한 처사라고 거칠게 항의하며 발길을 돌렸다.[259] 이로써 도쿄의 스타디움에서 펼쳐질 남북대결은 무산되었다. 한국은 은메달 2개, 동메달 1개로 종합순위 26위로 역대 최고의 성적을 거두었지만, 한국이 자랑하는 축구는 아랍연합공화국(현재 이집트)에 10 대 0으로 패하는 등 14개국 중 최하위의 수모를 당했다.

일본 유도 선수 이노쿠마 이사오가 1964년 도쿄 올림픽 유도 헤비급 결승에서 캐나다의 알프레드 더글라스 로저스를 꺾고 우승했다.

반면, 일본은 자신의 국기인 유도를 올림픽 경기에 채택하는 데
성공하고 여자배구가 금메달을 차지하는 등 종합순위 3위의 놀라운
성적을 거뒀다. 인접국인데다가 식민지 지배의 역사를 지닌 한국은
여간 부러운 일이 아닐 수 없었다. 도쿄 올림픽의 성공적인 개최 이
후 일본은 1965년 11월부터 1970년 7월까지 고도성장기에 돌입했
다. 57개월 간 높은 장기호황을 누리게 되는데, 이를 두고 '이자나기
경기(伊弉 諾尊, いざなぎ)'라고 지칭했다. 이자나기는 일본신화 속에 등
장하는 남신의 이름이다. 무엇보다 일본의 히로히토 왕이 재임하는
쇼와 시대가 제2차 세계대전의 패전에서 다시 꽃핀 것이었다. 이 시
기 일본의 모습은 서구에 폭발적으로 알려졌다.

1960년대 전 세계 극장가를 휩쓸며 영화 팬의 인기를 모으던 숀
코넬리 주연의 007시리즈가 일본 올로케이션으로 제작되기에 이른
다. 1967년 개봉한 『007 두 번 산다』이다. 첩보원 제임스 본드가 미
소 우주개발 경쟁 속에서 인류위협을 해결하기 위해 일본으로 날아
온다. 전통적인 일본과 현대적인 일본 도쿄가 종횡무진 중요한 배경
으로 나온다. 기모노를 입은 일본 여인, 스모 경기, 일본 성, 일본 가
옥과 정원, 닌자, 가라데에 일본 전통 혼례를 하는 제임스 본드까지
볼 수 있다. 일본 전통의 화려한 나열이자 환상적인 동양의 결정판
이었다. 그뿐만 아니라 토요타의 명차인 2000GT 컨버터블이 본드
카로 선을 보인다. 일본의 현대를 스크린 위에서 과시했다.

도쿄 올림픽은 한국 스포츠에게 머나먼 이상이었으나 거부할 수
없는 자극제였다. 한국은 도쿄 올림픽의 성공과 일본의 부활을 보면
서 국가대표선수들의 훈련기관, 즉 종합훈련센터의 필요성을 절실
히 배웠다.[260] 착공 1년 여 만인 1966년 6월 29일, 서울 태릉선수촌

이 속전속결로 완공되었다. 태릉 일대는 "문화재관리국 소유의 땅으로 문화재 훼손의 문제가 있었지만 대통령"[261]의 전지전능한 손에서 해결이 되었다. 며칠 뒤인 7월 1일 태릉선수촌 개소식이 거행되었다. 선수촌은 200여 명의 선수를 수용할 수 있는 규모로, 그 목적은 아시안게임과 올림픽을 대비해서 국가대표선수를 훈련하고 양성하는 것이었다.[262] 하지만 태릉선수촌은, "양철을 지붕에 얹은 체육관, 운동장, 숙소 한 동, 식당이 전부"[263]였을 정도로 시설은 열악했다.

1966년 7월 영국에서 개최된 제8회 잉글랜드 월드컵에서 북한이 세계의 강호 이탈리아를 격파하며 8강까지 진출하는 이변과 파란을 일으켰다. 북한의 신출귀몰한 사다리전법에 전 세계 축구가 경악을 금치 못했고 한국 역시 깊은 충격과 놀람을 감출 수가 없었다.

3개월 뒤인 1966년 10월 10일, 서울운동장 메인스타디움에서 제47회 전국체전이 열렸다. 단상 위에 선 박정희는 개막사에서 3만의 관중과 1만 3천여 명의 선수들에게 이상적인 인간상을 제시했다.

"(…) 강인한 체력은 바로 국력이다. 우리는 건전한 국민체력과 민족정신을 위해 체육 숭상의 기풍 진작과 발전에 전력하고 국력의 신장과 국위 선양을 위해 보다 힘차게 정진해야 한다. (…) 우리는 체육교전을 통해 조국이 요청하는 이상적 인간상의 양성에 전력해야 하며, 조국의 근대화와 풍요한 복지사회 건설을 이룩하느냐 못하느냐 하는 것은 실로 국민의 정신과 체력에 달려 있다. 젊음과 미를 과시하는 민족의 향연을 통해 우리는 개인보다 겨레를, 집단보다 국가를 위해서 공헌할 수 있는 봉공의 정신을 길러야 할 것이다."

그는 국가와 민족을 위해 자신을 불태울, 육체와 정신이 조화로운 강인한 인간을 원했다. 그의 말은 스타디움에 공명했다. 이날 성화의 불꽃이 넘실거리는 스타디움은 민족의 제전으로 타올랐다.

이듬해 1967년 2월 태릉선수촌에 실내체육관이 완공되었다. 박정희는 친필로 '勝利館(승리관)'이라는 이름을 적어 선사했다.[264] 국가는 더더욱 이상적인 인간상 양성에 박차를 가했다. 1969년부터는 거액을 들여 실내빙상경기장 건설을 준비했는데 이는 1972년 일본의 삿포로 동계올림픽에 북한 출전을 대비하기 위함이었다.[265] 냉전의 대결구도에서 승리를 해야 했다.

그 무렵 소비에트연방, 동독, 중국과 같은 이른바 사회주의권 국가들은 스포츠 강국을 만들기 위해 천문학적인 투자를 하며 올림픽에서 높은 성취를 이뤄냈다. 소비에트연방은 여러 곳에 올림픽 훈련센터를 건설했다. 흑해 인근에는 종합스포츠 훈련센터인 에세라 스포츠종합경기장을, 모스크바 외곽에는 노보고르스크 훈련센터를 운영했다.[266] 조국의 인민들에게 스포츠의 성과를 바치는 것이 이들 훈련센터의 슬로건이었다. 소비에트연방은 1934년 유럽에서 가장 큰 규모의 어린이·청소년 전용 스타디움을 지었는데, 이를 통해 최고의 육체를 가진 사회주의 인간상을 보여주고자 했다. 소비에트연방은 사회주의 스포츠 영웅을 넘어서는 자신들의 이상적인 인간상을 조각했던 것이다. 이는 사회주의 내셔널리즘의 실행이었다.

우주 공간과 스타디움은 동서냉전의 연장선이자 남북관계의 신경전이 펼쳐지는 치열한 격전장이었다. 그것이 1960년대였다. 그래서 보스토크의 우주인과 아폴로의 우주인들에게 열광하는 광경은 이질적이라기보다는 장면 장면들이 몹시 유사해서 같은 장면을 반복 재생하는 것처럼 보였다. 흥미로운 것은 반공국가인 한국과 그 대척점

환상 공화국의 카퍼레이드

에 선 소비에트연방의 스포츠 인력 양성은 어딘가 닮아 있었다는 점이다. 한국이 추구한, 국가와 민족을 위하며 근대화를 실현하는 이상적인 인간상. 소비에트연방이 염원한, 강인하고 탄탄한 육체와 생존력을 지닌 사회주의 인간상. 목적과 가치관은 달랐으나 신체적으로, 정신적으로 완벽한 인간, 그리고 그 인간을 통해 국가의 힘을 기르고자 함은 같았다. 그것이 1960년대였다.

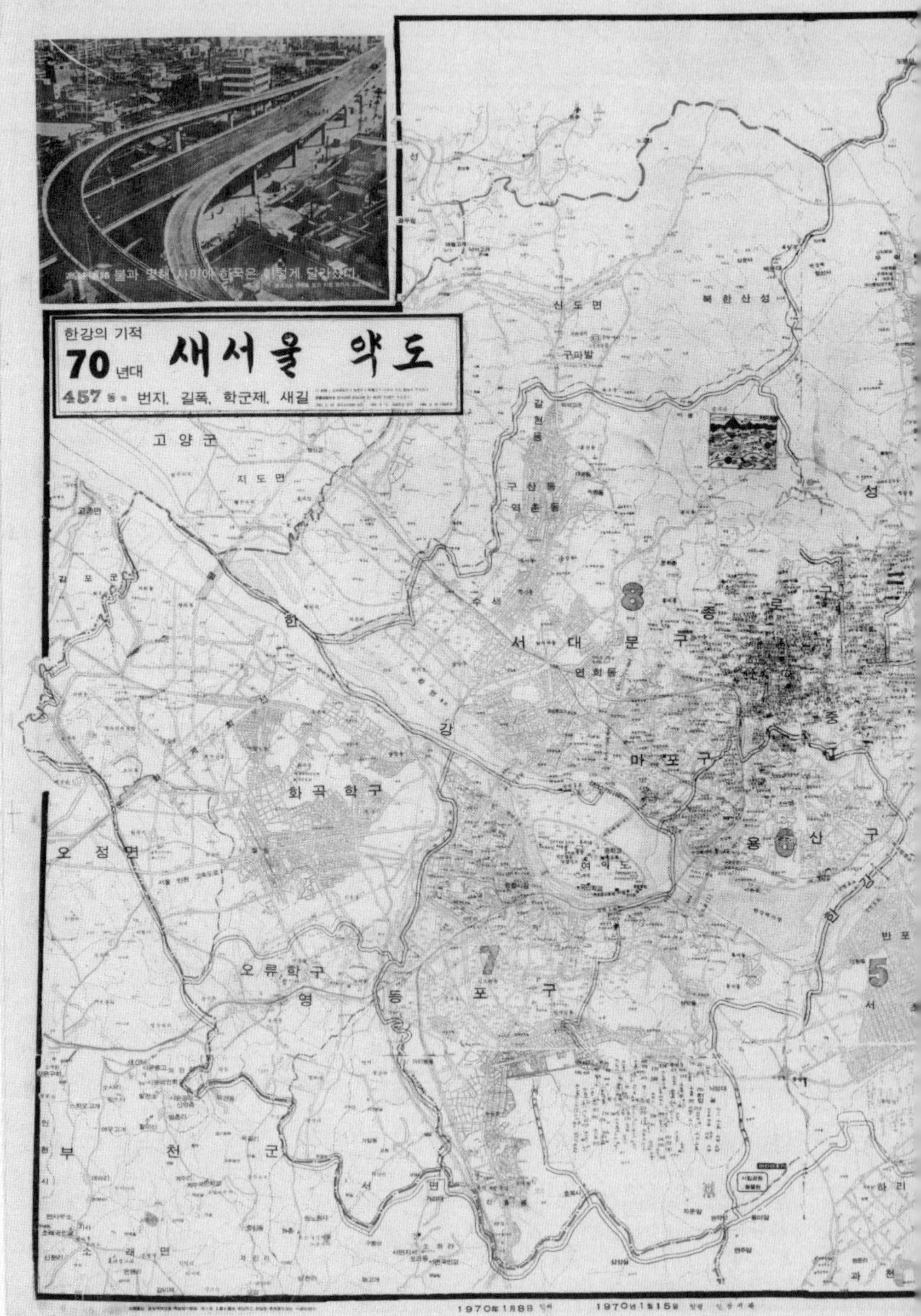

한강의 기적
70년대 새서울 약도
457동 번지, 길폭, 학군제, 새길
불과 몇해 사이에 한국은 이렇게 달라졌다
고양군
지도면
고촌면
김포군
신도면
구파발
북한산성
갈현동
구산동
역촌동
성
화곡학구
오정면
서대문구
연희동
종로구
마포구
용산구
여의도
중구
오류학구
영등포구
반포
서
5
부천군
서면
소래면
시흥
하리
과천
1970年1月8日 제작   1970년1월15일 발행

서울시가 도시개발계획을 위해 제작한 지도. 한강의 기적이라는 표현이 당시를 상징적으로 말한다. 1970년.

연대기 2
1970년대

"제2차 세계대전 후 20년 동안 세계를 위협해 왔던 핵전쟁의 위험과 국지전 반발 사태는 결국 물러가고 전 세계는 새로운 국제 관계 속에 평화를 누리게 될 것이다."[267]

— 닥터 헨리 키신저, 1970년 닉슨행정부 국가안보보좌관 시절

"나는 이번에 이긴다고 장담하는 것이 아니고 실제 꼭 이기고 말 것이다. 나는 특히 백인을 보면 은근히 화가 난다. 닉슨 대통령은 아무것도 아니면서 리무진 차를 서너 대씩 가지고 있다."[268]

— 무하마드 알리, 1971년 WBC·WBA 헤비급 통합 타이틀전을 앞두고

"난장이는 나 자신이고 우리 모두의 분신이지요."[269]

— 조세희, 1978년 『난장이가 쏘아올린 작은 공』 발간 직후

■ 1970년대 카퍼레이드 이동경로, 심리지리학적 탐색 ■

1970년대 카퍼레이드 행사의 이동경로는 서울이라는 도시의 변천사를 파악하는 중요한 단서가 된다. 수집한 55건의 1970년대 카퍼레이드 중에 대표적인 이동경로 13건을 추적했다. 심리지리학을 응용하여 카퍼레이드와 해당 이동경로에 속한 장소가 서로 더해지며 표출되고 형성된 심상인 집단적 사고방식, 감정과 태도 등을 추출하여 다루었다.

존슨 대통령 방한기념 카퍼레이드 행렬이 남대문을 지나고 있다. 1966년 10월 31일.

<표2> 1970년대 카퍼레이드 이동경로

연도	행사명	이동경로	심상
1970년 4월	제10회 아시아탁구선수권대회 우승	김포공항 → 제2한강교 → 시청 앞 → 산업은행 → 한일은행 → 삼일로 → 서울운동장 → 종로 → 서울시민회관 → 체육회관	환희
1970년 6월	추렌히말 등반대 환영	김포공항 → 김포가도 → 서소문육교 → 시청 앞 → 을지로 입구 → 화신백화점 → 중앙청 → 세종로 → 태평로 조선일보	자부심
1973년 4월	세계제패 여자탁구 선수단 환영대회	김포공항 → 제1한강교 → 서울역 → 남대문 → 소공동 → 시청 앞 광장	환희, 열망 과시
1974년 7월	홍수환 프로권투 세계챔피언 귀국 환영	김포공항 → 제1한강교 → 서울역 → 을지로6가 → 소공동 → 시청 앞	환희, 열광
1974년 8월	제23회 국제척수 장애자체육대회	김포공항 → 제2한강교 → 신촌 → 시청 앞 → 용산 → 제1한강교 → 원호처	환희, 영광
1976년 6월	세계프로권투 헤비급 챔피언 무하마드 알리	김포공항 → 제2한강교 → 신촌 → 서소문 → 시청 앞	호기심 유희
1976년 8월	제21회 몬트리올 하계올림픽대회 선수단 개선	김포공항 → 제2한강교 → 양남동로터리 → 영등포시장 → 제1한강교 → 삼각지 → 서울역 → 시청 앞	환희, 열망 과시

1977년 10월	77한국에베레스트 원정대 정상정복대 원 귀국 환영	김포공항 → 제2한강교 → 제1한강교 → 국립묘지 → 제2한강교 → 신촌 → 시청 → 대한산악연맹	환희, 자부심 과시
1977년 12월	제3회 수퍼월드컵 야구대회 선수단 개선	김포공항 → 제2한강교 → 신촌 → 아현동 → 서소문 → 시청 앞 → 체육회	환희
1979년 6월	카터 미국 대통령 방한 기념	여의도 5.16광장 → 서울대교 → 마포 → 공덕동로터리 → 아현고가도로 → 서소문 → 시청 앞 → 청와대	숭배, 과시 환희
1979년 7월	제30회 세계궁도 선수권대회 세계 제패	김포공항 → 제2한강교 → 신촌 → 서소문→ 체육회	환희
1979년 7월	제23회 메르데카 배 쟁탈 축구대회 우승	김포공항 → 제2한강교 → 신촌 → 서소문→ 체육회	환희
1979년 9월	제25회 국제기능 올림픽대회 선수단 귀국개선	김포공항 → 김포가도 → 국립묘지 → 시청 앞	환희, 영광

카퍼레이드의 이동경로는 김포공항을 기준으로 김포가도를 달려, 제1한강교를 건너 서울역, 남대문, 을지로, 시청 앞 광장에서 마무리 되었다. 또는 제2한강교를 건너 신촌, 서소문을 지나 시청 앞 광장으로 향했다. 새로 건설한 삼일로를 지나서 서울운동장으로 진입하기도 했다. 특이할 만한 점은, 스포츠 선수들의 카퍼레이드가 늘면서 체육회 건물에서 종료가 되었다. 1977년 이후 산악등반대, 국제기능올림픽 선수단은 국립묘지를 경유했다. 이 경우는 1974년 사망한 육영수 묘지 참배가 포함되었다. 미국의 카터 대통령은 여의

도에서 출발하는 라인을 따라 진행했다. 해당 이동경로에서 열린 카퍼레이드와 장소가 결합되며 심상은 환희, 자부심, 열망, 과시, 호기심, 유희, 숭배, 영광으로 표출되었다.

1970년 제작한 〈한강의 기적 70년대 새서울약도〉에는 여의도개발계획, 고가도로건설계획이 표시되어 있다. 여의도개발계획은 1970년대 말에 가면 구체적으로 실현된 것을 확인할 수 있다. 1979년 카터 미국 대통령의 환영식과 카퍼레이드가 시작되는 여의도 5.16광장은 눈부신 변모를 보이며 개발되었다.

서울 무학여자고등학교 학생들이 북한의 땅굴남침계획에 분노하고 있다. 1978년.

5장

난쟁이들의 도시

청소차, 귀순자, 장애인. 1970년대가 되자 서울의 외관은 나날이 화려해졌다. 반면, 외면하고 싶은 문제가 차곡차곡 쌓여만 갔다. 그것은 사람들이 매일매일 배설하고 버리는 분뇨와 쓰레기였다. 생사를 걸고 북한을 탈출하는 귀순자들은 시대가 바뀌어도 멈추지 않았다. 남쪽은 귀순자들을 위한 우대정책을 마련했고 그들의 일상은 남쪽 세상을 위한 일들로 바쁜 나날이었다. 국가는 밝은 미소로 척수 또는 척추장애인들의 능력을 높이 샀으며 치하했다. 하지만 서울시 낙원구 행복동에 사는 난쟁이들은 불행했다. 사회에서 밀려나고 배제된 난쟁이들이 도처에 숨어 지냈다.

1962년 서울시는 도시미화정책 실시를 위해 조직 개편을 단행했다. 시청의 청소계를 청소국으로 승격하고 각 구청에 청소과를 신설했다. 서울시는 미군GMC트럭, 일명 제무씨를 개조해서 청소차로 사용하는 수준이었다. 1962년 7월 서울시는 쓰레기차 87대, 분뇨차 43대, 총 130대의 청소차를 도입하고 인수식을 거행했다. 이처럼 1962년부터 1968년 사이에[270] 지속적으로 새로운 청소차를 도입할 때마다, 서울시청 광장에서 청소차 인수식을 거행했다.

1967년 9월 기준,[271] 서울에서 버리는 쓰레기는 1일 약 4천 톤, 연간 119만 톤으로 트럭 26만 4천대, 시민들이 배설하는 똥은 1일 2천 킬로리터, 연간 73만 킬로리터에 다다랐다. 이를 처리하는 청소차량은 제무씨 트럭 177대, 덮개식 수하차 1천 460대, 리어카 732대이며, 청소부들은 약 4천 명이었다. 이러한 가운데, 동대문구에서 분뇨수거대행소가 지게 1통에 6원 하는 규정수거료를 20원에 받고 18리터 분뇨수거통을 줄이는 일이 적발되어 사기 및 업무상횡령혐의로 입건되기도 했다.[272] 서울에서는 매일 쓰레기와 똥 전쟁이 벌어지는 상황이었다.

1970년대에 들어서면 서울시가 치러야 할 쓰레기와 똥 전쟁은 더더욱 가속화되었다. 가히 위기 국면에 처해 있었다. 서울의 인구는 기하급수적으로 증가하는 추세였다.[273] 서울의 인구는, 1966년 379만여 명, 1970년 552만여 명, 1975년 689만여 명이었고 1980년에는 835만여 명 수준까지 늘어났다. 서울의 인구증가율은 1960년~1965년의 55.12퍼센트를 정점으로, 1970년~1975년이 되면

25.51퍼센트로 하향 곡선을 그렸다. 그럼에도 전국 인구 중 서울이 차지하는 인구는 1970년 17.6퍼센트, 1975년 19.8퍼센트, 1980년 22.3퍼센트로 여전히 상승 곡선이었다. 그만큼 배출되는 쓰레기와 똥으로, 그 악취로 서울시는 심한 두통을 앓았다. 처치 곤란 상태로 향했다.

1970년 3월 24일 열린 서울시청 앞 광장의 청소차 인수식[274]은 여느 때와 달랐다. 이날 서울시는 분뇨차 25대, 쓰레기차 25대의 새로운 청소차를 도입했는데, 번듯한 외관과 간편한 작동을 자랑하는 최신형이었다. "종업원 4천 명"[275]의 국내 굴지의 자동차회사인 신진자동차가 청소차를 공급했다. 신형 청소차 도입으로, 4만 9,793가구의 쓰레기와 6만 4,098가구의 똥을 더 처리할 수 있게 되었다.[276] 이날 거행된 청소차 인수식의 백미는 카퍼레이드였다. 최신형 청소차는 시청 앞 광장을 출발해서 시내 중심가를 주행했다. 청소차에는 서울시의 굳은 의지가 담긴 표어가 붙어 있었다. 그것은 '청소 안정 봉사한다'였다. 청소차 카퍼레이드는 군사 카퍼레이드를 연상케 할 만큼 결연했다.

불과 2년 뒤인 1972년 서울시는 신진자동차가 만든 신형 청소차를 구입했는데, 총 44대 규모 중에서 1차분으로 쓰레기차 10대와 분뇨차 14대를 들여왔다.[277] 새로운 청소차들은 서울의 폭발하는 쓰레기와 똥 전쟁 전선에 동시에 참전했다. 두더지 시장이라는 별명이 붙은 양택식 서울시장은 전쟁의 승리를 기대하고 있었을 것이다.

청소차의 활약 이전부터 서울시는 도처에 넘쳐나며 악취를 풍기는 쓰레기와 똥을 해결하기 위해 무던 애를 썼다. 그것은 법과 제도를 만들어 시행하는 것이었다.

오물청소법의 시대

조선을 강제 점령한 일본은 경성의 쓰레기와 똥 처리에 대해 고심했다. 1936년 6월 5일 조선총독부제령 제8호 『조선오물소제령』을 제정했다. 이를 토대로, 경성부의 분뇨청소 의무를 규정하였는데, 광화문 밖 신당리와 마포 공덕에 분뇨처분장이 있었다. 1961년 12월 정부는 일제강점기부터 오랫동안 존재하던 이 법령을 폐지하고 『오물청소법』을 제정했다.

『오물청소법』의 내용[278]에는 1960년대 한국사회의 모습에 맞는 개념들이 투영되었다.『오물청소법』제2조에서 내린 오물의 정의는 "진개, 재, 오니, 분뇨 및 견, 묘, 서 등의 사체"를 의미한다. 진개는 쓰레기, 오니는 하천과 호수 바닥의 오염된 흙, 견(犬)은 개, 묘(猫)는 고양이, 서(鼠)는 쥐를 가리킨다. 제3조는 "서울특별시 및 시의 관할구역"을 특별청소구역으로, 제9조는 "관광지, 캠프장, 스키장, 해수욕장" 같은 곳을 계절적 청소구역으로 명시했다. 제11조에서는 "처리된 분뇨 이외는 비료로 사용하여서는 안 된다."고 규정했다. 제12조에는 건물에 분뇨정화조 또는 분뇨소화조를 설치한다는 내용이 나온다.

1961년 판『오물청소법』에서 오물의 정의를 확인할 수 있다. 산업화 이전인 농경 중심의 한국사회가 분뇨를 비료로 뿌리고 있음을 유추할 수 있으며, 도심에 현대식 건물들이 건축되면서 기존의 변소에서 화장실로 이행하고 있는 풍경을 짐작해 볼 수 있다.

1970년대에 들어서면 한국사회 산업화의 영향과 성장으로 서울을 비롯한 도시의 경관과 생활방식에 일대 변화가 불어닥친다.

1961년 판『오물청소법』으로는 감당하기 어려운 현실이 된 것이다. 이로 인해 개정된 1973년 판『오물청소법』[279]이 탄생했다.『오물청소법』 제4조는 "모든 국민은 생활환경을 청결히 보존하도록 노력하여야 한다."는 국민의 청결 의무 조항이 나온다. 제8조의 "공중위생"이라는 용어는 1961년 판에는 없던 것으로, 이를 눈여겨볼 필요가 있다. 국가가 직접 나서서 국민의 청결까지 의무로 정해놓고 있으며, 공공장소의 공중위생을 중요하게 여기고 있는 것이다. 제9조는 분뇨와 쓰레기종말처리시설 설치가 등장한다. 이는 서울에서 진행되고 있는 쓰레기와 똥 전쟁이 점차 확전일로에 있음을 의미한다.

『오물청소법』이 개정되고 시행되고 있지만 서울 곳곳에서 펼쳐지고 있는 쓰레기와 똥을 치우고 처리하는 데는 한계가 명확했다. 급증하는 서울 인구가 매일매일 버리고 배설하는 쓰레기와 똥을 수거하고 처리하기에 벅차 보였다. 분뇨통이 넘칠 듯 말 듯 아슬아슬한 형국이었다.

새로운 쓰레기 매립지를 찾아라

1972년 7월 기준으로, 서울에서 일어나는 쓰레기 전쟁 상황을 정리했다. 서울시는 1일 쓰레기 발생량과 쓰레기 처분장 현황을 조사했다.[280]

<표3> 1972년 서울시 쓰레기 1일 발생량 및 쓰레기 처분장 현황

해당구청	쓰레기 발생량 (1일)	쓰레기 처분장 (매립지)	특이사항
종로구	670톤~680톤	수색동, 흑동, 경기도 양주군, 구리면	일부 쓰레기 인근 경기도에서 처리
중구	540톤	묵동	유상투기에서 무상투기로 전환
성북구	810톤	중계동	개인매립지에서 처리
마포구	450톤	영등포구 신도림동	개인매립지에서 처리
서대문구	670톤	영등포구 망원동	저지대에 투기
용산구	450톤	영등포구 망원동	*
동대문구	670톤	경기도 양주군, 구리면	인근 경기도에서 처리
영등포구	820톤	미원주식회사 옆 매립지	매립지 포화

위 표에서 보듯, 1972년 서울시는 각 구에서 매일 쏟아져 나오는 수백만 톤의 쓰레기 처리로 골머리를 앓고 있었다. 서울의 쓰레기를 실은 트럭들은 시에서 관리하는 처분장을 찾아서 서울 곳곳을 헤매거나 시도경계선을 넘어 인근 경기도를 쉴 새 없이 오갔다. 또는 개인 사설 매립지를 빌리거나 저지대에 투기하는 일까지 서슴지 않고 벌였다.

시청 앞에서 행한 번듯한 신형 청소차 인수식과 쓰레기 처리하는 방식과는 모순이었다. 신형 청소차의 카퍼레이드는 그럴듯한 대중 선전물의 스냅사진이었다. 아니면 결연한 의지와 달리, 쓰레기와 똥 전쟁의 전략과 전술에서 밀리는 형국이었는지도 모를 일이다.

어쨌거나 1977년의 서울시는 비상 상황이었다. 급속도로 외형적인 성장을 거듭하는 가운데 적신호가 켜졌다. 시에는 쓰레기 매립지 또는 쓰레기 매축장이라는 이름으로 동대문구 장안평, 성동구 구의동, 도봉구 창동, 노원구 상계동 등에 산재해 있었다.[281] 향후 2년 뒤에는 현재 사용 중인 시내 도처의 쓰레기 매립지가 포화될 처지가 자명했다. 새로운 쓰레기 매립지를 신속히 찾아야만 했다.

난초(蘭草)와 지초(芝草)의 그윽한 향기가 나는 섬, 난지도(蘭芝島). 이 섬은 특별했다. 1962년 개량 이태리 포플러 나무를 기르는 양묘장이 생긴 뒤로, 1977년이 되자 섬은 풍성하게 자란 포플러 숲으로 우거져 있었다.[282] 1965년 시는 난지도에 공원 조성계획을 발표했는데, 인근 휴암동(休岩洞)을 따서 휴암공원으로 지었다.[283] 1969년까지만 해도, 섬에는 35가구 2백 22명이 땅콩 등을 재배하거나 단 1척뿐인 나룻배를 타고 서대문구를 오가며 생계를 꾸렸다.[284] 매년 여름철이 되면 서울시경은 난지도에서 발생하는 잦은 익사사고 예방을 위해 경찰들을 파견했다. 1969년 여름에는 4월부터 임시파출소를 개소했고 1977년 6월에는 한강여름경찰서를 열고 난지도에 구조선 1척을 배치했다.[285] 난지도는 매년 여름철 홍수로 상습 침수가 되는 섬이지만, 한편으로는 온갖 철새들이 날아드는 낙원이자 서울시민들이 여름철 무더위를 피해 몰려드는 인기 유원지였다. 무엇보다 난지도 섬사람들의 고향이었다.

그런 난지도에 개발의 바람이 불어왔다. 1977년 1월 1일,[286] 서

울시는 올해 안에 난지도를 농원지구로 조성하겠다는 계획을 발표
했다. 1월 5일부터 새마을노인소득사업이라는 명목으로 제방 축조
공사를 하여 각종 나무를 심어서 난지도의 미관을 바꾸겠다는 내용
이었다. 공사 시작 6개월 뒤, 난지도에 국무총리가 나타났다. 국무
총리는 일종의 준공식 퍼포먼스를 했는데, 커다란 나무망치를 들어
제방에 연신 명패를 내리쳤다.[287] '축 준공 1977. 7.25.'이라는 명
패가 제방에 박혔다. 공사의 정식 명칭은 '난지도-행주산성 제방 축
조 공사'. 이날 국무총리와 서울시장이 지켜보는 속에서 공사가 마
무리 되었다.[288] 폭 20미터, 길이 3,965미터의 대형 제방으로, 행주
산성까지 이어지는 제방길이 새로이 생긴 것이다. 서울시 발표에 따
르면, 난지도 땅 87만 8천여 평에 채소를 재배하는 농지와 녹지대로
이용할 계획이었다.

그런데 일주일 쯤 뒤인 8월 3일, 서울시는 중요한 내용을 시보에
발표했다.『서울특별시고시 제264호』'서울특별시 도시계획시설결
정 및 지적 승인'에 따라, 난지도에 쓰레기 및 오물처리장이 들어서
기로 느닷없이 결정되었다.[289] 난지도 내에 있는 사유지는 토지수
용법으로 강제 매입하기로 정했다. 서울시는 1일 평균 1만여 톤, 연
간 380만 톤의 쓰레기를 매립할 수 있는 공간을 확보한 것이다.[290]

그렇게 난초와 지초의 향기가 나는 섬, 철새들의 낙원, 서울시민
들의 여름철 피서지인 난지도는 서울인구가 쏟아내는 쓰레기 섬으
로 뒤바뀌었다. 난지도는 서울의 거대한 쓰레기 매립지로 전락했다.
섬사람들은 강제 이주해야 했다.

1969년 2월경,[291] 서울의 풍납동 대로변에 코를 찌르는 심한 악취가 진동했다. 구청의 분뇨차들이 도로 상태가 좋지 않다는 이유로 마구 쏟아버린 배설물들이 그 원인이었는데 도로 주변은 온통 질퍽한 똥밭이 되었다. 같은 해 11월이 되면,[292] 문제는 심각해졌고 그 범위는 더욱 커져버렸다. 풍납동의 분뇨처리장에서 매일 수거한 분뇨들을 밤마다 한강에 방류하고 있었다. 기존에는 한 달 이상 썩힌 분뇨들을 계속해서 강에 버려왔다. 그런데 동대문구, 영등포구 철산동 및 방배동, 성동구 풍납동의 분뇨처리장의 처리 능력이 한계에 다다르면서, 한 달 이상이라는 기간을 버틸 수가 없게 되자 한강에 그대로 방류한 것이다. 도로변에 인접한 분뇨처리장에서 퍼지는 배설물의 악취가 주변 주택가로 퍼지는 문제도 끊이질 않았다.

1970년 2월이었다.[293] 방배동에 위치한 분뇨처리장의 악취가 보이지 않는 경계를 넘어서 이웃한 사당동으로 퍼졌다. 그 거리는 1백 미터 정도에 불과해서 인근 주택가 사람들은 고통이 클 수밖에 없었다. 더는 견딜 수 없게 된 주민들이 분뇨처리장 이전을 요구한 것이다. 동대문구 묵동 분뇨처리장의 상황도 크게 다르지 않았다. 같은 해 6월,[294] 묵동 분뇨처리장의 탱크 수문을 열었다. 관을 타고 방류된 똥과 오줌이 중랑천으로 흘러들어갔다. 펌프로 지하수를 끌어 음용수로 마시던 인근 주민들에게는 치명타였다. 분뇨처리장 측은 수거한 똥과 오줌을 농촌 비료로 공급해왔는데, 여름철이 되면서 농가의 수요가 떨어지자 급기야 처리장 수문을 연 것이다. 사람들도, 한강도 똥과 오줌에 시달리게 되었으며 그 악취가 한강 바람에 실려

세력 범위를 넓혀가고 있었다.

1970년부터 서울시는 분뇨처리 대책 마련을 서둘렀다. 그해 1
월,[295] 서대문구 성산동에 정부 예산과 약 287만 달러의 일본차관
을 더해서, 국내 최초의 분뇨종말처리장을 건설하기로 했다. 완공이
되면 서대문구, 마포구, 용산구 3개구 주민들이 배설하는 1일 75만
명분의 분뇨를 처리할 수 있도록 설계했다. 1970년 1월 발표 시점
에는 그해 말, 10월경에는 1971년 말까지로 완공 시점이 계속 변경
되었다. 1971년 3월,[296] 서울시는 성산동 분뇨종말처리장이 완공
이 되어도 1일 처리 75만 명분 외에 나머지는 분뇨탱크에 저장했다
가 홍수가 오면 한강에 방류하겠다고 실토했다. 따라서 1972년부터
1976년까지 3개의 분뇨종말처리장을 더 건설하겠다는 계획을 발표
했다. 총 4개의 분뇨종말처리장이 풀가동이 되어도 인구 증가를 감
안하면, 서울시의 똥과 오줌 전쟁은 멈추지 않는 것이었다. 매년 여
름 홍수로 겪는 한강의 범람은 서울 저지대 주택가 사람들에게 예정
된 재앙이었다.

그런데 1976년부터[297] 서울시의 분뇨차와 분뇨처리 인원은 오히
려 감소 추세였다. 1976년 서울시의 분뇨차는 195대 였는데, 3년 전
인 1973년의 222대에 비해 감소한 숫자다. 분뇨처리 인원도 1976
년 1,717명으로, 1973년의 2,062명에 비해 감소한 숫자다. 이러한
원인 중 하나가 수세식 변소의 개량이라고 서울시에서 설명했지만,
감소한 만큼 사설청소원들이 등장했기에 타당해 보이지 않았다.

1976년,[298] 난지도가 서울의 거대한 쓰레기 매립지가 되기 전 일
이었다. 인근 마포구 망원동에 분뇨처리장이 생긴 이후로 악취가 쉴
새 없이 난지도 마을에 파고들었다. 그뿐만 아니라 난지도 주변에

생긴 공장에서 방류하는 폐수로 강물이 오염되고 있었다. 도시의 똥과 오줌이 도시의 쓰레기보다 먼저 강을 건너 난지도를 잠식하고 있었다. 서울시가 오물을 일거에 치우겠다고 단단히 벼른 뒤에도 쓰레기와 똥 전쟁은 좀처럼 멈출 기색을 보이지 않았다. 서울은 스스로 만든 악취와 싸워야 했다.

<h2>월남귀순용사, 자유와 반공의 복음을 전파하라</h2>

1970년 4월 14일 오후 2시,[299] 서울시민회관에서 거물급 인사인 국무총리와 중앙정보부장, 반공연맹이사장, 보안사령관이 참석한 가운데 환영대회가 열렸다. 한 남성이 좌석을 빼곡하게 채운 청중 앞에 서더니 목소리를 높였다. "조국을 위해 반공으로 보답하겠습니다." 고요하던 장내에 박수 세례가 쏟아졌다. 이날 행사는 북한에서 남쪽으로 넘어온, 이른바 월남귀순자와 자수자 환영대회였는데, 모두 27명이었다.

국무총리는 자유대한의 품에 안긴 이들에게 찬사를 보냈다.

"북괴공산도배들의 흉책을 용감히 박차고 조국의 품 안으로 귀순해온 청년 여러분의 장거는 승공전선의 값진 승리를 말하는 것입니다."

국무총리의 말은 반공의 복음이었다. 월남귀순자와 자수자들에게 조국이 선사하는 각종 포상금이 넘쳤다. 그중에는 "중산층 아파트 증서"[300]도 있었다. 남한사람들도 소유하기 어려운 증서를 가진 그들은 자유대한의 중산층이 된 것이다. 대회가 끝나자 월남귀순자와

자수자들은 군용 지프차 10여 대에 나눠 타고 시내 카퍼레이드를
펼쳤다. 선두에 선 군용 지프차 앞에는 '환영 월남귀순자 및 자수자'
라는 푯말이 달려 자신들이 누구임을 선전했다. 많은 시민이 연도에
나와 이들의 지프차 행렬을 구경했다. 이대부속병원 앞에서는 한복
차림의 여중고생들이 다가와 이들에게 일일이 화환을 걸어줬다. 이
들은 벅차오르는 심정을 감추지 못했다. 시내 도로를 달린 군용 지
프차들이 서울역 광장 앞에 도열했다. 지프차 위에 선 월남귀순자와
자수자들은 시민들과 서울역을 배경으로 손을 흔들며 사진 촬영을
했다. 그들은 자유의 복음을 전파하는 애국자들이었다.

월남귀순자 특별법

정부는 자유대한으로 월남하는 북한주민들에 대한 대책마련을 위
해서 법을 제정했다. 그 일환으로 처음 제정된 법률이 『국가유공자
및월남귀순자특별원호법』이다.[301] 이때가 1962년 4월 16일이었
다. 해당 법률에는 '월남귀순자'라는 용어가 법적으로 등장하고 정
의가 나온다. 월남귀순자를, 북한괴뢰집단의 군인, 민간인, 그 소속
단체의 간부로 규정하고 있다. 또한 월남귀순자는 등급을 정해서 1
급 100만 환, 2급 70만 환, 3급 50만 환의 정착수당을 지급하는 것
으로 정했다. 1975년 12월 31일 일부 개정·시행된 『국가유공자등특
별원호법』[302]에는 월남귀순자의 수당과 보상에 변화가 생겼다. 월
남귀순자에게 지급하는 정착수당의 폭이 1급~5급까지로 세세해졌
다. 보상은 직장 알선, 자녀의 교육 보호, 양로 및 양육 보호, 주택

                                                    환상 공화국의 카퍼레이드

서울시청 앞에서 윤치영 시장이 월남귀순용사 4명에게 시민증을 수여했다. 1964년.

알선 등이 새로이 추가 보완되었다. 1974년 무렵[303] 정부는 이른바 '원호주택(援護住宅)'건설 계획을 세웠다. 5개 대도시인 서울, 부산, 대구, 광주, 대전에 원호주택 12평~25평 총 500세대를 짓기로 했다. 대상자는 독립유공자와 그 유족, 월남귀순자였다. 1979년 1월 1일 월남귀순자를 대상으로 한 법률이 따로 정해졌다. 『월남귀순용사특별보상법』[304]이다. 용어도 '월남귀순용사'로 변경되었다. 해당 법률의 목적은 "조국의 평화적 통일이 달성될 때까지 북한괴뢰집단에 항거하여 귀순한 동포의 안주를 돕는 한편, 자유롭게 생업에 종사할

수 있도록 하기 위하여"로 정하고 있다. 이에 따라, 월남귀순용사는
1급~5급 사이의 보상금을 지급받고 휴대한 장비에 따라 특별보상
을 받도록 했다. 또한 특별임용, 49.5평방미터 이상의 주택 무상제
공, 직장 알선 등과 같은 특별보상이 더해졌다. 특히 보상금에 관한
구체적인 내용은 1978년 10월 4일[305] 반공투사 환영대회에서 공개
된 바가 있다. 귀순한 사병은 5백만 원, 하사관은 1천만 원, 위관은
1천 5백만 원, 영관은 3천만 원, 장성은 5천만 원, 장비는 최저 3만
원에서 28억 원까지 보상금을 지급한다는 내용이었다.

폭로의 시대

북에서 내려온 월남귀순용사들은 어떻게든 남쪽에 정착해야 했
다. 직장과 집은 필수였고 결혼 또한 간절했다. 그러기 위해서는 남
쪽에 충성심을 증명해야 했다. 그들이 북에서 가지고 온 카드는 폭
로였다. 그들의 역할은 흡사 반공드라마의 빨갱이 사냥꾼 캐릭터와
같았다.

1960년대의 끝자락인 1969년 12월,[306] 두 쌍의 월남귀순용사가
결혼식을 올렸다. 주례는 양택식 서울시장이었고 결혼식장은 자유
센터였고 후원은 한국반공연맹이었다. 뒤를 이어 1970년대에도 월
남귀순용사의 결혼식은 계속되었다. 1970년 8월,[307] 월남귀순용
사가 양택식 서울시장의 주례로 결혼식을 올렸는데, 한국반공연맹
의 도움을 받았다. 1971년 12월, 1975년 4월과 10월, 1976년 6월,
1978년 12월에도 월남귀순용사의 결혼식이 이어졌다.[308] 이들 결

　　　　　　　　　　　　　　　　환상 공화국의 카퍼레이드

혼식의 특징은 서울시장이나 서울시 제1부시장이 주례를 서고 축하객으로 한국반공연맹의 고위인사, 치안본부, 원호처장의 이름이 등장한다는 점이었다. 1978년 12월 결혼식에는 무소불위의 권력을 가진 중앙정보부에서 김재규 중앙정보부장의 격려금을 전달하기도 했다. 월남귀순용사들의 결혼식 속에는 정부가 어떤 식으로 월남귀순용사들을 관리하고 있는지를 엿볼 수 있다.

월남귀순용사들은 다양한 방식으로 북쪽의 실상을 폭로했다.

기자회견이 가장 대표적이었다. 1971년 5월 31일,[309] 태극기를 배경으로 단상 앞에 정장 차림의 귀순용사 두 명이 앉아 있었다. 그 중 한 명은 미그15기를 타고 귀순한 조종사였다. 공개석상에 선 이들의 얼굴에서는 긴장한 표정이 역력했다. 자신들의 턱 밑을 향한 수십 개의 방송용 마이크와 카메라, 열띤 취재경쟁으로 빼곡한 기자들로 신경이 곤두선 탓이었다. 이윽고 공산북한괴뢰가 악랄한 전쟁준비를 하고 있다고 두 명의 귀순용사들이 폭로했다. 조종사는 칠판에 미그기의 저공폭격기 침투요령을 그려가며 폭로의 수위를 한층 높여갔다.

월남귀순용사들의 수기도 중요한 폭로의 수단이었다. 1970년 12월,[310] 동아일보에 연재되어 화제를 모았던 수기가 시중에 출간되었다. 제목은 『나는 北傀反探偵員(북괴반탐정원)이었다』. 1972년 4월 26일,[311] 조선일보는 귀순한 조총련계 간첩 수기의 연재를 공지했다. 제목은 『8號(호) 招待所(초대소)의 千日(천일)』. 그런데 바로 이튿날 알 수 없는 사정으로 수기 연재가 연기되었다. 1976년 8월에는 한국전쟁 당시 납북되었다가 남파 간첩이 된 귀순자의 장편 수기가 출판되었는데 제목은 『時效人間(시효인간)』이었다.[312] 이 책에는 치안본부장, 통일원차관의 추천사가 실려 폭로의 무게에 힘을 실어주었다.

월남귀순용사들의 수기는 라디오드라마와 TV드라마에 흥미로운 소재를 제공했다. 1976년 11월,[313] KBS라디오드라마『거문도』가 매일 밤 전파를 탔다. 거문도로 침투했던 간첩이 자수한 뒤에 북한의 실상을 폭로하는 실화다. 이듬해 1977년에도 KBS는 월남귀순자의 수기인『피묻은 手記(수기)』를 라디오드라마로 내보냈다.[314] 1978년에는 북한을 소재로 한 반공드라마가 TV에서 경쟁적으로 제작되어 시청자를 찾아갔다. TBC의『통곡』은 거물간첩 귀순자의 이야기를, MBC는 인기 드라마인 113수사본부에서 특집으로 귀순 여간첩의 수기『내가 반역자냐』를 제작 방영했다.[315]『내가 반역자냐』는 지난 1967년 7월 발간되어 화제를 모은 바 있는 작품이었다.[316]

월남귀순용사들은 반공강연을 통해 남쪽 사람들에게 북한의 폭정과 참상을 생생하게 전달했다. 반공강연은 대중에게 공포의 자극제였는데 주로 초청 형식이었고 행사 성격과 장소는 다양한 편이었다. 1975년 10월 남산야외음악당에서 시민반공강연대회가 열렸고 여기에 월남귀순용사가 초청받아 '북괴실정 폭로'라는 제목으로 연설을 했다.[317] 1976년 8월에는 한국반공연맹 주최로 성북구 정릉에 있는 다방에서 반공강연이 열렸는데, 반공홍보기금 마련을 위한 목적이었다.[318] 1977년 12월에는 서울문화회관별관에서 이산가족을 대상으로 하는 '망향의 밤' 행사에 귀순용사들이 출연해서 북한의 현실을 폭로했다.[319] 1979년 8월에는 한국반공연맹 주최로 서대문구의 국민학교에서 열린 동민들의 총화단합대회 행사가 열렸고 이날 월남귀순용사의 반공강연이 있었다.[320] 이처럼 월남귀순용사들은

     환상 공화국의 카퍼레이드

대규모 행사장에서 국민학교 운동장까지 서울 곳곳을 누비며 폭로 스토리를 이어갔다.

월남귀순용사의 또 다른 폭로의 장은 TV였다. 1976년 1월부터,[321] MBC TV는 매주 월요일 사회교양프로그램『증언』을 내보냈다. 그 취지가 북쪽 정권의 "흑막을 속속들이 파헤쳐 만천하에 알림으로써 그들의 남침 야욕을 사전에 막고 북괴를 국제적인 미아로 전락시키는" 것이었다. 1월 방송, '북괴의 사회생활'편, 2월 방송,[322] '날조 선전에 광분하고 있는 미치광이 김일성'편이 시청자를 만났는데, 월남귀순용사가 출연하여 북한의 현실을 폭로했다. 그들은 충실한 공포의 증언자였다. 그러나 월남귀순용사들이 전하는 폭로 스토리와 공포의 증언에 대한 진위 여부를 검증할 길은 없었다.

월남귀순용사들은 자체적으로 반공대회를 열었다. 1975년 6월 어느 날,[323] 창덕궁 비원 앞에 월남귀순용사들이 하나둘 모이더니 300여 명 남짓 되는 인원으로 불어났다. 이들은 총력안보단합대회를 개최하고 결의문을 낭독했다. 유사시에 조국의 운명과 생사를 같이 하겠다는 단호한 내용이었다. 300여 명은 한목소리로 북괴 김일성 타도와 멸공을 외쳤다. 그들은 애국자로 탄생했다.

월남귀순용사들의 활동 중 가장 강력하고 큰 대외 활동은 '북한 땅굴 규탄 궐기대회'였다. 1978년 10월 27일,[324] 유엔사 대변인은 비무장지대 유엔군 측 지역에서 북한의 땅굴이 발견되었다고 공식 발표했다. 땅굴에서 서울까지 거리는 불과 44킬로미터. 이른바 북한의 제3땅굴이었다. 온 나라가 발칵 뒤집혔다. 그 4일 뒤,[325] 서울 여의도 5.16광장에는 서울시민 2백만 명이 모였다. '북괴남침 땅굴 규탄 서울시민 궐기대회'가 열린 것이다. 플래카드에는 '땅굴 파는 두더지 때려잡자 김일성'이라고 쓰여 있었다. 이날 대표 연사들의 발언 속에서는, "남침흉계, 분쇄, 적화야욕, 발악, 전쟁광" 같은 칼날 같은 말들이 쏟아져 나와 군중 사이를 헤집고 다녔다. 단상 위에 올라온 월남귀순용사가 마이크를 잡고서, 제3남침땅굴은 시체가 실려 나오는 인간도살장이라고 그 폭로의 수위를 높였다. 빨갱이 사냥꾼의 진가를 발휘했다. 인간도살장이라는 말에 사람들은 경악했고 분노에 불을 질렀다. 사람들은 적개심을 노골적으로 드러냈다. 이윽고 2백만 명이 "만세!"를 외쳤고 허수아비 화형식을 벌였다. 허수아비에 불길이 치솟으며 검은 화염에 휩싸였다. 허수아비는 김일성이었다. 이후 북괴남침 땅굴규탄 궐기대회는 인천, 춘천, 전주, 마산에서도 열리며 전국은 반공의 도가니로 달아올랐다. 월남귀순용사의 폭로도, 분노의 화형식도 이어졌다.[326]

월남귀순용사들은 자신들의 본업인 폭로 외에 이례적인 모습을 보여주기도 했다. 1975년 11월『MBC10대가요제』가 열렸다. 이 행사는 최고의 스타들만이 출연하는 MBC의 간판 인기 프로그램으로, 심사위원들은 인기 영화배우, 탤런트 등이 총출동했다. 그 화려한 면면 사이에 월남귀순용사가 심사위원으로 출연했다.[327] MBC방송의 또 다른 인기 프로그램『유쾌한 청백전』에 귀순용사팀과 MBC 드라마 113수사본부의 출연자들이 각각 청백팀으로 나와 시청자들에게 장기 대결을 선보였다.[328]

1977년 10월 25일,[329] 멸공의거단[330] 주최로 서울문화회관별관에서 '제1회 귀순용사의 날' 기념식이 개최되었다. 1953년 7월 27일 이후, 월남한 귀순용사 총 410명 중에 300여 명이 참석할 정도로 대성황이었다. 월남귀순용사들은 자신들의 고유한 역할을 충실히 수

환상 공화국의 카퍼레이드

행하며 남쪽 구성원의 일부로 녹아들었다.

난쟁이들의 도시

"난장이는 나 자신이고 우리 모두의 분신이지요. 난장이 시리즈를 시작한 것은 아무도 난장이를 쓰지 않았기 때문입니다."[331]

1978년 5월, 30대 중반의 작가 조세희가 연작소설집『난장이가 쏘아 올린 작은 공』을 발표한 직후에 한 말이다. 그가 소설에서 묘사한 것처럼, 난쟁이는 신체장애인이었으며 한국사회와 서울이라는 화려해진 도시의 반대편에 숨죽여 사는 가난뱅이들이었다.

국가의 명예를 높이고 사회에 이바지해 달라

1971년 8월 11일,[332] 척추장애자운동선수들의 카퍼레이드가 열렸다. 선수들은 지난 7월 말 영국 런던에서 열린 제20회 국제척추장애자체육대회에서 금메달과 동메달을 획득하고 돌아왔다. 이들을 위한 카퍼레이드가 김포공항에서 서울 도심까지 이어졌다. 3년 뒤인 1974년 7월,[333] 또다시 영국에서 개최된 제23회 국제척추장애자체육대회에서 금메달과 동메달을 따낸 선수들이 8월 8일 김포공항에 내렸다. 5대의 오픈카에 탄 선수들은 김포공항을 출발하여 제2한강교, 신촌, 시청 앞, 용산, 제1한강교를 건너 원호처(현재의 국가보훈처)에 도착하는 카퍼레이드를 마쳤다. 그로부터 며칠 뒤,[334] 청와대는 메달리스트 장애인 선수들을 초청하여 다과회를 베풀었는데, 박정희 대통령의 영애(令愛) 박근혜가 손수 대통령 하사금을 수여했다. 그녀는 "국가의 명예를 높여 달라."는 말을 덧붙였다.

1977년 8월 12일,[335] 제26회 국제척추장애자체육대회에서 최고의 성적을 올린 선수들에게 카퍼레이드가 마련되었다. 선수들이 탑승한 차량은 공항을 출발하여 제2한강교, 시청 앞, 제1한강교를 건너는 카퍼레이드를 진행했다. 그들은 척추장애를 뛰어넘고 국가의 명예를 드높인 메달리스트였다.

1966년 정부는 장애인 현황을 조사했다. 보건사회부의 통계로는[336] 전국의 심신장애자는 11만 1,750명이며, 그중 신체장애자는 97,439명(87퍼센트), 정신장애자는 14,266명(13퍼센트)이었다. 선천적인 장애자는 29,474명(26퍼센트), 후전적인 장애자는 82,331명(74퍼센트)이었다. 이후 1970년대가 되어 더욱 늘어났을 장애인들이 어느 정도나 되는지, 어떻게, 어디서 살고 있는지는 오리무중이었다.

1972년 10월 박정희는 '10월 유신'을 기습적으로 선포했다. 이제 그는 종신집권이 가능해졌으며 스스로 군주의 길을 가고 있었다. 정부와 언론은 10월 유신 이후 펼쳐질 한국의 미래상을 제시했는데, 그중에는 "심신장애자 복지 등을 보다 강화하여 건전한 기능인으로 사회에 참여할 수 있도록"[337] 한다는 희망적인 내용도 있었다.

1975년 10월 30일,[338] 한국 최초의 장애인 복지관 '정립회관'이 서울에 개관했다. 박근혜가 참석하여 테이프를 커팅했다. 그녀는, "신체장애를 극복하고 스스로 자립하여 국가와 사회에 이바지"해달라는 격려사를 했다.

그녀는 자신의 아버지가 건설해가는 10월 유신의 미래상을 전달하는 가장 충직한 대변인이었다. 유신의 이상을 실현하기 위한 인간상이 필요했을 것이다. 그것은 국가의 명예를 높이 세우고 사회에 이바지할 인간이었다. 나라에서는 메달리스트 장애인들에게 멋진 카퍼레이드를 제공하고 대통령의 영애가 따뜻한 손길로 장애인들을 손수 위로하던 무렵이었다.

또 다른 난쟁이

　서울은 비약적으로 급성장하며 전 국토의 인구를 빨아들였고 밤거리의 휘황찬란한 네온들은 늘어갔다. 화려함을 뽐내는 서울, 그 이면에는 또 다른 난쟁이들이 존재했다. 그들은 단속과 수용의 대상, 범죄를 저지르는 악행의 무리, 범법자였으며, 변두리 돌산에 살아가는 자들이었다. 그리고 무속과 이단과 역술의 세계에 사는 부류였다.

거리의 부랑아, 나환자

　1970년 3월,[339] 서울시와 서울시경이 합동으로 거리를 배회하는 부랑아, 나환자들을 일제 단속하기 위해 출동했다. 부랑아들은 시립아동보호소, 시립갱생원, 시립부녀보건소에 각각 분산 수용되었고 나환자들은 방역사무소에 갇혔다. 서울시는 일제 단속의 이유를 하루 앞으로 다가온 일본의 '오사카엑스포70' 개최를 대비해서라고 밝

헸다. 이번에는 정부가 나섰다. 1975년 6월,[340] 정부는 8월부터 거리에서 구걸하거나 부랑하는 나환자들을 단속하기로 했다. 무연고자로 확인되는 부랑 나환자들은 국립나환자병원에 강제 수용한다는 방침이었다.

인신매매 암시장의 범죄조직: 곰보파, 외팔이파

"카지노딜러, 캐디, 주한미국 바의 여급, 17세에서 25세 여성 모집" 이처럼 시선을 잡아끄는 구인광고가 일간지 구인구직란에 실렸다. 신문을 든 여성이 서울 시내에 있는 해당 직업소개소 문을 노크했다. 그리고 그 여성은 오간 데 없이 증발했다. 한둘이 아니었다. 1971년 11월,[341] 직업을 찾는 어린 여성들을 사창가에 팔아넘긴 범죄조직이 적발되었다. 이들은 무허가 직업소개소로 위장한 여성인신매매집단이었다. 이들은 어린 여성들을 경기도 오산, 서정리, 문산의 주한미군부대 기지촌 등에 팔아넘겼다.

특이한 점은, 곰보파, 외팔이파라는 범죄조직의 명칭인데, 곰보파의 보스는 여성으로 이 바닥에서 '곰보'로 통했다. 천연두나 수두를 심하게 앓고 난 뒤에 얼굴에 흠집이 생긴 사람들을 곰보로 손가락질했다. 외팔이파의 보스는 장애인이었던 것으로 보인다. 구인구직으로 유인한 어린 여성들을 기지촌 사창가로 팔아넘기는 형태의 인신매매조직은 암시장을 형성하며 1970년대 말에도 여전히 기승을 부렸다. 인신매매 범죄조직은 전화기 1대를 놓고 "미장교 관광홀 여급 모집 월 40만 원 보장"[342]과 같은 허위과장 구인광고로 어린 여성들을 속이는 무허가 직업소개소를 버젓이 운영했다. 1978년 기준으로 서울 시내에 이러한 불법 인신매매 조직이 대략 30여 개로 파악되었다.

곡마단 마을

1975년 5월,[343] 75미터 수직으로 된 돌산 위에 다닥다닥 붙은 수백 채의 집들, 그 절벽 아래 비좁고 가파른 공간에 붙은 무수한 집들, 보기만 해도 아찔한 이곳은 서울 동대문구 숭인동. 2천여 가구에 1만 명 정도의 사람들이 거주하고 있었다. 사람들은 이곳을 '곡마단 마을'로 불렀다. 그 유래를 알 수는 없으나, 유랑하는 곡마단 사람들과 밀접한 관계가 있었을 것이다. 75미터 돌산 위아래에는 서울의 도시화 물결이 거의 미치지 않는 구역이었다.

1976년 겨울, 작가 한수산은 장편소설 『부초(浮草)』를 발표했다. 이 작품의 주인공들은 일평생 유랑하며 만나고 헤어지고 부대끼며 살다가 길 위에서 죽는 곡마단 단원들이었다. 곡마단은 세상을 떠돌고 서울 변두리와 전국을 전전하며 살아가는 존재였다. 곡마단이 기예를 보여주고 먹고사는 반면, 유랑극단은 노래, 춤, 연기로 먹고살았다. 1976년 곡마단이든 유랑극단이든 시대의 뒤안길로 밀려나고 있었다. 그들에게 길 위에서 살고 죽는다는 건 숙명이었다.

"낸들 집이 그립지 않고 고향 찾아 삼고 싶은 마음이 없겠소마는, 난 이냥 떠돌아다닐 겁니다. (…) 떠돌아다니다 뼈는 가루를 내어 흩뿌리는 거죠. (…) 나팔 소리에 따라 원도 한도 없이 떠돌 참입니다.”[344]

이렇게 떠돌던 이들이 서울의 돌산으로 들어와 터를 잡았을지 모를 일이다.

우수한 민족을 위하여

“모성의 생명과 건강을 보호하고 건전한 자녀의 출산과 양육을 도모”하기 위한 법률『모자보건법』이 1973년 5월부터 시행되었다. 해당 법률 제8조에는 다음과 같은 내용이 명시되었다. “본인 또는 배우자가 대통령령으로 정하는 우생학적 또는 유전학적 정신장애나 신체질환이 있는 경우 인공임신중절수술을 할 수 있다.”[345]는 내용이다. 과거 독일의 나치나 일제강점기 유행하던 우생학의 흔적이 정체를 드러낸 것이다. 그런데 1975년 3월 보건사회부는 실제로, ‘유전성 정신박약자, 간질증’으로 명명한 환자를 대상으로 불임시술을 계획했다. 반대 여론이 일자 “우수한 민족을 보존하기 위해서는 악성 유전질환자에 대한 강제 불임시술은 당연하다. 그토록 인도주의를 앞세운다면 정신박약아나 간질환자를 1년씩만 양육해 보라.”[346]고 보건사회부가 목소리를 높였다. 그 3개월 뒤인 6월, 보건사회부는 충남 정심원에 수용 중인 소녀 9명에게 강제 불임수술을 명령했다.[347] 종교인이나 학자들의 비판이 더 거세지자 보건사회부가 화를 냈다. “정신질환자를 정부가 무료로 수술해준다는데 왜 반대하는지 모르겠다. 본인들 자신을 위해서도 수술을 받는 게 좋을 거다.”[348] 보건사회부는 편집증적인 태도로 일관했다.

　　　　　　　　　　　　　　　　　　　　환상 공화국의 카퍼레이드

무속과 이단과 역술, 자신들만의 정신세계

1970년,[349] 서울의 남산에는 산신령과 삼국지의 관우와 제갈량을 모시는 사당, 작은 암자인 칠성각 등이 있었다. 1972년,[350] 한강변 노량진 무당촌이 조선시대 이래 명맥을 이어오고 있었으며, 1978년 무렵에는,[351] 관악산, 인왕산, 도봉산, 성북구 정릉 골짜기의 정체를 알 수 없는 사찰, 암자, 기도원이 산재해 있었다. 서울을 둘러싼 산과 한강변은 무속의 세계였다. 1976년,[352] 새마을 전도관, 동방교, 장막성전 같은 이단종교들이 서울을 근거지 삼아 사람들을 미혹했다. 이들은 하나같이 스스로 '재림예수'를 자처했다. 1978년,[353] 미아리 고개 인근 골목길을 따라 점집이 성행했다. 30여 곳이 있었는데 모두 맹인점술가들이었다. 맹인들끼리 모여 점술집으로 생계를 꾸리며 사는 곳이었다. 이들에게 자신의 운명을 의탁하는 사람들로 문전성시를 이루었다.

서울은 쓰레기와 분뇨전쟁을 치루고 있었다. 철새들의 낙원, 서울 시민들의 휴식터 난지도에 쓰레기 무덤을 건설했다. 도시 곳곳에서 풍기는 사람들의 배설물 냄새는 악취를 더해 갔다. 장마철 한강의 범람을 막지 않으면 한강에 흘려보낸 분뇨들이 도시를 향해 되돌아올지 모른다는 불안에 떨었다. 월남귀순용사들은 자유와 반공의 복음을 전파하는 열혈 전도사가 되어 황금기를 구가했다. 청와대는 장애인들에게 국가의 명예를 높이고 사회에 이바지할 것을 강조했고 그들의 황금빛 메달을 치켜세웠다. 그런 한편에서는 악성 유전자를 제거하고 우수한 민족의 종을 유지하기 위해 강제로 불임수술을 지시했다. "사람들은 아버지를 난장이라고 불렀다. 사람들은 옳게 보았다. 아버지는 난장이였다."[354] 이 말을 조세희는 『난장이가 쏘아 올린 작은 공』에 강렬하게 새겨 넣었다. 여기에는 난쟁이와 그의 일가족이 나오고 앉은뱅이와 꼽추의 목소리가 흘러나온다. 이들 가족은 서울특별시 낙원구 행복동 판잣집에 살다가 쫓겨났다. 서울에 낙원은, 행복은 없었다. 난지도에 살던 사람들, 북에서 넘어온 월남귀순용사들, 그리고 장애인들, 곡마단 사람들, 부랑아와 나환자들, 기지촌으로 팔려간 어린 소녀들, 맹인점술가. 그들의 온전한 삶은 실종되어 묻혔다. 인신매매 범죄조직들과 이단종파가 활개를 쳤다. 무엇으로 치장하든, 이들에게 아량과 호의를 베풀든 서울은 난쟁이들의 도시였다. 난쟁이들의 터전은 도시 저 끝자락이었다.

환상 공화국의 카퍼레이드

카퍼레이드를 만끽하는 세계챔피언 무하마드 알리. 그 왼쪽은 미국에서 명성을 떨친 태권사범 이준구. 1976년.

6장

소울 파워, 라이브 인 서울

세계챔피언들과 음악계의 천재가 서울의 거리에 나타났다. 대중문화와 클래식과 프로축구의 스타들이 서울의 명소를 찾았다. 1970년대는 프로레슬링의 전성기였다. 박치기 왕이 밀림을 제패했다. 그의 박치기에 전 국민은 희열을 느꼈다. 세계프로권투 챔피언들이 등장했다. 그들의 강펀치와 불굴의 의지에 모든 이들이 열광했다. 냉전의 붉은 장벽을 뚫고서 나타난 음악계의 천재는 대중의 호감을 샀다. 이름 없는 아시아의 개발도상국 수도를 방문한 서양의 스포츠 스타들이 존재감을 맘껏 뽐냈다. 그들은 난공불락의 세계챔피언이었고 축구의 세계를 석권한 축구의 황제이자 카이저였다. 또한 그들은 무대와 스크린을 휘감는 스타였다. 1970년대 서울은 버라이어티 쇼의 오색찬란함, 자유로움, 소울 파워로 열병을 앓았다.

천하무적 프로레슬러, 박치기의 맛

1970년 11월 7일,[355] 김포공항에 착륙한 일본항공 여객기에서 거인들이 내렸다. 미국인, 일본인, 그리고 한 명의 한국인이었다. 한국인의 이름은 김일, 그의 필살기는 박치기. 김일은 한국과 일본을 넘나들며 박치기 왕으로 명성을 떨치는 프로레슬링계의 절대고수였다. 특히 그는 일본프로레슬링계의 전설인 역도산을 사사한 수제자였다. 김일이 서울에 온 것은, 이틀에 걸쳐 열리는 제1회 역도산배 쟁탈 국제프로레슬링 대회의 초대 챔피언이 되기 위해서였다. 김일을 비롯한 프로레슬러들이 탄 오픈카 퍼레이드가 열려 서울시민들에게 이색적인 서비스를 제공했다.

11월 8일, 9일, 장충체육관을 채운 관중의 관심사는 오로지 박치기 왕이었다. 8일에는 역도산(한국명 김신락, 일본명 모모타 미쓰히로). 9일,[356] 박치기 왕은 거구의 미국선수와 혈투 끝에 판정승을 거두고 스승을 기념하는 제1회 역도산배의 트로피를 차지했다.

그의 혈투를 보여주는 절정의 장면은 이랬다. 링에 올라선 박치기 왕은 먹잇감의 허점을 노리는 맹수처럼 상대 주위를 천천히 맴돈다. 정중동의 교차. 일순간 그의 화력이 폭발한다. 상대의 머리통을 쥐어 잡는 강력한 손아귀의 힘. 왼발을 들어 올려 힘을 최대치로 끌어올린 뒤에 상대의 머리통을 향해 내리꽂는 그의 무쇠 이마. 일말의 틈을 주지 않고 휘몰아친다. 이번에는 코뿔소처럼 상대의 복부를 가격하는 그의 머리. 마지막 필살기로 다시 한 번 터지는 그의 박치기. 마침내 승리를 거머쥐는 박치기 왕. 그의 박치기는 천하무적이었으며 가공할 파괴력을 지닌 핵무기였다. 1970년대 내내 그는 쉼 없이 혈투 속으로 뛰어들어 박치기의 맛을 선사했다.

　1970년 3월 장충체육관,[357] 아시아헤비급챔피언으로 군림하는 박치기 왕이 미국에서 온 키 192센티미터에 몸무게 160킬로그램의 거한과 프로레슬링 전아시아선수권쟁탈전 9차 방어전을 치렀다. 박치기 왕의 키가 185센티미터에 단단한 체구였지만 오늘따라 왜소한 동양인이었다. 그로부터 5개월 뒤인 8월의 밤,[358] 장충체육관은 열기로 가득했다. 그의 12차 방어전이 열렸다. 상대는 "장대한 체구에 초인적인 힘"을 지닌 미국의 도전자였다. 그러나 도전자는 맥없이 판정패로 박치기 왕에게 무릎을 꿇었다. 1976년 5월,[359] 미국, 일본, 캐나다, 이탈리아의 프로레슬러들이 정동문화체육관에 모여들었다. 박치기 왕이 대적할 인물들의 닉네임은 '바다의 무법자'와 '야수인간'이었다. 이들보다 더 막강하고 잔혹한 경쟁자들이 박치기 왕 앞에 나타났다. 사각의 링은 무림의 패권을 둘러싼 문파들 간의 핏빛 싸움과 흡사했다. 그의 경쟁자들은 이전과는 상대가 되지 않을 만큼 사납고 거칠고 현란했으며 엄청난 괴력을 발산했다. 그들은 일본에서 온 타이거마스크, 안토니오 이노키, 자이언트 바바였다.

　타이거마스크. 말 그대로, 호랑이 가면을 쓴 레슬러는 일본의 인기 만화 캐릭터였다. 1971년 MBC방송은 개국 10주년을 맞이하여 시청률을 올릴 만한 대형이벤트를 기획했다.[360] 박치기 왕과 미국, 일본의 레슬러들을 한데 불러 모아 국제프로레슬링대회를 열기로 했다. 1971년 12월 14일에서 17일까지 전국 3대 도시를 순회하며 열렸는데, 마지막 날인 17일 장충체육관에서 박치기 왕과 타이거마스크의 한판 대결이 펼쳐졌다. 만화 속에서 튀어나온 듯한 화려한 복장, 얼굴 표정을 알 수 없는 타이거마스크는 긴장감을 증폭시키는 킬러였다. TV브라운관 앞에 모인 시청자들에게는 기괴한 스릴과 호기심을 전해주는 레슬러였다. 1976년 9월,[361] 추석 시즌에 전국순회프로레슬링국제경기가 기획되었다. 박치기 왕과 타이거마스크가 다시 격돌했다. 이때 타이거마스크는 분신술을 부리듯 1호, 2호 두 명이 되었다. 대회를 앞두고 박치기 왕은 교통사고로 이마에 큰 상처를 입었음에도 출전을 강행했다. 그 이유는 하나였다. 그는 짧게 답했다.

"프로는 약속 이행이 중요합니다."[362]

박치기 왕은 자신의 부상 때문에 대회가 연기되는 것을 막기 위해 링에 올랐다. 드디어 9월 8일 장충체육관의 링 위에 과묵한 박치기 왕과 타이거마스크 1호, 2호가 모습을 드러냈다. 타이거마스크 1호, 2호는 이빨 사이로 침을 흘리는 굶주린 맹수처럼 포효했다. 박치기 왕은 박치기로 대적했다.

안토니오 이노키. 그는 역도산의 직계 수제자로 김일보다 나이가 어렸으나 같은 문파의 일원으로 친숙한 사이였다. 1960년 9월 이노키는 프로데뷔전에서 패배하고 말았다. 그에게 패배의 굴욕을 안긴 이가 김일이었다. 세월이 지나 이노키는 스스로 신일본프로레슬링의 창립자가 되어 일본프로레슬링계의 거물로 올라섰다. 김일은 고인이 된 스승 역도산이 창립한 일본프로레슬링 유지를 지키고 있었다. 두 단체는 일본프로레슬링계의 위치를 점하기 위해 격전을 벌이고 있었으나 이노키의 맹추격이 거세었다. 이노키는 김일을 공략해서 뛰어넘어야 했고, 김일은 이노키의 공격을 막고 사수해야 했다. 이노키가 공성이라면, 김일은 수성이었다. 이노키는 절치부심 복수의 때를 기다렸다.

　　　　　환상 공화국의 카퍼레이드

1974년 10월 만여 명의 관중이 운집한 가운데, 일본 스모의 성지 도쿄의 구라마에 국기관(国技館)에서 김일과 이노키의 NWF세계타이틀 매치가 성사되었다. 김일은 무관의 제왕이었고 이노키는 챔피언이었으나 이는 중요치 않았다. 두 사람은 자신들이 이끄는 문파의 명운을 건 무제한 단판 승부를 열었다. 그것은 스승의 유지를 잇는 자와 자신의 세계를 구축하려는 자, 한국인과 일본인, 수성하는 자와 공성하는 자의 심정이 뒤엉킨 사투였다.

10월 10일,[363] 국기관의 객석은 만석으로 들어찼다. 예측불허의 기운이 팽팽하게 조여왔다. 두 전사가 사람들을 뚫고 경기장에 들어섰다. 흰색 가운의 김일은 도전자로 전 WWA세계챔피언, 나이 44세, 키는 185센티미터, 몸무게 120킬로그램, 주특기는 박치기. 붉은색 가운의 이노키는 챔피언으로 현 NWF세계챔피언, 나이 31세, 키는 191센티미터, 몸무게 109킬로그램, 특기는 만자 굳히기, 일명 코브라 트위스트. 링에서 얼굴을 마주한 두 전사. 그런데 이노키가 경기를 시작하기도 전에, 앞에 있던 김일의 안면을 가격해서 넘어뜨렸다. 반칙으로 선수를 친 것이다. 경기가 본격적으로 개시되자 이노키의 다양한 기술이 김일을 괴롭혔다. 그러던 중 김일의 박치기가 이노키의 복부를 가격했다. 이어서 이노키의 머리에 작렬하는 박치기. 연거푸 터지는 김일의 박치기에, 링 밖으로 나가떨어지는 이노키. 김일이 노련함으로 승기를 잡은 듯 보였다. 그러나 심판과 객석은 김일의 편이 아니었다. 또다시 김일의 박치기가 이노키의 머리에 꽂혔고 이노키의 이마에서 피가 터졌다. 이노키는 피를 흘린 채로 두 주먹을 불끈 쥐며 버텼다. 김일의 승리가 보이던 순간, 이노키의 역공 타격에 김일이 쓰러졌다. 그런데 심판의 카운터가 재빨리 끝나면서, 김일은 패자가 되었다. 판정이 석연치 않았다. 김일은 억울했지만 이곳은 도쿄, 스모의 성지, 국기관이었다.

1975년 3월 27일 밤,[364] 김일과 이노키가 재격돌했다. 김일의 복수전이었다. 이번에는 서울의 장충체육관이었다. 경기가 끝날 무렵, 김일은 깨진 머리에 흰 붕대를 감고 있었는데 왼쪽 이마에서 흘러나온 피가 붕대를 붉게 물들인 상태였다. 심판은 김일과 이노키 두 사람의 손을 동시에 들어올렸다. 일진일퇴의 공방전 끝에 무승부였다. 이노키는 김일의 평생 최대 난적이었으나 훗날 돈독한 우위를 나눴다.

자이언트 바바. 그는 키 2미터, 몸무게 145킬로그램으로 실제로도 거인이었다. 그의 모습 자체가 상대를 압도했다. 온 체중이 실린 그의 드롭킥은 상대에게 치명타를 가하는 죽음의 무기였다. 자이언트 바바와 김일 역시 역도산 문하에서 동문수학한 사이였다. 1976년 9월,[365] 도쿄 구라마에 국기관에서 김일과 자이언트 바바는 2 대 2 태그매치를 벌였다. 결과는 김일 팀의 승리였다. 1년 뒤인 1977년 9월,[366] 두 선수는 일본 오사카에서 맞대결을 펼쳤다. 김일의 박치기 세례에 자이언트 바바의 이마에서 피가 터졌다. 하지만 두 사람은 경기 도중 장외실격 되는 탓에, 승부를 가르지 못했다. 2개월 뒤 자이언트 바바가 한국에 왔다. 1977년 11월,[367] 정동문화체육관에서 김일과 자이언트 바바가 두 차례를 경기를 벌였다. 먼저 2 대 2 태그매치, 결과는 이번에도 김일의 승리였다. 다음은 1 대 1 싱글매치, 김일과 자이언트 바바의 결과는 무승부였다. 김일과 자이언트 바바는 1 대 1 대결에서만은 승부를 내지 못했다. 막상막하, 용호상박의 맞수였다.

　　　　　　　　　　　　　　　환상 공화국의 카퍼레이드

1976년 박치기 왕 김일은 영화『수제자』의 주연으로 출연을 했다. 충무로 스크린 데뷔는 그의 인기를 보여주는 대목이었다.

한편 여자프로레슬링 경기는 TBC방송에서 녹화를 해서 일요일 시간대에 편성했지만, 남자프로레슬링의 인기에 미치지 못했다. 일종의 번외경기 수준 취급을 받았다. 1975년 5월,[368] 정부에서 마련한 방송윤리심의준칙은 여자프로레슬링에 심각한 악재였다. 정부는 "여자프로레슬링 실황을 방송하지 못하도록" 규정했다. 정부는 TV방송에서 보여주는 여자프로레슬러들의 "지나친 몸짓과 퇴폐적 표현"을 금지시켰다. 링 한가운데에 뒤엉켜 싸우고 몸부림치는 여자프로레슬러들의 혈투가 지나친 몸짓과 퇴폐적 표현이라는 범주에 들어갔던 것이다. 여자프로레슬러들은 경멸의 대상이었다.

1979년 11월,[369] 서울 무교동 낙지골목은 일본방송물을 구경하기 위한 손님들로 북적였다. 낙지골목의 식당들은 술손님들을 호객하기 위해 VTR을 설치해서 불법으로 수입한 일본스포츠, 코미디, 에로물 등을 여과 없이 보여주고 있었다. 반나체로 경기를 하는 일본여자프로레슬러들의 적나라한 관능미가 손님들에게 눈요기를 제공했다. 무교동 낙지골목은 정부의 규정이 통하지 않는 또 하나의 일상이었다. 1979년 권력자의 죽음과 권력의 진공 상태 속에서, 박치기 왕 김일로 대표되는 프로레슬링의 인기도 서서히 시들어져 갔다.

세계챔피언, 환대와 비난: 무쇠 주먹, 유제두

1975년 6월 12일 오후,[370] 김포공항에 태극기를 높이 든 다부진

체격의 남자가 나타나자 환영객들이 환호성을 질렀다. 이에 맞추듯 브라스밴드의 힘찬 연주곡이 퍼졌다. "환영 장하다 유제두 선수 세계를 제패한 무적"이라는 플래카드가 사람들 사이에서 흔들거렸다. 그 남자는 WBA세계주니어미들급챔피언 유제두였다.

며칠 전인 6월 7일, 유제두는 일본에서 챔피언 와지마 코지를 KO승으로 이기고 챔피언벨트를 차지했다. 와지마 코지는 일명 개구리 점프라는 독특한 기술을 사용하며 WBC·WBA 양대 타이틀을 석권한 바 있는, 일본인들이 자랑하는 권투 영웅이었다. 그런 영웅을 링에 무참히 고꾸라뜨린 유제두였다. 그의 주먹은 무쇠였다.

서울은 또다시 몰려든 환영인파의 물결로 넘쳤다. 세계챔피언 유제두가 올라탄 군용 지프차가 김포가도를 달려, 영등포, 노량진, 삼각지, 서울역, 남대문을 지났다. 유제두의 군용 지프차 앞뒤에 경찰 사이카가 호위하는 가운데 신세계백화점 앞 분수대를 돌아 소공동 빌딩 숲으로 들어서자, 시민들이 도로변까지 쏟아져 나와 박수갈채를 보냈다. 차량 옆을 달리며 유제두의 군용 지프차를 쫓는 사람들도 있었다. 조흥은행 빌딩 앞은 하늘에서 쏟아져 내리는 오색꽃비로 뒤덮여 시야를 가렸다. 세계챔피언에게도, 거리의 사람들에게도, 이날의 카퍼레이드는 진풍경이었다. 유제두의 카퍼레이드는 시청 앞을 지나 낙원동 한국권투위원회에서 멈췄다.

일주일 뒤인 6월 14일,[371] 유제두는 청와대에서 박정희와 박근혜를 만나 특별상금까지 받았다. 대통령은 이렇게 당부했다.

"타이틀은 따기도 힘들지만 지키기도 힘든 만큼 계속 노력해서 이를 방어하도록 목표를 세워나가라."

챔피언이 된 유제두는 그해 자신의 일대기를 다룬 영화에 미모의 여배우와 주연배우로 출연하는 행운을 누렸다. 제목은『눈물 젖은 샌드백』.[372] 1975년은 유제두가 지긋지긋한 빈곤에서 벗어나 성공의 꿈을 이룬 해였다.

이듬해 1976년 2월 17일 밤,[373] 도쿄의 일본대학체육관에서 챔피언 유제두는 1만 2천여 명의 관중에 둘러싸여 있었다. 그는 자신만만하게 적지에 섰다. 도전자는 챔피언벨트를 되찾기 위해 복수의 칼날을 품고 다시 나타난 와지마 코지. 유제두에게는 모든 게 불리한 조건이었다. 하지만 그는 5살이나 많은 와지마 코지보다 체력적으로 우위였고 펀치는 여전히 강력했다. 어찌된 일인지 경기 내내 챔피언 유제두는 관중의 두 눈을 의심할 만큼 무기력했다. 그의 몸은 물에 푹 젖은 듯 무겁고 둔했으며 주먹은 힘과 속도를 잃었다. 결국 유제두는 15회 KO로 패하고 말았다. 챔피언벨트를 되찾은 와지마 코지는 이렇게 말했다.

"나는 일본의 사무라이 정신을 보여주기 위해 싸웠다."

유제두는 영웅에서 졸전을 치른 패배자로 전락했다. 그뿐만이 아니라 거액의 뒷돈을 받고 챔피언벨트를 팔았다는 모욕이 날아들었다. 대한민국은 비탄에 빠져들었다. 그의 명성은 날선 비난과 함께 허공으로 사라졌다. 패배 보름쯤 뒤, 그는 경기 당일 자신이 약물에 중독되어 몸이 말을 듣지 않았다는 폭탄발언을 터뜨렸다. 증거는 없었다. 오직 유제두 자신의 증언뿐이었다. 누구도 그의 말을 믿지 않았다. 그는 이후로도 오랫동안 약물중독이 되었다는 주장을 굽히지 않았다.

1977년 8월 26일 그는 국내 선수를 KO로 이기고 다시 한 번 세계 챔피언 타이틀에 도전할 기회를 얻었다. 그러나 돌발 상황이 일어났다. 패배한 선수가 챔피언 타이틀전에 나가는 일이 생긴 것이다. 유제두는 링 밖에서 펼쳐지는 차가운 세 싸움에서조차 밀려난 상태였다. 이제 그는 2년 만에 대중의 기억에서 완전히 잊힌 과거의 챔피언이 되었다. 그 뒤로는 "흥행을 노린 이벤트성"[374] 대진표를 받아들고 국내시합을 전전했다. 1978년 7월 유제두는 선수생활 최초로 나이 어린 국내 동양챔피언에게 KO패 당하는 수모를 겪었다. 한 신문은 이날의 유제두를, "비참한 모습으로 1976년 패배와 너무나 똑같다."[375]라는 말로 비웃었다. 그 후 신문에 "동양 타이틀 최다 방어 유제두 은퇴선언"[376]이라는 제목 아래 유제두의 은퇴를 알리는 기사가 실렸다. 그에게 전 WBA세계주니어미들급챔피언이라는 호칭을 쓰지 않았다. 1979년 7월 유제두는 노장이라는 말을 들으며 쓸쓸히 은퇴했다. 그의 나이 32세. 55전 50승 3패 2무 29KO의 호쾌한 전적이었다. 4년 전의 화려한 카퍼레이드는, 스크린에서 펼친 연기는, 그에게 한갓 환영이었다.

한국인의 영원한 세계챔피언 홍수환

1974년 7월 4일 남아프리카공화국의 항구도시 더반, WBA밴텀급 세계챔피언 아널드 테일러는 머나먼 아시아의 작은 나라 한국에서 온 도전자를 기다리고 있었을 것이다. 한국의 도전자는 육군 일병 신분이었다. 그의 이름은 홍수환. 챔피언 입장에서 빈약한 동양인을 1차 방어전의 희생제물로 삼기에 자신의 홈은 최적이었을 것이다. 경기장에 모여든 관중 또한 같은 심정이었을 것이다. 공이 울리

                                          환상 공화국의 카퍼레이드

자, 챔피언과 관중은 자신들의 예상이 철저히 깨져버리는 기운을 직감했다. 도전자는 단단한 근육질 몸으로 챔피언을 몰아붙이고 날렵한 펀치를 연타로 날리며 쉴 새 없이 괴롭혔다. 챔피언은 세 차례나 다운이 되는 졸전을 이어가더니, 14회에는 도전자의 강펀치에 뒤로 나가떨어지는 굴욕을 맛보았다.[377] 챔피언은 처참했다. 도전자는 챔피언에게 무려 네 차례의 다운이라는 모멸을 안겼다. 도전자가 적지에서 15회 판정으로 승리한 것이다. 챔피언 타이틀은 동양인이며 한국인이자 육군 일병의 신출내기 도전자가 쟁취했다. 그는 어머니에게 이렇게 말했다.

"엄마, 나 챔피언 먹었어."

"그래, 대한민국 만세다!"

7월 15일,[378] 한국의 두 번째 프로권투 세계챔피언 홍수환이 귀환했다. 내리는 가랑비에도 아랑곳없이, 김포공항은 취재진, 환영객, 헌병들까지 더해져 인산인해, 야단법석이었다. 목에 화환을 건 세계챔피언 홍수환은 어머니와 나란히 오픈카에 탑승했다. 헌병 사이카의 호위를 받으며 세계챔피언의 카퍼레이드가 빗길을 갈랐다. 영등포를 지나 제1한강교를 건너 삼각지, 서울역, 남대문에서 신세계백화점, 을지로입구, 서울운동장, 동대문, 종로, 중앙청, 그리고 시청 앞까지 서울 도심부로 향하며 진행되었다. 사람들은 도로와 거리 곳곳마다 나와 오픈카에 탄 챔피언에게 두 손을 흔들거나 태극기를 흔들며 자랑스러워했다. 시청 앞에 모인 환영인파는 환희에 찬 심정으로 챔피언을 에워쌌다.

며칠 뒤, 박정희와 군복 차림의 챔피언 홍수환이 청와대에서 만났다. 박정희는 꼭 잡은 챔피언의 손을 쉽사리 놓지 않았다. 챔피언에게 거듭 신신당부를 했다.

"요즘 우리나라 젊은이들이 국제무대에서 조국의 영예를 빛낸 것에 국민 모두 갸륵하게 생각하고 있어. 모든 젊은이들이 더한층 정진하여 계속 세계 속의 한국을 빛내줄 것을 바라고 있다는 사실을 잊지 말아야 해."[379]

그런데 이듬해 1975년 3월,[380] 홍수환은 해외원정경기로 진행된 2차 방어전에서 패자 신세가 되었다. 도전자 알폰소 사모라에게 4회 KO패 된 것이다. 대통령과 온 나라의 기대와 실망은 심히 컸다.

홍수환은 한국에 챔피언 알폰소 사모라를 불러들여 설욕을 다짐했다. 1976년 10월 16일 밤,[381] 인천 선인체육관의 불이 켜졌다. 홍수환은 와신상담 치욕을 되갚아주고 싶었으나 조급함이 컸던 것인지

1976년 10월 16일 인천 선인체육관에서 열린 사모라와 홍수환의 혈투.

12회 TKO로 또다시 패배했다. 챔피언 사모라는 철옹성이었고 도전자 홍수환은 무력했다. 그의 전성기는 짧게 저물어 가는 듯했다.

1977년 11월 27일,[382] 홍수환은 신설된 WBA주니어페더급챔피언 결정전을 치루기 위해 원정을 떠났다. 승부처는 중남미의 소국 파나마의 파나마시티. 홍수환의 맞상대는 일명 '지옥에서 온 악마' 엑토르 카라스키야. 홍수환 앞에 놓인 선택지는 이기거나 지거나, 살거나 죽거나 뿐이었다. 그는 배수의 진을 쳤다. 한국에서는 지옥에서 온 악마와 일전을 벌이는 홍수환을 응원하기 위해, 온 국민이 TV 앞에 하나둘 모여들었다. 사람들의 마음속에 그는 진정한 세계 챔피언이었다. 그러나 파나마 실내체육관에서 그는 동양의 고독한 도전자 신세였다.

경기 시작 초반인 2회전,[383] 카라스키야의 왼손이 홍수환의 안면에 그대로 꽂혔다. 첫 번째 다운! 파나마의 관중 사이에서 일제히 승리의 함성이 터졌다. 다시 다운, 두 번째 쓰러진 홍수환! 또다시 다운, 세 번째다. 고국에 중계 방송하는 아나운서는 "역부족"이라며 연신 탄식했다. 관중석은 경기 종료가 된 것처럼 광분했다. 사력을 다하던 홍수환. 그의 다리가 풀리며 다운, 네 번째다. 카라스키야의 펀치가 샌드백을 치듯 사정없이 홍수환의 몸을 가격했다. 국민들이 절망에 빠지기 직전이었다. 승리의 여신이 홍수환을 떠난 지 이미 오래였다. 간신히 죽을 고비를 넘긴 홍수환. 3회전 공이 울리자 배수의 진을 친 그의 몸이 튕겨져 오르며 반격을 가했다. 신들린 듯한 그의 주먹이 카라스키야에게 속사포처럼 퍼부어댔다. 링에 기대어 아슬아슬 몸을 지탱하던 그의 안면에 떨어지고 꽂히는 무수한 홍수환의 펀치! 링에 쓰러진 지옥에서 온 악마. 절체절명의 위기에서

3회 KO로 승리하고 세계챔피언에 복귀한 홍수환. 4전5기의 신화가 탄생하는 찰나였다. 아나운서는 벅차오르는 감정을 감추지 못했다.

"조국에 계신 동포 여러분 기뻐해주십쇼!"

1977년 12월 5일,[384] 온 나라는 신화의 인물이 된 세계챔피언 홍수환을 거국적으로 반기며 열렬히 사랑했다. 육교에는 "이기고 돌아왔다 불굴의 사전오기 홍수환 만만세"라는 플래카드가 내걸렸다. 그의 카퍼레이드는, 제2한강교를 건너 신촌로터리, 서소문, 시청 앞, 충무로3가까지 이어지며 연도까지 몰려나온 서울시민들의 열광적인 찬사를 받았다. 그의 승리는 많은 이들의 가슴에 깊은 울림으로 남았다. 인기 소설가들이 앞다투어 신문지면에 그를 찬양했다. 한수산은, 홍수환을 "불사조가 되어 다시 살아났다."[385]는 말로, 최인호는 홍수환과 인터뷰를 하며, 예전부터 "범상치 않은 면모를 갖고"[386] 있었다는 말로 존경을 나타냈지만 홍수환의 귀환을 표현하기에는 턱없이 부족했다. 홍수환은 "오직 링에 쓰러졌을 때 그만두겠다. 나는 수많은 이들을 쓰러뜨리고 챔피언이 되었잖은가. 나도 쓰러질 줄 알아야 한다."는 육체의 언어로 정리했다.

1978년 5월 7일 밤,[387] 홍수환은 도전자에게 패배하고 세계챔피언 타이틀을 넘겨줘야 했다. 그날 장충체육관에 모인 5천여 명의 관중은 패배자가 된 그에게 분노와 아우성과 야유를 토해냈다. 사람들은 그의 패배를 배신으로 받아들였을 것이다. 그는 말없이 글로브를 내려놓고 링의 세계에서 퇴장했다. 그로부터 40여 년 가까운 시간이 흐른 뒤에도, 그는 똑같은 말을 했다.

"남들 비참하게 만들어 놓고 나는 챔피언 됐잖아. 그래 놓고 나는 편하게 은퇴한다? 그건 사나이답지 않지."[388]

사각의 링에서 가장 정직한 방식으로 자신의 인생을 고수한 이가, 삶의 흥망성쇠를 몸을 체득한 이가 바로 홍수환이었다. 그는 가난한 날 한국인의 마음에 온기를 불어넣은 영원한 세계챔피언으로 기억되었다.

■ 무하마드 알리, 한국을 사로잡은 소울 파워

1976년 WBC·WBA 세계헤비급 타이틀을 거머쥔 챔피언 무하마드 알리가 서울에 도착했다. 알리는 무적의 검투사이며 위대한 정복자이자 인종과 종교의 차이를 무위로 만든 불세출의 스타였다. 서울은 알리의 방한을 화려하고 성대한 버라이어티쇼로 준비했다. 유명 해외 스타를 좀처럼 보기 힘든 한국에서, 알리의 방한은 빅뉴스였다. 1976년 6월 27일 오전 12시 무렵 챔피언 알리가 2박 3일 일정으로 김포공항에 나비처럼 사뿐히 내려앉았다. MBC방송에서는 특집 프로『세기의 철권 알리, 한국에 오다』를 편성하여 중계차까지 동원해서 TV와 라디오로 그의 도착을 실황으로 방송했다.[389]

방한 첫날에 깍듯한 인사말로 그는 자신을 알렸다.

"태권도의 나라, 회교형제의 나라, 한국 국민들의 환영에 감사합니다."[390]

알리의, 알리를 위한 세기의 카퍼레이드[391]가 펼쳐졌다. 김포공항을 출발하여 제2한강대교, 영등포, 신촌, 서소문, 시청 앞까지 이어지는 이동경로였다. 거리를 채운 수많은 인파가 손을 흔들며 열렬히 환대했고 한복 차림의 여성들이 챔피언 알리에게 화환을 걸어주며 아름다운 나라 한국의 미소로 맞이했다. 오픈카에 앉은 알리는 연신 팬들을 위해 손을 흔들어주었는데 그 태도에서는 세계챔피언다운 여유와 세련된 매너가 느껴졌다. 알리의 카퍼레이드를 구경하기 위해 서울 시내를 채운 인파는 무려 1백만 명에 이를 정도로 대성황이었다.

알리는 숙소인 조선호텔에서 내외신 기자회견을 열었으며 미2사단을 방문하여 주한미군들을 위문하는 일정까지 거뜬히 소화했다. 이날 밤 만찬회장에서 알리는 서울시의 예우에 따라 구자춘 서울시장이 선사하는 행운의 열쇠와 명예서울시민증을 받았다.

방한 둘째 날.

챔피언 알리의 별명은 떠버리였다. 그는 긴 팔에서 내뿜는 정교한 펀치 세례만큼이나 시합 중에 상대선수를 향해 끊임없이 독설을 퍼붓는 공략을 펼쳤다. 일종의 심리 기만전술이었는데 그는 심리전의 일인자였다. 한국에 온 알리는 기꺼이 "한국이 원하는 대로 뭐든지 들어줬다. 하지만 혼자 있는 시각에는 철저히 침묵을 지켰다."[392] 이번 행사를 위해서 미국에서 동행하여 통역을 맡은 태권도 사범 이준구는 알리의 그런 모습을 높이 샀다.

아침이 되자 알리는 한남동 이슬람 사원에서 국내 무슬림들과 예배를 보았다. 그는 독실한 무슬림이었다. 그의 본명은 캐시어스 마셀러스 클레이 주니어, 원래는 침례교 신자였다. 1960년 로마 올림픽에 출전해서 권투 라이트헤비급 금메달리스트가 될 때에도 클레이였다. 그런 그가 한 인물을 만나면서 지대한 영향을 받게 된다. 흑인민권운동가 말콤 엑스다. 클레이는 말콤 엑스가 이끄는 흑인민권운동단체, '네이션 오브 이슬람(Nation of Islam)'에 가입을 하고 이름까

     환상 공화국의 카퍼레이드

지 개명을 한다. 흑인의 아들 캐시어스 마셀러스 클레이 주니어는, 무하마드의 가르침을 받은 무하마드 알리로 새로이 태어났다. 이후 알리는 흑인차별과 싸우는 전사가 되었다. 여기서도 떠버리 심리전 술을 자유자재로 구사했다. 알리와 말콤 엑스가 형제가 되어 흑인민권운동에 나서지만 가치관 차이로 서로 등을 돌린다. 그 얼마 뒤인 1965년 2월 21일 말콤 엑스는 뉴욕 할렘가에서 대중연설 도중 암살되어 운명을 달리한다. 1967년 알리는 베트남 참전에 반대하며 징집거부를 하여 세계챔피언벨트마저 박탈당하고 강제로 추방된다. 이후 사회운동가가 된다. 그리고 자신의 자리를 차지한 조 프레이저, 조지 포먼 같은 막강한 호적수들을 차례대로 무너뜨리며, 세계챔피언의 정상을 탈환한다. 알리의 몸에서는 자신의 친구이자 소울의 대부인 제임스 브라운의 노래처럼 소울 파워(SOUL POWER)가 분출되었다.

한국에 온 알리는 한국식 매너를 따랐다. 현충원에 방문하여 2년 전 고인이 된 육영수 묘지에 정중히 참배했다. 알리는 태권도복을 입고 국기원을 찾았다. 태권도의 종주국을 보고 싶다던 그는 태권도 최고명예단증을 받고 기뻐했다. 알리는 그날 오후 MBC방송에 출연을 했는데,[393] 이번에도 한국식 매너를 따랐다. 바지저고리를 입고 두루마기를 걸치고 갓까지 쓰고 TV쇼에 출연했다. 알리는 한국 최고의 코미디언 이기동과 춤과 웃음 대결을 펼치며 재치를 보여주었다. 춤 솜씨는 어디까지나 미국식이었다. 알리는 서울 최고의 번화가인 명동 거리를 활보했다. 명동 거리는 알리를 보기 위해 금세 불어난 인파로 북새통이 되었다. 이런 속에서 알리는 젊은 여성들을 만나면 여성들의 뺨에 키스로 인사를 나누곤 했는데,[394] 이것만큼

은 어디까지나 미국식 에티켓이었다. 저녁이 되자 알리는 세계타이
틀 도전자 결정전에 나서는 염동균의 경기를 보기 위해 장충체육관
에 모습을 나타냈다. 경기 전, 이벤트로 열린 행사를 위해 링에 오른
알리는 박치기 왕 김일과 짧은 쇼를 보여주었다. 알리는, 바로 며칠
전 도쿄에서 안토니오 이노키와 격투기 대전을 펼친 바 있었다. 하
지만 한국에서 알리는 박치기 왕과 익살스런 장면을 연출하며 관중
들에게 오락거리를 선사했다. 알리는 탁월한 쇼맨십의 소유자였다.

다음 날, 알리는 한국을 떠나기 전 김포공항에서 고별인사를 전
했다.

"한국팬들의 열렬한 환대에 진심으로 보답하기 위해 다시 찾아오
겠습니다."[395]

그의 약속은 지켜지지 못했지만, 한국인들에게 밝고 유쾌한 인상
을 남겼다. 한국인의 마음을 사로잡은 것은 세계챔피언의 유연한 파
워와 그의 자유로운 쇼맨십이었다.

붉은 모스크바를 넘나든 피아니스트

1974년 7월 3일,[396] 모스크바 음악원이 제5회 차이콥스키 콩쿠
르 수상자를 발표했다. 모스크바에서 개최된 차이콥스키 콩쿠르 피
아노 부문에서 21세의 피아니스트가 2위를 차지했다는 내용도 포
함되었다. 이튿날 뉴욕타임즈가 이 소식을 보도하면서,[397] "뉴욕의
피아니스트 ⋯ 최근에 미국시민이 되었다."고 전했다. 실제 모스크
바에서도, 그의 국적을 미국으로 표기했다. 사실 그는 한국 태생이

   환상 공화국의 카퍼레이드

었지만 미국 시민권자로 출전을 했기 때문이다. 이런 뉴스가 한국에서는 중요치 않았다. 경계해야 마땅한 붉은 공산주의 적대국에서 날아든 때 아닌 소식으로 한국은 놀라움에 휩싸였다. 유명한 콩쿠르에서 한국인 피아니스트가 수상을 했다니, 실로 경이로운 사건이었다. 소비에트연방이면 어떤가, 해외에서 수상했다는 점이 대단한 뉴스였다. 클래식계의 천재가 탄생한 것이다. 그는 약관 21세의 청년 정명훈이었다.

7월 12일 오후,[398] 서울 시내는 단 한 사람을 위한 축제가 펼쳐졌다. 정명훈의 카퍼레이드는 크고 화려했다. 오픈카에 탄 그를, 경찰세단, 사이카, 승용차들이 앞뒤에서 호위했다. 김포공항을 출발한 그의 카퍼레이드는 시청 앞 광장까지 1시간 정도 걸렸다. 도시 전체가 차이콥스키의 후예가 되어 귀환한 그에게 사랑을 베풀었다. 빌딩 옥상이며 창가에서도 사람들은 삼삼오오 모여 카퍼레이드를 관람했다. 시청 앞 광장에 모인 학생들과 시민들은 태극기를 흔들며 한국인의 재능을 보여주고 귀환한 차이콥스키 콩쿠르 수상자를 기뻐했다.

이날 박정희는 청년 피아니스트에게 훈장을 수여하고 그의 부모형제자매들과 일일이 악수를 나누며 축하를 전했다. 양손을 바지 호주머니에 집어넣은 채 말을 건네는 박정희는 모범 청년을 대하듯 부드럽고 흐뭇한 표정을 지었다. 대통령을 마주한 차이콥스키 콩쿠르 수상자는 아직은 수줍고 풋풋한 21세의 음악 청년이었다.

이와 유사한 풍경이 1958년 제1회 차이콥스키 콩쿠르 수상에서도 있었다. 소비에트연방은 자신들의 문화적 우월성을 보여주는 선전장으로 차이콥스키 콩쿠르를 개최했다.[399] 그런데 소비에트연방의 애초 의도와 달리, 제1회 피아노 부문 수상자는 18세의 미국인 청년 반 클라이번이었다. 클라이번은 피날레에서 러시아로 인사를 해서 모스크바 인민들의 차가운 마음을 녹였다. 서로 적대국 사이였음을 잠시 잊은 듯했다.

얼마 뒤인 5월 20일,[400] 클라이번의 뉴욕 시내 카퍼레이드가 진행되었다. 뉴욕의 모든 시민이 거리로 쏟아져 나온 것만 같았다. 뉴욕의 마천루에서는 오색종이꽃들이 쉴 새 없이 내리고 또 내렸다.

제1회 차이콥스키 콩쿠르에서 우승한 반 클라이번을 위해 뉴욕에서 카퍼레이드가 진행되었다. 1958년.

시민들은 환호했고 열광했고 손을 뻗어 18세 천재 피아니스트의 손을 잡기 위해 안간힘을 썼다. 냉전에서 승리를 거두고 자축하는 분위기 같았다. 타임지는 커버스토리에서 "러시아를 정복한 텍사스인(THE TEXAN WHO CONQUERED RUSSIA)"이라고 할 정도로 도취되었다. 1957년 10월 4일 소비에트연방의 스푸트니크 인공위성은 미국인들에게 크나큰 충격파였다. 그런데 남부 루이지애나 출신 청년의 우승이 소비에트연방에 반격을 가하자 미국인들은 일거에 자존심을 회복한 듯이 들떴다. 이날 뉴욕공공라디오 아나운서의 "멀리 맨하탄을 통과한 퍼레이드가 앞으로 다가옵니다. (…) 이 청년은 뉴욕시의 명예를 상징하는 티커 테이프 세례를 받고 있습니다."[401]라는 격앙된 목소리가 방송 전파를 탔다. 반면, 18세 클라이번은 만면에 미소를 띠며 차분하고 의젓한 모습으로 행사를 만끽했다. 그는 초거대도시 뉴욕과 모스크바를 매료시킨 매력적인 피아니스트였다. 그는 아름다운 피아노 선율로 냉전의 질서와 국가적 자존심을 자유롭게 넘나든 인물이었다.

금지령을 내리다. 건전한, 명랑한, 품위 있는 도시를 위해

카퍼레이드 이동경로가 펼쳐지는 서울 도심에서 다양한 경관 변화가 1970년대 내내 일어났다. 1970년 서울시는 전문 8조의 미관지구 내 건축조례를 제정·공포했고 같은 해 11월 6일자로 건축조례가 발효되었다.[402]

<표4> 1971년 서울시 미관지구 현황

구분		미관지구	
1종	도심부 주요거리	집단미관지구	① 소공동~남대문로~을지로 입구
		노선미관지구	① 중앙청 앞~시청 앞~서울역 앞(2,000m)
			② 시청 앞~의주로네거리 (850m)
			③ 남대문~한국은행 앞~을지로 입구~화신 앞 (1,291m)
			④ 세종로~화신 앞(407m)
			⑤ 적선동~청와대~중앙청 정면 동쪽(2,250m)
2종	도심부에서 부도심, 공항, 고속교통로, 위성도시로 연결되는 도로변	*	① 서울역 앞~영등포구청 옆 김포가도기점 (8,725m)
			② 의주로네거리 서쪽~제2한강교 남쪽(5,028m)
			③ 한강인도교~동작동국립묘지(2,600m)
			④ 왕십리로터리~광진교 (7,500m)
			⑤ 남대문~남산어린이놀이터 (370m)
			⑥ 한강인도교~강변1로~김포공항(15,600m)
3종	주요 관광도로 주변	*	① 남산동1가~한남동삼거리 도로 양쪽 (4,200m)

| 4종 | 우리나라 고유 건축미와 민족적 정서감을 유지하도록 보전 | * | * |

    서울시의 미관지구는 '건전한 도시 발전을 꾀하기 위해 제정'한 것으로, 그 핵심은 건물 규제에 있다. 미관지구 1종은 도심부 주요거리에 해당하며 집단미관지구와 노선미관지구로 나뉜다. 1종에 해당하는 거리는 5층 이상의 건물을 지어야 한다고 정했다. 이곳은 카퍼레이드의 절정과 모든 행사의 종료지점에 해당된다. 다시 말해, 거리와 광장의 수많은 시민에게 카퍼레이드의 절정을 보여주며 감동을 잇는 것이다. 미관지구 2종은 도심부와 부도심 및 위성도시와 연결되는 도로주변에 해당된다. 2종에 해당하는 거리는 3층 이상의 건물을 지어야 한다고 정했다. 김포공항이 있는 곳으로, 카퍼레이드의 오프닝이 전개되는 지점이다. 3종의 해당 거리에서는 6층 이상의 건물을 지어야 한다고 정했다. 4종의 해당 거리는 한국 고유의 건축미와 민족적 정서를 유지하도록 집을 지어야 한다고 정했다.

    서울시는 건전한 도시 발전을 꾀한다는 명분으로 도심 재개발 카드를 꺼내들었다. 1973년과 1977년 재개발 계획 내용이 그것이다.[403] 서울시는 1973년에 도심에 널려 있는 불량지구를 재개발하기로 정했고 1977년에는 도심지를 도시계획재개발지구로 재지정했다.

<표5> 1973년과 19777년 서울도심 재개발지구 현황 비교

명칭	서울 재개발 및 특정가구정비지구 (1973년)	서울 도시계획재개발지구 (1977년)
해당지구	서울역~남대문지역	명동지구(명동1가)
	적선~도렴지역	청진지구 (청진동, 종로1가, 공평동)
	소공지역	을지로2가지구(삼각동, 하수동)
	무교다동지역	남대문지구 (남창동, 남대문로3,4가)
	태평로지역	회현제1지구(회현1동)
	남대문로지역	회현제2지구(회현2동)
	남창동지역	회현제3지구(회현동)
	장교동지역	*

1973년 서울 도심의 재개발지구는 도시계획법에 따라 실시하는 사업이었다. 1973년과 1977년 지정된 서울 도심의 재개발지구의 공통점은 도시미관을 헤치는 도심지를 재개발하는 것이었다. 그 대상들은 오래되고 낡은 불량 건물, 뒷골목 등이었다. 또한 해당 지구는 모두 서울의 전통적인 번화가가 몰려 있는 곳이었다. 명동, 남대문, 종로와 같은 재개발지구의 대부분 구역이 카퍼레이드 이동경로의 핵심구간에 속했다. 카퍼레이드가 펼쳐지는 도심의 경관이 비약

적으로 변화될 것을 예고했다.

한편 서울시는 불량 건물과 간판 정비에도 나섰다. 1973년,[404] 서울시는 각 구청에 불량 건물과 간판 정비 단속지침을 내렸다. 불량 건물 정비를 보면, 건물 옥상의 경우 옥상 물탱크는 원색 이외의 빛깔을 칠하고 옥상 빈터에는 꽃을 심거나 화분을 설치하도록 했다. 간판 정비의 경우, 간판의 바탕색은 원색이나 빨강, 파랑, 노랑의 짙은 배합색 사용을 금하도록 했다. 이 모든 일률적인 사항들이, 서울에 아름다운 도시 경관을 조성하고 명랑한 생활환경을 만들기 위함이라고 서울시가 밝혔다. 1978년,[405] 서울시 성동구는 불량광고물과 간판을 일제 단속하고 구청의 지시를 어긴 점포들의 간판 147건을 철거했다. 서울시의 단속만으로는 건전하고 명랑한 도시가 어렵다고 판단한 듯, 이번에는 정부가 직접 나섰다. 1979년,[406] 내무부가 도시 미관을 해치거나 물자 절약을 실시하지 않는 광고판, 간판 등에 대해 정비지침을 전국에 내렸다. 해당 지침에 보면, 직접 글씨나 그림을 그린 간판, 4층 이상에 부착된 간판의 철거를 지시했다. 자진철거에 불응하면 엄벌하겠다고 경고했다. 서울시와 정부는 건전한 도시 발전과 명랑한 생활환경을 위해서, 단속·지시·엄벌·철거·경고라는 무력의 방식을 꺼내들었다. 이러한 명령과 지시는 이 시대의 일상적인 매뉴얼이었다.

서울시와 정부에 이어, 이번에는 서울시경 경찰국이 도시 미관을 위해서 출동했다. 그것은 자전거, 손수레, 지게의 서울시내 통행금지령이었다. 1973년 6월 2일,[407] 서울시내 사대문 안의 모든 간선도로와 사대문 밖 24개 도로에서 실시한다고 발표했다. 시기는 6월 7일부터였다. 서울 도심 전체가 통행제한구역 범위에 속하는 내용이었다. 해당 도로에 속하는 세종로(광화문~중앙청), 남대문로(서울역~화신백화점 앞), 소공로(시청 앞~상업은행본점 앞)의 경우는 카퍼레이드 이동경로의 핵심부에 해당한다. 서울시경은 집중단속을 하겠다고 호언장담을 했다. 위반자는 즉심에 넘기겠다고 으름장을 놓았지만, 며칠 만에 '자전거, 손수레, 지게가 시민의 발이자 생계'라는 여론의 질책에 밀려 슬그머니 철회했다.[408] 그러나 1977년 5월경에 보면, 서울시경은 결국 자신들의 뜻을 관철시킨 것으로 보인다. "종로·을지로·퇴계로 등에 대한 손수레·자전거 등의 통행이 전면금지"[409]되어 시행 중이었다.

1977년 6월,[410] 서울시는 명동 일대에서 연탄 사용을 전면 억제하겠다는 규제내용을 발표했다. 명동의 연탄 사용은, 선술집의 화덕용, 취사 및 온돌용, 난방용 순으로 많았다. 모두 하루하루 먹고사는 일상을 위한 것이었다. 하지만 서울시는 깨끗하고 품위 있는 도심 만들기의 일환임을 고수했다. 서울시는 명동은 외국인의 왕래가 빈번해서 연탄 쓰레기가 문제된다고 덧붙였다. 이듬해 8월, 서울시는 종로구와 중구까지 연탄 없는 곳으로 확대하겠다고 결정했다. 서울 도심 번화가의 미관을 위해 연탄이 퇴출 대상으로 지정된 것이다.

서울시, 서울시경, 정부까지 혼연일체가 되어, 서울을 건전한 도시로 발전시키고 명랑한 생활환경을 조성하고 품위 있는 환경을 만들기 위해 총력을 기울였다. 그런데 불량 건물에 살고 불량 간판을 달고 생계를 이어나가고 자전거와 손수레를 타고 끌고 지게를 지며, 연탄을 사용하는 사람들은 누구였을까. 무수한 시민들의 삶은 건전하고 명랑하고 품위 있는 도시의 희생양이 되었다.

범죄의 소굴을 철거하라, 환상고가고속도로 건설

1930년대 소설가 박태원이 거닐던 청계천은 서울에서 사라져야 할 처지로 전락했다. 1971년 6월,[411] 서울시는 청계천 하류에 밀집한 3,280동의 판잣집을 철거하기 시작했다. 모두 무허가였기에 서울시 입장에서는 법적으로 하등 문제가 없었다. 청계천은 윤락행위가 거래되는 사창가, 마약이 유통되는 소굴, 범죄가 기승을 부리는 온상이라고 서울시가 지목했다. 청계천과 청계천 사람들은 공공에 해악을 끼치는 갱생의 대상이었다. 1958년부터 진행된 청계천 복개를 지속하고 건설된 삼일고가도로를 연장하는 데 있어서, 청계천의 '무허가 범죄 소굴 판자촌'의 일소는 확실한 명분이었다. 서울시는 또다시 청계천 판자촌 제거에 들어갔다. 1973년 9월,[412] 청계천은 물론 중랑천, 관악구 신림동, 봉천동의 판자촌까지 대략 3천여 동으로 그 범위를 넓혀 철거계획을 발표했다.

그로부터 3년이 지난 1976년 9월,[413] 청계천의 무허가 판자촌은 말끔히 정리되었다. 도시의 빈민들이 거주하며 윤락을 하고 마약을 거래하던 범죄의 소굴이 사라진 자리에 포플러나무가 심어졌고 아스팔트포장 도로가 깔렸고 아베크족들이 여유롭게 심야 데이트를 즐기는 하천공원이 되었다. 서울시가 원했던 새서울로 거듭난 것이다. 청계천의 판자촌 사람들은 모두 어디로 떠났을까. 이들은 봉천동, 신림동이나 경기도 광주 대단지로 이주했다. 그곳의 삶 또한 황량했다.

1967년 6월,[414] 불도저 시장 김현옥은 서울 도심에 자동차전용도로인 환상고가고속도로를 건설하겠다고 장담했다. 환상고가고속도

청계고가도로 개통 직전 모습. 1969년.

로의 명칭은 청계고가고속도로, 크게 두 개의 축과 연결하기로 했다. 하나는 제1순환도로인 독립문, 중앙청, 동대문, 서울역 라인을 잇고, 또 하나는 내부순환도로인 서대문, 청계로, 동대문, 마장동 라인을 잇는다는 계획이었다. 불도저 시장은 이러한 청사진을 건축가 김수근을 불러 현실화했다. 불과 2개월 뒤인 8월 15일,[415] 불도저 시장은 청계고가도로 기공식을 열었다. 총 3개년 계획으로, 간선,

환상 공화국의 카퍼레이드

내부순환선, 지선을 완공하기로 했다. 먼저 서울 도심을 동서로 관통하는 용두동에서 광화문 라인부터 공사를 개시했다.

17개월이 지난 1969년 3월 22일,[416] 박정희와 육영수가 보는 앞에서 서울 도심의 동서를 가로지르는 거대한 콘크리트 구조물인 환상고가고속도로가 그 형체를 드러냈다. 개통 당시 명칭은 삼일고가도로로 변경이 되었다. 최종적으로 용두동에서 명동성당 입구까지 이어졌다. 이날도 박정희는 의중을 알 수 없는 표정으로 주변을 둘러봤다. 1971년 8월 15일,[417] 삼일고가도로가 연장공사를 끝내고 완공하여 한국에서 가장 긴 고가도로로 탄생했다. 삼일고가도로가 꺾어지는 지점인 종로 관철동에는 31층, 114미터 높이의 한국 최고층 삼일빌딩이 위용을 자랑했다. 동양에서 세 번째 높은 초고층빌딩으로 서울 도심의 새로운 명물이자 조국 근대화의 상징으로 올라섰다. 삼일빌딩은 한국 건축계 양대 산맥인 김중업이 설계했다. 일시에 서울 도심의 경관을 바꿔놓은 삼일빌딩은 당대의 걸출한 김기영 감독의 1971년 작 영화 『화녀』에도 나타난다.[418] 영화 속 삼일빌딩은 보는 이의 시선을 압도한다. 일자리를 찾아 이제 막 지방의 농촌에서 올라온 20대 여주인공들은 끝간 데 없이 치솟은 마천루를 올려다보며 각오를 다진다.

"경희야, 돈 많이 벌어."

"잊지 마. 31층 빌딩이 우리 암호야."

그렇게 청계천 주변은 이전과는 전혀 다른 청결함과 매끈함과 단단함으로 다져진 강철 육체로 바뀌었다. 카퍼레이드 행사 또한 삼일고가도로와 삼일빌딩을 배경으로 그 화려함과 과시적인 열기를 이어갔다.

서소문 공원과 동양 최대 예술의 전당

1976년 10월 15일,[419] 서대문구에 서소문 공원이 완공되어 시민들의 발길을 모았다. 조선 시대에는 칠패시장이라는 커다란 시장이 있던 유서 깊은 곳이었다. 최신 천연색 자동 분수대까지 갖춘 서소문 공원은 서울역, 남대문과 바로 인접했다. 카퍼레이드가 신촌에서 서소문을 지나 시청 앞으로 향할 때, 서소문 공원은 도심의 색감을 만드는 요소로 작용했을 것이다.

1978년 4월 14일,[420] 박정희가 테이프를 끊었다. 그 옆에 선 박근혜는 자신의 어머니를 빼닮은 머리스타일로 환한 미소를 지었다. 이 날 박정희 표정에는 여유로운 미소가 감돌았다. 하지만 그의 얼굴에서는 초로에 접어든 노인의 주름진 모습이 겹쳤다. 이때 박정희의 나이는 61세, 박근혜의 나이는 27세였다. '경축 서울 세종문화회관 개관', 곧 세종문화회관이 개관하는 역사적인 날이었다. 세종문화회관 대강당은 4,200석으로, 동양 최대의 규모로 지어졌다. 건설비용만 해도 221억 원에 이르렀다. 대강당에 설치된 조명, 음향, 무대는 물론 7개국 동시통역시설 등도 완비되었다. 세계 5대 파이프오르간 중 하나가 설치되었다며 자부심이 대단했다. 부속시설로는 2천 명에서 3,500백 명이 칵테일파티를 열 수 있는 연회장, 이탈리아, 프랑스 요리전문점까지 고루 갖추고 있었다. 세종문화회관은 서울의 초현대식 공연장이자 고대 신전처럼 웅장한 건축물이었다. 개관식 날 '문화예술의 전당'이라는 박정희의 친필 휘호탑 제막식도 열었다. 박근혜는 아버지의 옆자리를 지켰다. 박정희는 행사용 흰 장갑을 낀 채 실내 곳곳을 천천히 둘러보았다. 이 모든 것을 지켜보는 그의 심정은 남달랐다. 군주가 자신이 개국한 왕국의 숨결을 하나하나 건설하고 완성해 가는 심정과 닮았을 것이다. 카퍼레이드 행렬이 세종로와 태평로의 드넓은 대로를 지나갈 때면, 세종문화회관은 새로운 서울 도심을 장식하는 거대한 세트장이 되었다.

해외 스타들이 방문한 서울의 공간들

카퍼레이드가 지나가는 도로 주변으로 유명 이벤트홀과 장안의 명소가 산재했다. 1970년대 한국을 방문하는 해외 스타들이 찾은 곳은 서울시민회관, 조선호텔, 이화여대강당, 정동 MBC방송국, 동대문 서울운동장이었다.

서울시민회관

세종로 서울시민회관은 시민들의 사랑을 한 몸에 받는 다목적 공연장이었다. 1970년 8월 11일,[421] 스웨덴 출신의 배우이자 가수인 앤 마가렛이 내한했다. 1966년에 록앤롤의 제왕 엘비스 프레슬리와 뮤지컬영화 『비바 라스베거스』라는 공전의 히트작을 낸 할리우드의 인기 여배우이다. 그런 앤 마가렛이 팝송 공연을 위해 한국에 온 것이다.

1972년 5월 1일,[422] 이탈리아에서 칸초네의 여왕이 서울로 날아왔다. 붉은 머리에 시원한 이목구비를 지닌 그녀의 이름은 밀바.

“불고기를 좋아해요.” 한국에 대해 친숙함을 나타낸 칸초네의 여왕은 서울시민회관에서 5월 3일과 4일 이틀 동안 공연을 열어 관객들과 만났다. 4일 밤,[423] 마지막 공연은 DBS(동아방송)에서 라디오로 단독 실황 중계할 만큼 인기였다. 이번 공연에서 밀바는 한국관객들에게 익숙한 ‘Aria Di Festa(축제의 노래)’를 불렀는데, 몇 년 전 트윈폴리오가 ‘축제의 노래’라는 번안곡으로 큰 사랑을 받은 바 있다.

같은 해 12월 2일 저녁 8시를 넘은 시각,[424] 서울시민회관에는 4천여 명의 관객이 좌석을 빼곡히 채웠다. MBC방송 개국 11주년 기념쇼로 열린 10대 가수 청백전의 열기로 실내는 흥겨웠고 뜨거웠다. 그런데 기념쇼가 끝난 직후, 전기 합선으로 화재가 발생하며 실내는 일시에 아비규환이 되었다. 50명이 넘는 사망자가 발생했다. 오랫동안 서울 도심의 한복판을 밝히며 명소로 사랑받던 서울시민회관이 화재로 전소가 되었다. 그 6년 뒤인 1978년 서울시민회관 터에 거대하고 육중한 세종문화회관이 들어섰다. 어디에도 그날의 기억은 남지 않은 채, 동양 최대라는 타이틀과 대통령의 영광스런 친필이 대신했다.

조선호텔

1970년 3월 17일 소공동에 지상 18층 규모의 조선호텔이 재개관하고 “소공동의 마천루를 바꾼”[425] 건축물이라는 찬사를 받았다. 조선호텔은 1917년에 경성철도호텔로 개관한 이래, 53년 역사와 전통을 가진 명성을 누려왔다. 그해 11월 5일 저녁[426] 조선호텔 윈터

                                          환상 공화국의 카퍼레이드

1970년에 개관한 조선호텔의 모습.

스타룸에서 국내외 귀빈들이 모여들었다. 한국과 이탈리아의 최초 합작영화『케이라스의 황금』의 기자회견과 환영 칵테일파티가 열려 언론에 주목을 받았다. 남녀 출연배우인 남궁원, 이낙훈, 최지희가 자리에 섰는데 이들의 능숙한 영어 덕분에 파티 분위기는 한층 더 무르익었다. 이번 작품의 공동연출을 맡은 한국과 이탈리아 감독, 이탈리아 측 주연배우 등이 기자들의 카메라 플래시 세례를 받았다. 주한이탈리아대사까지 참석하여 파티장을 빛냈다. 조선호텔은 외국 유명인사들을 위한 만찬장으로 최적이었다.

이화여대강당

1969년 10월 17일 저녁 이화여대강당에서 달콤하고 부드러운 브리티시 팝이 흘러나오자 객석을 가득 채운 여성팬들이 터질 듯이, 열정적으로 또는 대담하게, 까무러칠 듯 소리를 질렀다. 한국에서는 처음 경험하는 미친듯한 광경이었다. 열성 신도가 따로 없었다. 영국의 팝스타 클리프 리처드가 자신의 히트곡 'The young ones'를 불렀다. 그 이후로, 이화여대강당은 대중가수와 클래식 연주 공연장으로 각광받았다.

1974년 4월 29일 저녁,[427] 칸초네의 여왕 밀바가 관객들을 서울의 밤으로 초대했다. 관객들은 칸초네 여왕의 목소리에 매혹되었다. 한 신문은 칸초네 여왕을 "무대 위의 마술사"[428]로 칭하며 구애를 보냈다. 1977년 3월,[429] 밀바는 공연을 위해 세 번째로 서울을 방문했는데, 4천여 명의 팬들이 좌석을 채워 변함없는 인기를 보여줬다.

이 두 번의 공연 모두 이화여대강당에서 치러졌다.

세계 최정상의 클래식과 성악 공연이 이화여대강당에 울려 퍼졌다. 1973년 3월 27일 빈 필하모닉이 서울에 왔다. 지휘자 클라우디오 아바도가 136명이나 되는 대규모 단원과 함께 내한했다. 1974년 9월 29일 저녁,[430] 세계적인 바이올리니스트 이차크 펄만이 공연을 가졌다. 1977년 11월 30일,[431] 이화여대강당은 관객들로 대성황이었는데, 금세기 최고의 테너 루치아노 파바로티의 내한공연이 열리는 날이었다. 이미 1개월 전부터, 그의 내한소식으로 클래식 애호가는 물론 언론들은 연일 들뜬 심정으로 기다렸다. 공연 당일, 파바로티는 명성 그대로 천상의 목소리로 관객들을 한껏 매료시켰다. 객석들의 관객들은 앙코르를 연발하며 흥분을 감추지 않았다. 이화여대강당은 젊음의 자유분방한 영혼과 이국의 문화가 교차하는 음악의 명소였다.

정동 MBC방송국

1976년 개봉한 영화 한 편이 국내 극장가 흥행 1위를 기록했다. 한국과 홍콩이 합작한 『사랑의 스잔나』이다. 이 영화의 주인공이면서 주제가까지 부른 홍콩 배우 진추하는 엄청난 스타덤에 올라섰다. 영화 속에서 부른 두 곡이 공전의 히트를 치는데, 한 곡은 함께 출연한 홍콩 배우 아비와 부른 'One Summer Night', 또 한 곡은 진추하가 영화 속에서 홀로 피아노를 치며 부른 'Graduation Tears'이다. 1년 뒤인 1977년 5월 6일,[432] 『사랑의 스잔나』 속편인 『추하 내

사랑』에 출연한 진추하는 로케이션 촬영차 서울을 찾았다.

한국인들이 가장 좋아하는 해외스타가 된 진추하는 정동 MBC방송국을 방문하여 TV프로그램에 출연했다. 명MC 후라이보이 곽규석이 진행하는 『토요일 토요일 밤에』에 출연한 진추하는 한국 시청자들에게 피아노 연주와 달콤한 노래를 들려주었다. 그녀의 맑고 투명하고 한없이 싱그러운 미소는 팬들의 마음에 잊을 수 없는 순간을 남겼다. 그녀는 1970년대의 사랑스런 기억이 되었다.

홍콩의 진추하는 1970년대 한국 남성들의 애간장을 녹인 청춘스타였다.

동대문 서울운동장

세계축구의 전설들이 동대문 서울운동장을 누볐다. 단연코 두 명의 인물, 축구의 황제와 축구의 카이저였다. 1972년 6월 2일,[433] 축구황제 펠레가 소속팀 브라질의 프로축구 명문 산투스 팀을 이끌고 서울운동장에 나타났다. 펠레가 온몸의 유연한 힘으로 보여주는 축구의 기예를 보기 위해, 찾아온 관객이 26,000여 명이었는데, 이는 단일경기의 최다 관객이었다. 이날 경기에는 차범근 선수가 출전하여 기세 좋게 첫 골을 올렸다. 1979년 9월 30일,[434] 미국 프로축구 명문 뉴욕 코스모스 팀이 축구팬들이 들어찬 서울운동장에 모습을 드러냈다. 코스모스 팀에는 1970년대 최고의 축구스타 플레이어가 즐비했다. 이들은 이미 축구의 전설이 되어가고 있었다. 이들이 서울에 모인 것이다. 1974년 독일 월드컵을 우승으로 이끈, 독일이 낳은 축구의 카이저 프란츠 베켄바워, 1970년 멕시코 월드컵을 우승으로 이끈 브라질의 카를로스 알베르토, 1970년대 네덜란드 축구의 전성기 핵심 요한 네스컨스. 서울운동장에 모인 축구팬들은 세계 최고의 축구스타 플레이어들을 보며, 그들의 발끝에서 일어나는 신기에 감탄했다.

1970년대 서울의 거리와 명소에서 스타들의 향연이 펼쳐졌다. 프로레슬러, 프로권투 세계챔피언, 피아니스트가 주인공들이었다. 서울에서는 건전하고 명랑하고 품위 있는 서울 건설이라는 이름 아래에, 도심 재개발이 빠르게 진행되었다. 크고 웅장하고 길게 뻗은 도심의 구조물들, 하늘로 치솟은 마천루는 서울의 외형을 과감하게 바

꾸었다. 그러나 평범한 이들의 점포와 소박한 소망이 달린 간판은
도시 미관을 헤치는 이유로 단속의 대상이 되었다. 연탄도 도시 미
관을 헤치는 대상이었고 손수레와 자전거와 지게도 마찬가지여서
통행금지령을 시도해야 직성이 풀리는 듯싶었다. 빈곤한 도시민들
이 살던 청계천은 섹스, 마약 범죄로 얼룩진 오명을 뒤집어썼다. 다
른 한편, 칸초네의 여왕, 클래식계의 최정상 오케스트라와 성악가,
팝가수, 홍콩의 스타배우, 최고의 축구스타 플레이어들처럼 해외 유
명스타들이 속속 서울로 향해 사람들의 마음을 사로잡았다. 서울은
때로는 화려하고 때로는 어두운 조명이 어우러지는, 소울 파워가 분
출하는 버라이어티 극장쇼 무대였다. 이것이 라이브 인(Live in) 서울
이었다.

THE CAR PARADE IN THE REPUBLIC OF ILLUSION

제21회 몬트리올 올림픽 한국선수단 개선 환영대회에서 환호 받는 레슬링 금메달리스트 양정모 선수. 1976년.

7장

정복과 제패

1970년대 한국 경제는 10퍼센트대에 이르는 놀랄 만한 발전과 성장을 거듭했다. 빈곤국, 후진국에서 개발도상국으로 올라섰고 일부 언론과 학자들은 중진국이라는 용어를 만들어 자기합리화를 위한 논리를 개발했다. 한국의 갈 길은 멀었지만 그만큼 정상을 향한 조바심을 참기가 어려웠다.

그러나 스포츠 분야에서는 달랐다. 1970년대 초반에는 여자탁구가 발군의 실력으로 세계 강호들을 격파했다. 1970년대 중반에는 여자배구가 세계를 놀라게 했다. 1970년대 후반에는 여자농구와 여자궁도가 세계를 제패했다. 축구는 아시아 정상에 올라서서 한국의 자존심을 세워주는 역할을 도맡았다. 아시안게임은 스포츠 영웅과 스타의 산실이었다. 한국의 산악인들은 만년설과 크레바스를 뚫고 히말라야 고봉에 올라 한국의 이름을 널리 알렸다. 국가에서는 만면의 미소를 띠며 세계 정복의 꿈을 만끽했다.

국내에서는 박장군배, 박대통령컵이라는 이름의 국제스포츠대회가 열렸다. 세계를 정복하고 제패하기 위한 고단한 노력은 1979년 10월 박정희의 최후가 다가오기 며칠 전까지 멈추지 않았다.

1970년에서 1972년 사이 카퍼레이드

탁구

1970년 4월 16일 김포공항은 탁구선수들을 기다리는 환영객들로 들끓었다. 승리자가 된 선수들이 비행기 트랩에서 내렸다. 4월 12일,[435] 일본 나고야에서 개최된 제10회 아시아탁구선수권대회에서 아시아 13개국 선수들이 결전을 벌여, 한국은 여자일반부 단체전, 주니어 남녀단체전, 주니어 여자개인단식, 모두 4개의 금메달을 휩쓸었다. 이번 대회에서 금메달 수의 1위는 세계 최강 일본이었다. 하지만 여자일반부 단체전에서 한국 최정상 최정숙이 세계챔피언 일본의 고와다를 꺾어 일대 파란을 일으키며 단체전 우승을 견인했다.

4월 16일,[436] 탁구선수들이 탄 오픈카들이 줄지어 서울 도심을 향했다. 제2한강교를 건너 시청 앞, 산업은행, 한일은행을 지나 삼일로, 서울운동장, 종로, 서울시민회관을 거쳐 체육회관까지 카퍼레이드를 펼쳤다. 1967년에 개통한 삼일로는 이제 카퍼레이드의 중요한 도로가 되었다. 오픈카에 탄 선수들 중에서 눈여겨볼 인물들은 여자일반부 단체전에서 금메달을 획득한 여고생 정현숙, 주니어 여자개인단식의 우승자 여중생 이에리사였다. 이들의 라켓은 호시탐탐 세계 제패를 노리고 있었다.

야구

1972년 6월 3일,[437] 제27회 청룡기 쟁탈 전국고교야구대회가 동대문야구장에서 개막했다. 대회에 앞서서, 서울 시내에서 카퍼레이드가 있었다. 주인공들은 전년도 청룡기의 우승팀이자 전국고교야구 최강을 자랑하는 경북고였다. 특히 고교야구 결승전이 열리는 날이면, 그 인기는 전국을 들썩일 만큼 높았다. 이를 보여주듯, 선수들이 탄 오픈카 6대를 서울시경의 모터사이클이 호위를 하며 시내 카퍼레이드가 진행되었다. 개막식 행사로, 고위인사들이 그라운드에 내려와 시구를 했는데 국무총리, 문교부장관, 문공부장관, 서울시장, 체육회장까지 내로라하는 정관계 실력자들이 나설 정도였다.

축구

1970년 8월 19일 김포공항에서 "아시아 축구 정상을 정복한 청룡팀"[438]의 개선 축하 행사가 열려 은막의 특급 스타인 김진규, 신성일, 윤정희가 선수들에게 꽃다발을 증정했다. 말레이시아 쿠알라룸프르에서 개최된 제13회 메르데카 축구대회에서 한국 국가대표 청룡팀이 우승컵을 들어올렸다. 청룡팀에는[439] 이세연, 김호, 김정남, 이회택 같은 최고의 기량을 갖춘 선수들이 즐비했다. 한국 축구는 국민의 자랑이었다. 이날의 카퍼레이드는[440] 김포공항을 출발, 노량진, 제1한강교, 용산, 서울역에서 시청 앞, 을지로, 서울운동장, 종로, 광화문, 축구협회까지 이어졌다. 그리고 마지막은 서울시민회관에서 열린 환영식 행사였다. 양택식 서울시장이 친근한 미소로 청룡팀 선수들을 반겼다.

"아시아 민족의 대제전",[441] 아시아경기대회

1970년 12월 22일,[442] 제6회 아시아경기대회(아시안게임)에서 "푸짐한 전리품"[443]을 가지고 돌아온 선수단 환영식이 열렸다. 정관계의 거물이자 체육계의 회장 민관식은 선수들이 "선전분투한 결과 당초 목표하던 전과를 초과달성"[444]한 것을 높이 샀다. 그에 따르면, 아시아경기대회의 핵심은 전과의 초과달성이었다. 대회에서 종합 2위를 차지한 선수들은 전투에서 높은 전과를 달성하여 전리품을 싣고 무사 귀환한 것이다. 오픈카 25대가 김포가도를 질주하여 제2한강교를 건너 신촌에서 광화문 인근 도심 빌딩 숲을 지날 때는 오색종이들이 여지없이 쏟아져 내렸다. 카퍼레이드는 시청 앞까지 길게 꼬리를 물었다. 다음날, 선수들은 장충체육관에서 개최된 시민환영대회에서 영광의 피날레를 장식했다. 금메달리스트들은 청와대에서 자신들을 기다리는 대통령과 만남을 가졌다. 대통령은 언제나 그랬듯이 '국가와 민족을 빛낸 선수들의 승리와 노고를 높이 치하'했다.

힘과 미를 통해 체육한국의 중흥을 드높여라

1972년은 서독에서 뮌헨 올림픽이 열리는 해였다. 정부는 올림픽 성적 향상을 기대하며 준비해왔다. 같은 해 6월 16일 서울운동장에서 제1회 전국스포츠소년대회 및 스포츠소년단 창단식이 성대히 열렸다. 오래 전통의 전국체전이 대학생과 일반인이 대상인 반면, 스포츠소년대회는 중·고등생을 대상으로 한 것이다. 이날 박정희의 환영사는 이러했다.

"우리는 국가적으로나 민족적으로 힘을 합쳐 경제 건설, 국방, 남북통일 등 수행해야 할 과업이 많습니다. 가장 필요한 것은 국력이며 이 국력은 체력이 중요한 비중을 차지해야 합니다. 훌륭한 한국민과 일꾼이 되려면 우리 조국 대한민국을 위해 가장 충성스런 국민이 되어야 합니다."[445]

그는 민족과 조국을 위한 충성스런 국민을 힘주어 강조했다. 이를 입증하는 길은 국제 스포츠에서 정복과 제패의 결실을 수확하는 것이었다. 그런데 1972년 8월 26일에서 9월 11일, 서독에서 개최된 제20회 뮌헨 올림픽에서 한국은 은메달 1개를 따면서 종합 33위에 그쳤다. 초라한 성적표였다. 이보다 더 참담한 사실은 올림픽에 처음으로 모습을 드러낸 북한이 금메달을 따면서 종합성적 22위에 오른 것이다. 북한이 우리보다 앞서고 있다는 사실에 실망과 충격이라고, 기대를 저버렸다고, 올림픽 참패라고 언론에서 대서특필했다.[446] 언론의 보도는 분노에 가까웠다. 청와대는 더한 충격과 수모와 분노를 경험했을 것이다. 종합순위에서 북한에서 밀렸다는 사실은 대통령에게 참기 어려운 결과였을 것이다.

이를 눈치챈 듯, 올림픽이 끝나기도 전인 9월 8일 문교부 장관이 나서서 속전속결로 체육진흥정책을 발표했다. "뮌헨 올림픽경기 참패 이유는 국민의 기본 체력이 빈약하고 정신적인 투지가 결여된 데 있습니다. 어렸을 때부터 체력을 단련시키는 방안만이 참다운 체육진흥책일 것입니다."[447]

10월 6일,[448] 서울운동장에 대통령 부부가 등장하자 제53회 전국체육대회가 개막되었다. 한성여고생 3천여 명이 펼치는 카드섹션

220여 종이 일사분란하게 연출되었다. 〈파도처럼 씩씩하게 새마을 이룩하자〉, 〈소득배가 새마을운동〉, 그리고 〈대통령의 얼굴과 무궁화〉를 형상화한 카드섹션은 거대한 모자이크의 연속이었다. 대통령의 환영사가 길게 이어졌다.

"(…) 전국체전은 우리 민족의 꿋꿋한 기상과 강인한 체력을 상징하는 민족의 제전으로 발전하여 왔습니다. (…) 지금 우리는 북한공산주의자들과 대화와 접촉을 하기 시작했습니다. 나는 이 뜻깊은 민족의 제전에 즈음하여, 이 난국을 영예롭게 타개하고 우리 앞에 닥치는 고난과 시련도 능히 이겨낼 수 있는 강건한 국민을 형성하기 위해 다시 한번 명실상부한 체육한국의 중흥을 강조하는 바입니다. (…) 지난 뮌헨 올림픽대회에서 얻은 교훈과 지금까지의 우리 자세를 냉엄히 재검토하고 체육한국의 백년대계를 위한 종합적인 중흥 대책을 시급히 강구해야 하겠습니다. (…) 더욱 새로운 용기와 각오로서 참된 스포츠 정신을 마음껏 발휘하여 온 국민들에게 더욱 깊은 신뢰감을 심어 주고 힘과 미를 통한 국민 총화의 수련장으로서 희망찬 내일을 기약하는 체육 중흥의 새 전기가 되도록 선전해주기를 당부합니다. (…)"[449]

그는 팽팽한 근육 속에 담긴 힘과 불타오르는 아름다움을 보았을 것이다. 그는 힘과 아름다움을 조화롭게 가진 육체를 통해 체육한국의 중흥, 그 드높은 희망의 기치를 강조했다. 이는 곧 국가의 중흥이었으며 민족의 우월성이었다. 그것이 그가 내면에 품은 이상적 인간상이었다.

세계를 제패한 여자탁구, 정부의 개선환영대회 계획안

"세계 제패, 민족의 승리, 국가적 공헌, 한민족의 우수성"[450]

"우리 체육사에 일찍이 없었던 찬란한 금자탑, 우리나라의 명예와 국민의 기량을 세계 만방에 빛낸 선수들 (…)"[451]

1973년 4월 민족의 환희와 국가적 승리로 온 나라에 아드레날린이 분출되었다. 4월 5일부터 4월 15일까지 동유럽 공산권의 심장부, 유고슬라비아 사라예보에서 제32회 세계탁구선수권대회가 개최됐다. 전 세계 각국의 남자 58개 팀, 여자 49개 팀, 총 107개 팀이 대거 참가했다. 여고생이 된 이에리사를 필두로, 정현숙, 박미라, 나인숙, 김순옥이 팀을 이룬 한국여자선수들은 단체전에서 8전 8승으로 대회 우승컵인 코르비용 컵을 들어올렸다. 그들의 단련된 육체가 세계를 제패한 것이다.

4월 12일경 탁구선수들이 연전연승을 거듭하자 정부의 문교부에서 총무처에 국무회의 보고안건을 제출했다. 3일 뒤 대회 우승이 확정되자 정부는 국무회의를 열어 안건을 처리했다. 안건은 '제32회 세계탁구선수권대회파견 한국대표선수단 개선환영대회 계획(안)'이다.[452] 해당 계획(안)에 나온 환영대회의 목적은 다음과 같다.

"(…) 한국대표선수단은 일치단결하여 세계 정상의 중공, 일본 등을 물리치고 세계를 제패함으로써 국위 선양에 크게 이바지하였으므로 이를 범국민적으로 환영코자 함." 계획(안)에 따르면, 카퍼레이드는 4월 23일 오후 12시부터 시작하여, 김포에서 영등포, 제1한강교, 서울역, 남대문, 한국은행, 소공동을 지나 환영대회가 열리는 시청 앞 광장까지 계획되었다. 이후 청와대 접견실에서 대통령에게 귀국보고

절차가 잡혔다. 카퍼레이드는 일정한 대형으로 짜였다. 선두에 경찰 사이카, 그 뒤로 경찰 백차와 선수단기를 세운 선도차가 뒤따르도록 구성했다. 오픈 지프차 1호에 이에리사를 내세우고 8호까지 선수들이 탑승을 하고 9호부터 20호까지는 단장, 감독 등이 탑승하는 것이다. 끝으로 경찰 사이카, 영접차량, 후미차, 경찰 백차 순이다.

정부는 대규모 인원을 동원하여 카퍼레이드 경로를 꾸미기로 했다. 계획안에 따르면, 카퍼레이드 경로가 지나는 인근 학교의 학생과 밴드를 동원하여 환영하는 것으로 되어 있는데, 인원은 13개교의 1만 1,000명으로 잡혀 있다. 고층건물에서 꽃종이 가루를 살포한다는 계획도 빠지지 않았는데, 이는 소공동 주변의 빌딩을 활용한다는 것이다. 시청 앞 광장의 환영식장의 배치도를 보면, 동원된 학생 인력이 표시되어 있다. 신진공업고등학교 500명, 동국고등학교 500명, 시온고등학교 500명, 균명고등학교 500명, 동국여고합창단 1,000명에 다다른다. 이날 행사는 정부와 서울시가 총동원되어 일정을 세웠다. 법무부, 교통부, 재무부는 공항 사용 및 입국 절차를, 국방부는 선수단 수송차량 지원, 지붕 없는 무개 지프차, 군악대 동원을 맡았다. 총무처는 훈장 수여, 광화문 아취 등 환영현수막 부착 승인을, 문화공보부는 홍보 활동을, 경제기획원은 경비 지원을, 재무부와 상공부는 기념품 기증 및 육교 플래카드를 체신부는 기념우표 발행을 맡았다. 서울시 경찰국의 업무는 카퍼레이드 및 경비, 환영식장 사용, 고층건물 꽃가루 살포, 비둘기 날리기, 주요 육교 플래카드 부착 승인이었다.

대망의 4월 23일,[453] 김포공항은 이미 환영객들로 인산인해였다. 고등학생 브라스밴드가 연주하는 헨델의 '보아라 용사가 돌아온다

(See, the Conquering Hero Comes)'가 힘차게 울려 퍼졌다. 사라예보의 영웅들이 당당하게 돌아왔다. 이들은 뜨거운 환대 속에서 카퍼레이드에 나섰다.

경찰 사이카, 경찰차의 호위를 받으며, 선수 개인별로 탑승한 24대의 오픈카가 출발했다. 영등포, 제1한강교를 건너, 서울역, 남대문, 소공동, 시청 앞 광장까지 도심을 누볐다. 선수들의 오픈카가 소공동 빌딩 숲을 지날 때는 쏟아져내린 오색종이꽃가루가 도심에 희열을 안겼다. 특설무대에 선 탁구선수들이 코르비용 컵을 들어 보이자 시청 앞 광장의 5만여 시민들과 학생들은 환호하고 열광했다. 기쁨에 넘쳤으며 민족애가 차올랐다. 이날의 피날레인 시청 앞 광장의 범국민환영대회는 그 어떤 때보다 특별했다. 김택수 대한체육회장은 환영인파에게 소감을 전했다.

"우리 스포츠도 세계를 제패할 수 있다는 가능성과 함께 자신감을 주었다는 데에도 큰 의의가 있습니다."

민족적 영웅이 된 이에리사 선수는 이렇게 감동을 전했다.

"이역만리 유고의 하늘 아래 애국가가 울려 퍼질 때 우리들은 대한의 아들딸이 되었음을 뼈저리게 느꼈습니다."

행사에는 한국문단의 거목인 박목월 시인이 참석했는데, 노 시인은 감격에 벅찬 듯 "울먹이는 목소리로 「겨레의 딸들이 이기고 돌아왔다」라는 시를"[454] 낭독하며 민족의 영웅들에게 헌사했다. "겨레의 장한 딸들이/ 이기고 돌아왔다/ 이국중에서도 이국/ 유고슬라비아의 하늘 높이/ 태극기를 나부끼게 한"[455]이라는 내용이었다. 환영대회가 끝나자, 선수들은 최종 코스인 청와대로 향했다. 선수들이 대통령을 알현해야 모든 카퍼레이드 행진이 끝났다.

5월 8일,[456] 탁구의 영웅들은 대전을 시작으로 전국을 순회하며 시범경기를 보여줬다. 선수들은 대전 도심지인 대전역에서 충무체육관까지 뻗은 중심도로에서 카퍼레이드를 이어갔다. 다음 날부터 부산, 마산, 대구, 광주, 공주, 청주, 춘천까지 돌며 온 국민들에게 사라예보의 영광을 전파하는 민족애의 전도사가 되었다.

사라예보의 영광으로부터 약 6개월 뒤인 1973년 10월 12일, 부산 구덕메인스타디움에서 제54회 전국체육대회의 막이 올랐다. 박정희가 개막식 연설을 했다.

"우리의 스포츠는 민족정기의 원천이요 독립정신과 단결력의 표상이었다고 자랑스럽게 내세울 수 있을 것입니다. (…) 우리는 미와 힘과 기량의 조화로써 이루어지는 이 민족의 역량과 대동단결의 협동정신을 우리의 한결 같은 대명제인 민족중흥의 추진력으로 결집시켜 나가야 할 것입니다. (…) 전국의 건아들이 모인 이 민족의 제전이야말로 국민체력의 도장이자 막강한 국력의 원천이어야 합니다. (…) 우리가 협동 단결심을 유감없이 발휘할 수 있었기 때문에 유고나 모스크바의 하늘 아래 자랑스레 민족의 영광을 드높일 수 있게 되었던 것입니다."[457]

그는 신전의 제단 앞에 선 제사장이 된 듯 민족의 정기와 민족의 영광을 염원했다.

1975년 10월 7일,[458] 대구 시민운동장 메인스타디움에서 제56회 전국체육대회가 개최되었다. 가을비가 내리는 속에서 관중 4만여 명, 참가자 1만 2천여 명이 집결했다. 광복 30주년을 기념하는 대회여서 의미가 컸다. 올해는 김종필 총리가 박정희의 개회사를 대신 전했다.

"(…) 전국체전은 겨레와 더불어 애환을 함께 하면서 성장해 온 민족의 제전입니다. (…) 나는 이 자리를 빌어서 전국체전이 우리 국민의 무한한 저력을 개발하여 민족중흥의 기틀을 다지며, 세계로 뻗어나가는 우리의 민족적 에너지를 함양하는 국민 도장임을 강조하면서, 우리 모두가 이를 실천하기 위해 스포츠 정신을 다 같이 생활화할 것을 당부하는 바입니다. 국민 여러분! 우리는 지금 위대한 민족중흥의 새 역사를 창조하기 위해 총력 안부 체제를 철통같이 굳게 다지고 국력 배양을 가속화해 나가고 있습니다. (…)"[459]

어느 새부턴가 새롭게 써 내려가는 민족중흥의 역사는 박정희의 확고한 믿음으로 굳어졌다. 그는 1978년『민족중흥의 길』이라는 저서를 집필해가며 자신의 길을 집약해서 보여주었다.

서독 국제오픈탁구대회 우승 기념으로 최규하 국무총리가 정현숙과 이에리사 선수를 격려하고 있다. 1976년.

1976년 3월 8일,[460] 김포공항은 여자탁구선수들을 보러온 인파로 들썩거렸다. 바로 며칠 전, 여자탁구선수들은 제28회 서독 오픈 탁구선수권대회 여자개인단식 우승과 준우승, 여자단체전 준우승을 차지했다. 또다시 탁구 여제의 자리에 올라선 이에리사 선수가 환영사를 했다.

"생전에 한국여자탁구의 발전을 위해 노력하셨던 고 육영수 여사의 생전에 이 영광을 바칩니다."[461] 이에리사의 말은 눈물에 젖어 흘러내렸다.

이날의 카퍼레이드는,[462] 선수들을 태운 오픈카 6대가 공항을 빠져나가자 속도를 냈다. 오픈카의 선수들은 제2한강교, 신촌로터리, 시청 앞 광장, 무교동 체육회관까지 익숙한 환영코스를 돌면서 연도에 늘어선 시민들과 학생들에게 손을 흔들었다. 이날은 전 국민이 탁구 팬이 된 듯했다. 팬들의 열띤 환호와 서소문 빌딩 숲의 오색종이꽃들은 멋진 풍경이었다. 모든 게 열렬했고 뜨거웠고 울먹였고 그러면서 죽은 이에게 모든 영광을 돌렸다. 사람들은 그녀를 국모(國母)라 여겼다.

유도와 야구

1977년 4월 12일,[463] 네덜란드에서 제8회 국제군인유도대회가 개최되었다. 18개 출전국 중에서 한국의 육군유도선수 5명 전원이 메달(금 3개, 은 1개, 동 1개)을 따고 종합우승을 차지했다. 4월 29일,[464] 건장한 육군유도선수들을 위한 카퍼레이드가 마련되었다.

같은 해 11월,[465] 한국은 멀리 중남미 니카라과에서 열린 제3회 슈퍼월드컵야구대회에 참가했다. 모두 9개국이 출전을 해서 한국은 예선리그를 통과하고 결승리그에 올랐다. 그리고 결승전에서 한국은 세계 최강 미국을 5 대 4로 꺾고 우승을 이루어냈다. 국가대표감독은 김응룡, 선수들의 면면을 보면, 이선희, 최동원, 김봉연, 김재박, 장효조, 김시진 등이다. 몇 년 뒤 이들은 한국프로야구의 주역이 된다. 12월 2일 오전 야구선수들이 김포에 도착했다. 대기하던 군용 지프차들이 야구선수들을 태우고 공항을 빠져나와 질주했다.[466] 군용 지프차들은 제2한강교, 신촌, 아현동을 지나 서소문, 시청 앞, 대한체육회까지 향하며 야구팬들과 기쁨을 나눴다.[467] 제3회 슈퍼월드컵야구대회는 한국야구가 처음으로 세계 정상에 오른 역사적인 쾌거였다.

■ 아시아 최강의 축구, 영광과 좌절

1970년대 중후반, 한국 축구는 절정의 기량과 막강한 실력을 보여주며 아시아 무대를 휘저었다.

1976년 1월 4일 태국의 방콕은 한국과 달리 무더운 여름이었다. 방콕에 밤이 오면 20도 안팎으로 기온이 내려앉아 선선한 편에 속했다. 3만 5천여 관중이 수파찰라사이 방콕 국립경기장을 빼곡하게 채운 가운데, 제8회 킹스컵 쟁탈 축구대회 결승전이 열렸다. 아시아의 강호 한국과 또 다른 아시아의 강호 버마(미얀마)가 태국 국왕의 킹스컵을 앞에 두고 일전을 벌였다. 한국은 차범근을 앞세워 파상적인 공세를 펼쳐, 1 대 0으로 승리를 거두고 킹스컵을 품에 안았다.[468] 한국 축구는 1975년 한국의 박스컵, 말레이시아의 메르데카배 정상에 오른 데 이어, 킹스컵까지 차지하며, 지난 1년 사이 아시아에서 개최된 국제대회 정상에 연거푸 오르는 저력을 과시했다.

며칠 뒤인 1월 8일 오후, 들뜬 공항 환영식에서 김택수 대한체육회회장은 신신당부했다. "올해는 몬트리올 올림픽대회에서 기필코 금메달을 쟁취해야 하는 큰 과제가 가로놓여 있는 만큼, 축구도 아시아지역예선을 통과하도록 전력투구해야 합니다."[469] 이어서 그는 못내 아쉬운 듯 임무를 하달했다. "더욱 분발해서 몬트리올 올림픽 출전권을 반드시 따내라."[470] 이에 대표팀 주장 김호곤이 다짐했다. "온 국민의 뜨거운 성원으로 우승했습니다. 오늘의 조그만 승리에 만족하지 않고 더욱 힘을 길러 몬트리올 올림픽 출전권을 꼭 따내겠습니다."[471]

10대의 오픈카가 아시아 최강의 축구선수들을 태우고 출발했다. 제2한강교, 신촌, 서소문, 시청까지 카퍼레이드가 장쾌하게 이어졌다.[472] 서소문의 고층빌딩에서 쏟아지는 오색종이꽃은 이번에도 카퍼레이드 행렬의 화려함을 더했다.

그로부터 3개월 뒤였다. 4월 4일 서울 동대문운동장, 주심의 휘슬이 몬트리올 올림픽 아시아 3조 예선경기의 시작을 알렸다. 한국의 상대는 이스라엘. 한국은 홈그라운드의 이점을 가지고 있었으나 이스라엘에게 처참하게 패배했다. "올림픽출전 꿈 깨져, 한국축구, 이스라엘에 3 대 1로 참패"[473]했다고 언론은 한국축구에 사정없이 십자포화를 퍼부었다.

1976년은 한국축구가 영광과 기대와 좌절의 롤러코스터에 올라

탄 해였다. 한국축구에게 올림픽 진출은 꿈의 무대였다. 그렇다고 해서 한국축구가 쇠락의 길로 접어든 것은 아니었다. 예상치 못한 승전보가 날아들기도 했다. 그 주인공들은 국가와 전 국민의 스포트라이트를 받는 최정예 국가대표가 아니었다.

1976년 8월 1일 남미 우루과이의 수도 몬테비데오에서 개최된 제5회 세계대학축구선수권대회에 세계 15개 대학축구선발팀이 모여들었다.[474] 한국대학선발팀은 프랑스와는 무승부, 브라질, 칠레와는 승리를 거두며 파죽지세로 준결승에 진출했다. 준결승의 상대는 세계 축구를 리드하는 오렌지 군단의 네덜란드. 한국팀은 네덜란드마저 꺾는 이변을 연출하며 결승전에 진출했다. 8월 14일 한국팀은 파라과이와 격돌했다. 레드카드를 받으며 수세에 몰린 파라과이가 경기 도중 기권을 하면서 한국팀이 1위 시상대에 올라섰다. 한국축구가 세계를 제패한 일대 사건이었다.

9월 4일 김포공항은 또다시 환영 인파와 취재진으로 들썩였다.

"꿈만 같은 축구의 세계 제패에 성공한 것은 온갖 역경을 무릅쓰고 끝까지 일치단결하여 선전해준 선수들의 노력 때문이며 국민 여러분의 성원 덕택"[475]이라고 축구팀 단장이 소감을 밝혔다.

제2한강교, 신촌로터리, 아현동, 시청 앞, 체육회관까지 이어지는 카퍼레이드는 세계 제패의 꿈을 축하하는 분위기와 열망으로 차올랐다.[476] 이날의 카퍼레이드는 축구팀의 올림픽 예선 탈락을 까마득하게 잊게 할 만큼 흥분의 도가니로 몰아넣었다.

이번에는 청소년대표팀이 대활약을 선보였다. 1978년 10월 방글라데시의 수도 다카에서 제20회 아시아청소년축구대회가 개최되었다. 10월의 다카는 30도를 넘나드는 고온다습한 기온이어서 한국선수들에게는 불리한 조건이었다. 10월 26일 밤 8시 30분, 예선에서 중공팀을 꺾은 한국팀의 준결승전 상대는 북한팀이었다. 그 어떤 패배도, 한 치의 양보도 허용 불가능한 경기, 반드시 승리를 쟁취해야 하는 전투였다. 일진일퇴의 공방전이 벌어지며 연장전까지 갔으나 승패가 나지 않자 최후의 승부차기가 진행되었고 끝내 한국팀이 6대 5로 북한을 제압했다.[477] 이틀 뒤인 28일 밤 9시,[478] 한국과 이라크의 결승전이 열렸다. 이라크는 만만한 팀이 아니었다. 마지막 경기 종료 휘슬이 울릴 때까지 서로 우열을 가르기 어려울 정도로 백중지세였다. 결국 1 대 1 무승부로 경기가 끝나고 공동 우승을 했다. 한국팀은 무려 15년 만에 아시아청소년축구 무대의 정상에 올랐다.

11월 1일 김포공항에서 열린 환영식에서 김택수 대한체육회장이 전한 환영사이다.

"이번 대회의 결과에 만족하지 말고 더욱 열심히 훈련을 쌓아 또 다시 남북대결이 예상되는 내년의 동경 세계청소년대회에서 좋은 성적을 거두어 달라."[479]

어린 선수들은 공항에서 국립묘지로 가서 참배를 했다. 그리고 제2한강교, 신촌로터리, 시청 앞에 이르는 카퍼레이드에 몸을 실었다.

그 이듬해 1979년 7월 말레이시아 쿠알라룸프르에서 제23회 메르데카배 쟁탈 국제축구대회에 참가한 한국팀은 아시아 최강의 면모를 보이며 결승에 진출했다. 7월 15일 홈그라운드의 말레이시아 A팀을 물리치고 우승컵을 들고 귀국했다.[480] 7월 24일 공항 환영식과 제2한강교, 신촌, 서소문을 지나 대한체육회로 향하는 코스의 카퍼레이드가 열렸는데, 제30회 세계궁도선수권대회에서 세계 정상

에 오른 여자궁도의 김진호 선수 등과 합동으로 진행되었다.[481]

이 시기 한국축구는 심한 부침을 겪으면서도 아시아 최강으로 군림했다. 한국축구는 한국을 대표하는 자존심으로 자리했고 대중은 축구를 향한 절대적인 사랑을 거두지 않았다.

아시안게임과 올림픽을 향한 열망

1970년대에 들어서면서 아시안게임과 올림픽은 흥미진진하고 매력적인 초대형 이벤트로 발전했다. 특히 1964년 도쿄 올림픽의 성공과 중남미의 개발도상국인 멕시코에서 개최된 1968년 멕시코 올림픽은 한국에게 커다란 자극제가 되었다. 아시안게임과 올림픽은 민족과 국가의 자긍심을 보여주고 국민을 총화단결로 묶어내는 데는 최고였다. 이는 쿠베르탱 남작의 올림피즘보다는 파시스트의 신념에 더 가까웠다. 그것은 국가의 열망이자 박정희의 열망이었다. 물론 도달 가능한 목표였다.

중동의 파리, 테헤란에서 열린 아시안게임

1970년대 이란의 테헤란은 화려함과 자유로움의 도시였다.

1971년 10월 이란 건국 2,500주년을 기념하는 호화찬란한 축제가 '중동의 파리' 테헤란 곳곳에서 열렸다. 세계 각국의 거물 축하사절단들이 속속 테헤란에 입국했다. 에디오피아의 셀라시에 황제, 벨기에의 파비올라 왕비, 모로코의 왕비 그레이스 켈리, 영국의 필립 공, 요르단의 후세인 국왕, 그리스의 앤 마리 왕비, 아프카니스탄의 왕자와 공주, 인도네시아의 수하르토 대통령, 필리핀의 영부인 이멜다 마르코스 등이 한자리에 함께했는데,[482] 절대 모일 수 없는 인물들이 모인 20세기 전무후무한 명장면이었다. 그뿐만 아니라 할리우드의 위대한 배우이자 감독인 오슨 웰스가 이 성대한 축제를 기록한 다큐멘터리의 내레이터를 맡아 이란 제국을 찬양했다.

이날의 하이라이트는 건국의 의미를 상징하기 위해 테헤란에 세워진 높이 45미터의 대리석 탑인 보르제 샤야드(shayad, 왕의 기념관)의 기념식이었다. 수만 발의 폭죽이 터지며 건국 2,500주년 축하의 대

테헤란의 보르제 아자디는 1966년 호세인 아마나트의 설계로 착공하여 1971년 이란 건국 2,500주년 축제의 일환으로 완공되었다.

미를 장식했다.

여성들은 짧은 미니스커트 차림으로 테헤란 시내를 자유롭게 활보했고 테헤란 대학을 다녔다. 이란은 제2대 샤한 샤 모하마드 레자 팔라비의 통치하에서 서구적 근대화의 길을 걷고 있었다. 석유 생산으로 막대한 부가 축적되었지만 빈부 격차가 갈수록 커져가며 사회의 균열은 깊어졌다. 또한 국왕은 악명 높은 비밀경찰 사바크(SAVAK)를 통해 반대세력들을 억압하고 고문과 암살을 자행했다. 국왕의 반대파들 중에 해외 망명을 한 인물들이 있었는데, 그 대표적인 인물이 이슬람 시아파의 근본주의자 아야톨라 루홀라 호메이니였다.

국왕은 재위 33년이 된 1971년, 아시안게임을 유치하기 위해 테헤란에 심혈을 기울여 거대한 경기장인 아리아메르 메인스타디움을 완공했다. 고대 페르세폴리스의 영화를 재현한 것처럼 보였다. 1974년 9월 1일 팔라비 국왕이 이란 제국의 영원불멸한 통치자로서 아리아메르 메인스타디움에 모인 8만 관중과 아시아 25개국 3천여 명의 선수들 앞에 섰다. 국왕이 개막식을 선언했다.[483] 이번 대회는 고립된 세계에 은둔자처럼 살던 중공과 북한이 아시아 무대에 처음으로 등장했다.

한국팀은 대회 매순간 긴장의 끈을 바짝 쥐어야했다. 한국전쟁 이후 북한과 격돌하는 첫 국제종합대회였기 때문이다. 더군다나 북한은 2년 전 뮌헨 올림픽에서 한국보다 한 수 위의 성적을 올린 바가 있었다. 대회 개막 후 남북대결은 10개 종목에서 치러졌다. 여자배드민턴, 남자펜싱, 레슬링, 여자탁구 단체전에서 한국은 북한을 이기며 우세한 전력을 나타냈지만 금메달 레이스 경쟁에서는 북한에 뒤처지고 있었다.[484] 올림픽에서 과시한 북한의 전력은 이번에도 강하고 거셌다. 대회가 후반부에 치달으며 한국과 북한은 치열한 대결을 벌이며 경쟁했다. 남북여자농구가 최초로 격돌한 것이다. 하지만 북한은 한국의 압도적인 실력에 밀렸고 심지어 중도에 기권하는 사태마저 벌어졌다.[485] 한국의 일방적인 승리였다.

9월 16일 밤 골람 레자 팔라비 황태자가 폐막을 선언하면서 테헤란 아시안게임이 폐막되었다.[486] 한국은 금메달 16개, 은메달 26개, 동메달 15개, 북한은 금메달 15개, 은메달 14개, 동메달 17개. 남과 북의 차이는 금메달 1개. 한국은 가까스로 북한을 따돌리고 대회 4위의 성적을 차지했다. 언론은 한국의 성적에 과장을 보탰다.

"(…) 메달레이스 뿐만 아니라 각 종목에서 북한을 눌러 한국 스포츠의 우위를 과시했다."[487] "(…) 북괴를 압도적으로 제압하는"[488] 성적을 거뒀다.

9월 18일 오후 2시 30분 전세기편으로 공항에 도착한 선수단 일동은 육영수에 대한 묵념부터 했다.[489] 1개월 남짓 전 육영수가 총격으로 사망한 여파로 추모 분위기가 여전히 감돌았다. 철혈군주와 같은 박정희, 자비로운 국모와 같은 육영수. 이러한 이미지를 구현하는 것이 이번 환영행사에서 필요했을 것이다. 나라에서는 국모의 죽음 속에서 역대급 성적을 이룬 선수단의 개선행사를 준비했다.

선수들을 태운 47대의 군용 지프차 행렬이 제2한강교 입구를 통과하여 영등포 구청 앞, 대방동 입구, 제1한강교, 삼각지를 거쳐 서울역 앞, 남대문, 서울시경, 한국은행, 소공동을 지나 시청 앞 광장까지 이어졌다. 거리의 시민들이 테헤란에서 북한을 이긴 선수들을 열렬히 맞이했다. 선수들은 전장에서 승리하여 개선문을 통과하는 전사들과 같았다.

　　　　　　　　　　　　　　　환상 공화국의 카퍼레이드

1975년 11월 24일의 테헤란, 미국의 위대한 팝가수이자 배우 프랭크 시나트라가 팔라비 국왕과 왕비가 직접 관람하는 가운데 아리아메르 메인스타디움에서 콘서트를 열었다.[490] 프랭크 시나트라의 부드럽고 달콤한 팝송에 젖은 중동의 파리 테헤란은 평화롭고 안락했다. 국왕과 왕실은 넘치는 부를 쌓아 호사스럽고 사치스러웠다. 서구의 어느 도시 못지않게 활기찼으며 여성들의 스타일과 사고는 패셔너블하고 과감했다. 그러나 테헤란의 어딘가에서는 이란의 균열이 더 깊게 시시각각 일어나고 있었다. 팔라비 왕조가 들어선 지 50년이 되는 해였다.

1978년 12월 9일,[491] 태국에서 개최된 제8회 방콕 아시안게임은 한국의 대형 스포츠 스타들이 대활약한 대회였다. 여자궁도에서는 신궁의 솜씨를 지닌 여고 2학년생 김진호 선수가 전광석화처럼 나타나 금메달을 목에 걸었다. 1976년 몬트리올의 영웅 양정모 선수가 레슬링에서 금메달을 획득하며 건재함을 보여주었다. 여자농구는 박신자의 계보를 잇는 탁월한 선수 박찬숙을 앞세워, 일본과 중공을 연파하며 아시아 정상에 올랐다. 1976년 몬트리올 동메달을 획득한 여자배구는 북한을 3 대 0으로 가볍게 눌렀다. 남자배구는 거포 강만수와 최고의 세터 김호철의 합작으로 우승을 차지했다. 축구가 북한과 공동우승을 해서 아쉬움을 남겼지만, 한국선수단은 이번 대회에서도 북한을 누르고 종합 3위에 오르는 호성적을 거뒀다.

12월 21일 정부에서 준비한 승용차와 대형버스들은 선수들을 태우고 제2한강교, 신촌로터리, 서소문, 시청, 대한체육회까지 카퍼레이드 행사를 열었다.[492]

1979년 9월 18일 멕시코에서 개최된 제10회 유니버시아드대회 선수단이 귀국했다. 남자배구가 강만수와 김호철의 황금콤비에 힘입어 세계 정상에 등극했다.

박정희 대통령 경호실장을 지낸 박종규 대한체육회장은 환영식에서 몇 개월 앞으로 다가온 1980년을 언급했다. "남자배구의 첫 금메달을 획득한 것은 한국의 우수성을 만방에 과시한 것입니다. 그 여세를 몰아 80년 모스크바 올림픽대회에서 기필코 좋은 성적을 거둘 것"[493]을 당부했다. 그는 1980년의 도래를 기대했을 것이다. 그의 머릿속은 공산진영의 맹주인 소비에트연방에서 처음으로 열리는 올림픽에서 붉은 적들을 제치고 세계 정복과 재패를 이루는 계획으로 가득한 모양이었다.

오픈카에 탄 선수들은 제2한강교를 지나 시청 앞까지 개선 카퍼레이드를 펼쳤다. 남자배구, 여자테니스, 남자축구선수들은 서울운동장에서 전 국민들에게 귀국 인사를 겸하는 환영대회에 오를 예정이었다.[494]

최정예를 보내라, 몬트리올 올림픽

1972년 8월 서독에서 개최된 제20회 뮌헨 올림픽에 8개 종목 42명이 출전한 한국은 은메달 1개와 종합성적 33위의 성적표를 받아들었다. 참가국 121개국 중 33위의 순위가 초라한 결과라고 볼 수만은 없었다. 문제는 올림픽에 첫 출전한 북한의 성적이었다. 북한은 50미터 소총 소구경 복사에서 세계신기록을 세우며 금메달 1개를 따냈다. 북한의 첫 금메달리스트 리호준은 적개심으로 가득한 수

상소감을 밝혔다. "원수의 심장을 겨누는 심정으로 쐈다."[495] 처음
으로 맞붙은 남북여자배구 대결이 3-4위 결정전에서 있었다. 한국
은 북한에게 3 대 0으로 완패하는 수모를 겪으며 북한에게 동메달
을 내줬다. 북한은 금메달 1개, 은메달 1개, 동메달 3개를 획득하고
종합순위 22위에 오르는 놀라운 결과로 선전했다. 한국은 모든 면
에서 북한에게 뒤지며 참패해 충격에 휩싸였다.

한국은 4년 뒤를 기약했다. 1976년 제21회 캐나다 몬트리올 올림
픽에서는 북한을 반드시 능가해야 했다. 환골탈태하라. 방법은 하
나. 최정예를 보내라. 1976년 7월 3일,[496] 서울시민회관 별관에서
몬트리올 올림픽 선수단 결단식이 진행되었다. 출전 종목은 복싱,
레슬링, 사격, 남녀배구 등 총 6개, 출전 선수는 59명. 한국팀의 메
달권 강세 종목 위주로 선발된 최정예였다. 이날 선수들의 결의와
각오는 그 어떤 대회보다 비장했을 것이다.

7월 17일 오후 3시 몬트리올 올림픽 스타디움에서 제21회 몬트리
올 올림픽이 개막되었다. 한국선수들은 25번째로 입장했다. 7월 19
일 현지 언론들은 여자배구의 강력한 금메달 후보로 세계 최강 소
련, 일본과 나란히 한국팀을 꼽았다.[497] 한국선수단 역시 해방 이후
손꼽아 기다린 "숙원의 올림픽 금메달"[498]을 여자배구에 걸고 있
었다. 이틀 뒤, 한국은 전년 대회에 이어 2연패를 노리는 소련팀과
예선 첫 경기를 벌여 1세트를 따내며 분전하였으나 3 대 1로 패했
다.[499] 소비에트연방의 장벽은 높고 가공할 만한 힘을 지녔다. 7월
23일 한국팀은 동유럽의 엘리트 스포츠 강국 동독팀과 맞붙었다.
한국팀은 내리 2세트를 지며 패색이 짙어졌다.[500] 그러나 한국팀은
필사적이었다. 하늘을 나는 작은 새 조혜정 선수의 맹활약으로 대역

전극을 펼쳤다. 풀세트까지 가는 긴 사투 끝에 3 대 2로 동독을 꺾고 금메달을 향해 일보 전진했다.[501] 7월 25일 한국팀은 중남미의 강호 쿠바팀 마저 3 대 2로 역전승을 거뒀다.[502] 그리고 4일 뒤인 7월 29일, 결승 진출을 가리는 운명의 한판 승부가 다가왔다. 상대는 영원한 숙적 일본. 그러나 일본팀은 이미 1964년 도쿄 올림픽 금메달, 1968년 멕시코 올림픽과 1972년 뮌헨 올림픽에서 연속 은메달을 딴 세계 최정상인 '동양의 마녀팀'이었다. 객관적인 전략상으로 한국은 일본을 넘어서기 어려웠다. 경기 결과는 3 대 0으로 한국의 패배.[503] 한국팀은 눈물을 머금고 3-4위 결정전에서 동유럽의 헝가리와 동메달을 놓고 격돌했다. 한국팀은 지난 뮌헨 올림픽에 이어 다시 한 번 3-4위 결정전을 치러야 하는 상황을 반복했다. 4년 전 북한에게 완패한 악몽이 되살아났다. 한국으로서는 이번 기회를 살려 메달을 차지해야만 했다. 7월 31일 한국시각 새벽 2시, 한국팀은 파상적인 공세를 쉴 새 없이 퍼부어 3 대 1로 헝가리를 이겼다. 마침내 구기종목 사상 최초의 올림픽 동메달을 목에 걸었다. 언론은 "올림픽 도전 4번만의 쾌거"[504]라는 기사로 반겼다.

선수단 귀국에 맞춰 정부는 제21회 몬트리올 올림픽 참가선수단 개선 환영대회 일정을 수립했다. 정부 각 부처가 총동원됐는데, 그 역할은 다음과 같았다.[505] 공항 도착 행사는 교통부, 법무부, 관세청이 주관했고 카퍼레이드는 내무부, 국방부, 서울시가 담당했다. 시청 앞 환영대회는 서울시, 국립묘지 참배는 국방부, 경회루 리셉션 행사는 문공부와 총무처가 분담했다.

8월 3일 오후 5시경 김포공항은 모여든 수천 명의 환영객으로 넘쳤다. "선수단 만세!", "양정모 만세!", "장은경 만세!"라는 구호가

                                    환상 공화국의 카퍼레이드

인파 사이에서 연신 터져 나왔다. 양정모는 해방 후 최초의 한국인 올림픽 금메달의 주인공이 되었다. 장은경은 유도 은메달리스트였다. 경찰 사이카의 선두로 시작된 선수단 카퍼레이드 경로는 제2한강교 입구, 양남동로터리, 제1한강교, 삼각지, 남영동, 서울역, 남대문, 시청 앞까지 이어졌다. 정부는 각 길목마다 학교 밴드부를 동원하여 환영 분위기를 한껏 고조시켰다.[506] "장하다 양정모", "잘 싸웠다 우리 선수단" 등과 같은 환영아치와 플래카드가 도로와 거리에 걸렸고 2백만 인파가 도로와 거리를 빼곡하게 메웠다.[507] 시청 앞 광장에는 수만 명의 인파가 모였고 하늘에는 비둘기들이 무리 지어 날아다니는 가운데 성대한 환영대회가 열렸다. 여중생들이 부르는 '개선의 노래'와 사람들의 "만세" 소리가 겹치며 장중한 피날레를 장식했다.[508] 이날 양정모 선수가 남긴 약속은 사람들의 기대와 성화에 부응하기에 충분했을 것이다. 그는 이렇게 말했다. "80년 모스크바 올림픽의 더 큰 성과를 위해 총력을 경주하겠습니다."[509]

선수들을 위한 행사는 다음 날 국립묘지 참배와 경회루 리셉션까지 이어졌다. 1974년 육영수 사망 이후, 카퍼레이드 코스 목록에 국립묘지 참배를 올렸으며, 카퍼레이드 행사의 중요한 절차로서 정착이 되어갔다.

1976년 10월 12일 부산 구덕경기장에서 제57회 전국체육대회가 개최되었다. 로얄박스에 자리한 최규하 국무총리가 박정희의 연설문을 대독했다.[510]

"(…) 지난번 몬트리올에서 열린 제21차 올림픽대회에서 건국 후 처음으로 우리 선수단이 금메달을 따는 훌륭한 성과를 거두고 개선했음은 우리나라 체육사상 획기적인 경사라 아니할 수 없다. 우리나라는 지금 경제, 외교, 국방, 문화 등 모든 면에서 착실한 성장과 발전을 거듭하면서 세계 속의 한국으로 발돋움하고 있다. 이때에 우리 체육인들은 체육 중흥을 이 땅에 구현시킬 의지와 용기로써 한층 분발해야 하겠다. (…) 이처럼 힘과 슬기를 한데 모아 자주민족의 기상을 선양하는 일이야말로 바로 10월 유신의 기본정신을 실천하는 길이며 막강한 국력의 배양으로 한민족의 웅비를 실현하는 길이라고 믿는다."[511]

박정희는 최정예가 몬트리올 올림픽에서 거둔 최상의 성적으로 고무되었다. 더욱이 스포츠가 1972년 선포한 10월 유신을 굳건히 다지고 군주처럼 자신의 왕정을 존속시키는 데 일조할 수 있다는 사실에 만족스러웠을 것이다.

정상에 올라선 여자배구와 여자농구

여자배구

1977년 9월 17일 멀리 남미의 브라질 상파울루에서 열린 제1회 세계남녀주니어배구선수권대회에서 여자선수들이 세계 최강 일본 선수들을 물리치고 초대 챔피언 자리에 올랐다.[512] 주니어 선수들의 우승이라는 점에서 값진 성과였다.

9월 23일 김포공항에서 열린 귀국보고에서 행한 김택수 체육회장의 연설에는 정부의 공통적인 메시지가 발견된다. "앞으로 막강한 나라들의 위협을 물리치고 80년 모스크바 올림픽에서 꼭 금메달을 획득하도록 노력하라."[513] 철의 장막 소비에트연방의 모스크바에서 세계 스포츠 대회들이 연이어 열릴 예정이다. 1978년에 모스크바 세계선수권대회가, 1980년에는 제22회 모스크바 올림픽이 개최되면,[514] 여자배구는 또다시 정상 정복을 시도할 것이다. 정부와 청와대는 붉은 크렘린 궁전과 붉은 광장이 있는 모스크바에서 북한을 제압하고 한국의 역량을 대외적으로 보여주는 것이 중요할 수밖에 없었다. 그런 면에서 보면, 주니어 여자선수들의 우승은 그 기대의 실현 가능성을 높여주는 것이었다. 여자선수들은 제2한강교, 신촌로터리, 시청 앞 코스의 카퍼레이드를 시민들의 환영 속에서 마쳤다.

여자농구

1978년 7월 25일 말레이시아 쿠알라룸푸르에서 제7회 아시아 (ABC) 여자농구선수권대회가 열렸다. 한국은 제5회 우승팀이었으나 1년 전 홍콩에서 열린 제6회 대회에서 난적 중공에게 5점차로 패하며 우승컵을 죽의 장막 너머로 빼앗기고 말았다. 한국은 중공에게 넘겨준 우승컵을 탈환해서 자존심 회복에 나섰다. 한국은 절정의 기량을 갖춘 강현숙, 정미라, 박찬숙 선수를 앞세워 거침없이 7연승을 거두고 결승전에 안착했다.[515] 대회 마지막 날인 8월 5일 네가라 국립경기장에서 밤 10시 결승전이 벌어졌다.[516] 한국의 결승 상대는 또 다시 중공. 한국과 중공은 막상막하의 실력으로 치열한 승부를 벌였는데, 한국이 2점 차로 승부를 갈랐다.[517] 한국팀이 우승컵을 되찾아온 것이다.

8월 8일 우승컵을 되찾아온 여자농구선수들을 위한 카퍼레이드가 펼쳐졌다.[518] 선수들을 태운 마이크로버스는 제2한강교, 신촌, 서소문, 체육회관까지 달리며 거리의 환영시민들로부터 박수갈채를 받았다. 이날 KBS, MBC, TBC방송 3사는 밤 10시부터 동시에 여자 농구선수들의 결승전을 녹화방송으로 내보냈다.[519] 사람들은 결과를 알고 있었지만 흑백 TV수상기 앞에 모여 앉아 한국선수들이 코트 위를 펄펄 날며 장신의 중공선수들을 격파하는 모습에 다시 한 번 자랑스러워했다.

궁도 신화의 출발점, 신묘한 명궁

그 시작은 지방의 한 여고생이었다. 이름은 김진호. 궁도 선수였다.

그때가 1978년 12월 16일, 제8회 방콕 아시안게임에 출전한 여고 2학년생 김진호는 여자궁도 개인전 금메달, 단체전 은메달을 목에 걸었다.[520] 한국 궁도팀이 처음으로 출전한 국제 규모의 대회였다. 김진호와 여자궁도선수들의 대활약으로 한국은 경기 중반 4위로 부상하며 한국 선수단에 활기를 불어 넣었다.[521] 이것은 위대한 신화를 알리는 인상 깊은 오프닝에 지나지 않았다.

1979년 7월 17일 서독의 서베를린 올림픽경기장에서 제30회 세계궁도선수권대회가 개최되었다. 한국팀은 아시아를 넘어서는 세계 무대의 첫 데뷔전이었다. 폴란드, 미국, 영국 등 세계 강팀의 최강자들이 즐비해서 한국은 애초부터 경쟁 상대가 되지 않는 무명의 하위 팀이었다. 강팀에게는 희생제물의 대상에 지나지 않았을 것이다.

대회 레이스가 열리자 누구도 예상치 못한 대이변이 일어났다. 대회 첫날부터 김진호의 활시위가 세계 강호들을 따돌리며 여자부 개인전 1위로 나섰고 한국여자팀은 미국과 영국을 제치고 단체전 1위를 달렸다.[522] 대회 마지막 날인 7월 20일, 김진호는 종전 여자 60미터 세계신기록을 갈아치우며 금메달을 따냈다.[523] 김진호는 30미터, 50미터, 개인종합, 단체전까지 4개의 금메달을 더해 대회 5관왕의 위업을 달성했다. 그녀는 대적할 선수가 없을 정도로 뛰어났다. 그리스로마 신화의 아르테미스나 북유럽 신화의 스카디처럼 신묘한 명궁이었다. 총 6개 종목 중 5개를 김진호와 한국여자팀이 휩쓸어갔다. 세계 궁도계를 뒤흔들어 판도를 바꾼 지각변동이 일어난 것이다.

7월 25일 "국위를 떨친 대한의 장한 딸들"[524]을 위한 카퍼레이드가 열렸다. 신문지상에서는 앞다투어 김진호와 한국 궁도에게 "개선"이라는 말로 찬사를 보냈다. 김진호가 탑승한 1호차가 카퍼레이드 맨 앞을 장식했다. 김포가도를 지나 제2한강교, 신촌, 서소문, 시청, 대한체육회까지 향했다.[525] 이날도 모스크바 올림픽이 중요한 화제였다.[526] 박종규 대한체육회장은 모스크바 올림픽의 금메달을 기대한다고 강조했고 김진호는 "모스크바 올림픽에서도 기어코 금메달을 획득하여 국민성원에 보답하겠다."라며 화답했다. 한국 스포츠계는 공산주의 국가의 심장부에서 개최되는 모스크바 올림픽에 총력을 기울이고 있었다.

1980년 1월 1일이 되자 같은 해 7월 19일부터 8월 3일까지 열리는 제22회 모스크바 올림픽에 대한 기대감과 승부욕은 확고해졌다. "몬트리올 올림픽에서 거둔 실적을 상회해야 된다는 것과 남북대결에서의 우위 확보"[527]가 한국의 지상 최대의 목표로 자리 잡았다. 이러한 가운데 올림픽 남북단일팀 제안 서신이 오가기도 했다. 1

월 11일 북한 측에서 모스크바 올림픽에 남북단일팀 구성을 제안했지만, 박종규 대한체육회장은 거절 서한을 보냈다.[528] 그런데 어두운 그림자가 세계 정세에 밀려들고 있었다. 2개월 전인 1979년 11월 소비에트연방의 대규모 무장병력이 아프카니스탄에 무력 침공을 개시했다. 1980년이 되자 중동지역에 군사적 긴장감이 심화되었다. 세계 각국의 모스크바 올림픽[529] 준비 과정 속으로 불길한 기운이 서서히 끼어들었다.

신체를 단련하여 민족의 영광을 드높여라 (2)

박정희는 운동장에 집결한 수많은 어린 선수들에게 연설했다.

"(…) 소년소녀 여러분의 몸과 마음이 강건, 활달하게 뻗어나가는 곳에 부국강병의 막강한 힘은 축적될 것이며 5천만의 숙원인 조국의 평화통일은 그만큼 앞당겨질 것이다. (…) 동서고금을 막론하고 부강한 나라를 이룬 민족은 국민체육에 많은 힘을 기울여 강건한 신체와 진취의 기상을 자랑했다는 것을 우리는 잘 알고 있다. 이것은 모든 국민의 굳센 체력이 곧 국가 백년대계의 근본임을 말하는 것이다."[530]

박정희는 어린 선수들이야말로 민족의 영광을 빛낼 자산으로 기대했다. 제8회 전국소년체육대회 개막식이 열리던 날이었다. 장소는 청주의 충북종합운동장, 때는 1979년 5월 30일이었다. 1979년의 시간은 고요히 흐르고 있었다.

1970년대 내내 스포츠를 통한 정복과 제패는 쉼 없이 추진되었
다. 여기서 빼놓을 수 없는 스포츠 대회가 있다. 정복과 제패의 염
원, 그 안에 담긴 열망을 가장 노골적으로 가장 극적인 방식으로 보
여준 것이 있다. 박정희의 이름을 딴 스포츠 대회의 개막이었다. 그
것은 여자농구대회와 축구대회였다. 처음에는 아시아를 대상으로
열렸으나 국제대회라는 타이틀을 새겨 넣으면서 규모를 확장한 대
회였다. 그는 영원히 장군이자 대통령이길 바랐던 걸까. 그의 이름
을 딴 국제스포츠대회를 개최하여 세계를 정복하고 제패하여 세세
토록 자신을 기억하고 숭배하길 바랐던 걸까. '그의 이름은, 그의 말
은 언제나 옳다'[531]는 식의 충성서약의 복제판이었다.

박정희장군배 쟁탈 동남아여자농구대회

1963년 2월 2일부터 시작된 박정희장군배 쟁탈 동남아여자농구
대회는 1970년대에 들어서도 계속되었다. 1970년 제7회 대회는 한
국팀에게 중요한 임무가 주어졌다. 지난 대회에서 일본팀이 우승
컵을 차지했다.[532] 한국팀의 자존심이 구겨진 대회였다. 한국팀은
1967년 은퇴한 슈퍼스타 박신자의 공백을 절감하고 있었다. 제7회
대회에서는 빼앗긴 우승컵을 되찾아 와야 하는 막중한 임무를 띠게
된 것이다. 1970년 4월 12일 장충체육관에서 열린 결승전은 한국팀
끼리 이루어졌고 우승컵은 한국으로 무사히 돌아왔다.[533]

1973년 4월 제10회 대회가 열렸다. 결승전은 한국의 조흥은행과 자유중국(공식 국호는 중화민국)팀이었다. VIP석에 나란히 앉은 박정희와 육영수가 관람하는 가운데, 이날의 승리는 한국이 차지했다. 박정희는 만면에 미소를 띤 얼굴이었고 육영수는 흰색 정장으로 곱게 꾸민 차림이었다.[534] 대회가 10년을 지나자 세계적인 규모로 키우고 싶어졌다. 1974년부터 '박정희장군배'를 세계적 대회로 발전시키겠다고 대한농구협회장이 발표했다.[535] 박정희는 대통령이었지만 장군이라는 호칭은 여전했다. 농구협회의 발전 계획은 1975년에도 이어져, 동구 공산권 국가까지 망라한 대회로 규모는 더더욱 커졌다.[536] 1976년에는 대회 명칭을 '박정희장군배 쟁탈 여자농구대회'로 변경을 했지만,[537] 장군이라는 호칭에는 변함이 없었다.

그런데 박정희장군배 쟁탈 동남아여자농구대회는 1974년, 1975년 연이어 개최되지 못한 채 난기류를 만나 갈팡질팡하는 신세였다. 원인 중 하나는 대외적인 데서 나타났다. 일본팀이 자유중국팀과 함께 대회를 참가할 수 없다고 난색을 표명했기 때문이다.[538] 일본팀과 자유중국팀은 원년 대회부터 줄곧 출전해왔기 때문에 명색이 동남아여자농구대회에서 이들 국가의 팀이 빠진다는 것은 있을 수 없는 일이었다. 이러한 배경에는 급변한 국제정치적인 문제가 결부되어 있었다. 1969년 미국의 닉슨 행정부 출범 이후 세계정세에 데탕트 분위기가 감돌았고 닉슨 대통령은 소련의 팽창을 저지하기 위해 중화인민공화국이 필요해졌다. 장제스 총통의 중화민국은 1945년 UN 창설 이후 제2차 세계대전의 승전국으로서 유엔안전보장이사회의 5개 상임이사국의 일원으로 선출되었다. 하지만 미국은 본토를 잃어버린 채 섬나라에 고립된 장제스 대신 본토를 차지한 마오쩌둥에게 손을 내민 것이다. 한마디로, 핑퐁탁구시합을 중화인민공화국과 하는 게 이익이었다. 이러한 정세 속에서 급기야 1971년 10월 25일 중화인민공화국이 UN에 가입하면서 자유중국, 즉 중화민국이 퇴출되는 사건이 발생했다. 중화인민공화국의 완전한 외교 승리였고 중화민국은 패배의 눈물을 흘리며 세계외교 무대에서 강제 퇴출되었다. 이듬해 1972년 2월 닉슨은 중국 베이징 공항에 내렸다. 닉슨은 저우언라이 총리와 마오쩌둥 주석과 차례로 악수를 나눴다. 닉슨의 중국 방문은 세계 정세의 조류를 급격하게 바꾼 역사적인 대사건이었다. 같은 해 9월 일본은 중화인민공화국과 국교 수립을 하는 동시에 중화민국과 단교했다.

이에 따라 일본과 중화민국의 결별은 전 분야에 영향을 끼쳤다. 박정희장군배에서 오랫동안 마주한 일본과 자유중국의 여자농구팀이었지만 시합조차 불가능해졌다. 하루아침에 중화민국의 위치가 격하되었다. 박정희장군배 쟁탈 동남아여자농구대회는 서서히 삐걱거리며 어느 사이엔가 시야에서 사라져갔다. 다만, 한국의 박정희와 중화민국의 장제스는 친분 관계가 각별해서 1970년대 내내 우호적인 국교를 유지했다.

박대통령컵 쟁탈 아시아축구대회

1971년 5월 2일 오후,[539] 서울운동장 앞에는 3만여 서울시민들이 장사진을 쳤다. 매표 1시간 30분 만에 당일 경기 입장권이 전부 매진되었다. 발 빠른 암표꾼들은 여기저기서 경기 입장권을 팔고 있

제1회 박대통령컵 쟁탈 아시아축구대회에서 박정희 대통령 시축 광경. 1971년.

있는데 A석 500백원이 일시에 1,200백원을 호가하고 있었다. 제1
회 박대통령컵 쟁탈 아시아축구대회 개막일의 소란한 풍경이었다.
정부는 지난 2월에 국무총리를 대회장으로 하는 대회조직위원회를
구성해서[540] 국비 6천여만 원의 거액을 들여 아시아 8개국이 격돌
하는 대회를 준비한다고 발표했다. 4월 23일 국무회의 안건[541]으로
올라온 대회 경비는 정부의 일반회계 예비비 지출에서 2,003만 원($
62,592), 대한체육회에서 보조비로 해외초청 7개팀 총경비 1천 6백여
만 원을 책정했다. 170만 원을 들여 우승컵인 순금 박대통령컵을 제
작하고 도난 대비용 보험까지 가입하는 정성을 들였다.[542]

　박정희는 양복 정장 차림으로 한국과 태국의 개막식 시축을 해서
축구팬들의 환호성을 받았다. 그는 담배를 피우며 경기 내용이 아

환상 공화국의 카퍼레이드

쉬운 듯 연신 손짓까지 해 가며 육영수와 경기를 관전했다.[543] 마침 내 한국이 승리골을 넣자 담배를 피워 문 채로 관람을 하던 박정희 는 이제야 만족스러운 듯 만면의 미소로 박수를 쳤다.[544] 정부에서 박대통령컵 쟁탈 아시아축구대회를 기획한 것은, 아시아축구의 판 도를 주름잡는 동남아시아를 꺾고자 하는 의도였다. 실제로 아시아 축구의 최강은 버마였다. 버마는 1966년 방콕 아시안게임 단독 우 승, 1970년 방콕 아시안게임은 한국과 공동 우승, 테헤란에서 개최 된 1968년 아시안컵 준우승을 거둔 막강한 전력을 가진 강호였다. 언론들은 버마를 숙명의 라이벌로 칭하기도 했다. 1회 대회는 절반 의 성공이었다. 한국과 버마의 공동 우승으로 끝이 났다.

박정희는 1972년 제2회 대회에서도 시축을 하면서 운동장의 시민 들에게 자신의 건재함을 보여주었다.[545] 1975년 제5회는 한국팀에 게 뜻깊은 대회였다. 결승전에서 대회 4연패에 도전하는 버마의 강 력한 공세를 저지하고 2연패를 달성했다.[546]

1976년이 되자 대회 규모는 확장 기조의 변화를 모색했다. 대회 명에서 아시아를 빼고 초청국을 늘리고 국제대회로 발전시키기로 했다. 비슷한 시기 박정희장군배 쟁탈 동남아여자농구대회가 가 진 변화와 유사하다. 제6회 대회의 정식 대회명은 '제6회 박대통령 컵 쟁탈 축구대회'로, 영문명은 'PRESIDENT PARK'S CUP FOOT BALL TOURNAMENT'로 변경했다.[547] 6회 대회의 소요 총예산은 2억 3천 5백만 원으로, 국고 1억 3천만 원, 나머지 예산은 관람료 수 입 1억 5백만 원으로 충당할 예정이었다. 5년 사이에 대회 예산 규 모가 무려 292퍼센트나 증액됐다. 이 대회에 대한, 즉 '프레지던트 박'에 대한 정부의 깊은 애정과 충성심을 알 수 있는 대목이다.

1978년 제8회 대회는 특별했다. "정부수립 30주년과 박정희 대통령이 제9대 대통령으로 당선된 것을 경축하여 거국적"[548]인 규모로 확대했다. 관례에 따라 국무총리가 대회장을 맡았으며,[549] 18개국 20팀에, 우승팀 상금 5만 달러, 준우승팀 3만 달러까지 지급하는 파격적인 시도를 했다.[550] 그러나 당초 계획은 논란 속에서 몇 차례 변경이 되어, 상금은 취소하고 최종 6대주 13개국 15개팀이 참가해서 서울 외 부산, 대구, 광주, 전주에서도 경기일정을 소화하기로 했다. 정부는 거국적 규모를 강조하기 위해 6대주에서 참가했음을 계속해서 홍보했다. 9월 9일 비가 내리는 속에서 개막전이 열렸다. 축구팬들은 우산을 쓴 채로 자리를 지켰다. 이날의 대전은 야생마처럼 폭풍 질주하는 차범근이 포진한 한국의 1진 화랑팀과 미국프로축구의 강호 워싱턴 디플로마츠. 한국이 3 대 2로 미국프로축구팀에 승리하자 관중석의 축구팬들은 내리는 비에 아랑곳하지 않고 두 손을 들어 "만세!"를 외치며 열광했다.[551]

1979년 9월 8일에는 제9회 대회가 9개국 10개 팀이 참가해서 열렸다. 전년도에 비해 규모가 대폭 줄었다. 그리고 10월 26일 박정희는 사망했고 권좌의 주인이 교체되었다. 1980년 8월 23일 제10회 대회가 열렸는데 명칭에서 박정희라는 이름은 사라졌다. 대회가 한참 열리는 중간에 더 커다란 행사가 예정되었다. 9월 1일 제11대 대통령 취임식이 잠실체육관에서 열렸다. 대통령의 이름은 전두환, 그는 박정희 사망으로 생긴 공백을 틈타 무력으로 권좌를 탈취한 인물이다. 그동안 박정희를 위해 열렸던 대통령배 축구대회는 전두환을 위해 열린 모양새였다. 대통령 취임식이 열리던 날,[552] 서울 도심 곳곳에는 현수막이 걸리고 아치들이 세워졌다. "경축 제11대 전두환 대통령 취임" 거리에는 태극기들이 내걸렸다. 잠실체육관 주변에서는 1천 마리의 비둘기가 하늘을 날았다. 전두환은 자신의 대통령 취임을 축하하며 교도소의 모범수들을 풀어줬고 이날을 임시공휴일로 지정해 시민들에게 휴식을 제공했고 일시적으로 야간통행금지도 해제해주었다. 전두환은 아량과 시혜를 베풀어 군주의 자애로움을 흉내냈다. 박대통령컵 쟁탈 아시아축구대회는 1979년 10월 26일 궁정동의 총소리와 붉은 핏물과 함께 새 주인에게 넘겨졌다.

정복과 제패를 향한 1970년대의 마지막

1978년에서 1979년 사이 국내에서는 정부 주도 하에 굵직한 국제행사들이 연이어 개최되었다. 또한 더 거대하고 더 화려한 국제행사를 유치하기 위한 계획이 세워졌다. 그것은 국제기능올림픽대회, 세계사격선수권대회, 세계여자농구선수권대회였다. 그리고 올림픽 개최의 도전이었다. 한국은 정복과 제패를 꿈꾸며 1970년대의 마지막을 향해 나아갔다.

기능올림픽

1977년 7월 17일,[553] 서울시민들은 네덜란드에서 귀국한 한국의 대표선수들을 열렬히 맞이했다. 제23회 국제기능올림픽대회에서 종합 1위를 차지하고 돌아온 것이다. 정부와 언론은 기능인들에게

'세계 정상, 세계 제패, 기능 한국 과시'라는 최고의 찬사를 보냈다. 공군군악대의 '기능의 노래'가 배경음으로 울려 퍼지는 속에서 카퍼레이드가 열렸다. 김포를 출발, 제2한강교, 신촌, 시청 앞을 통과해 국립묘지를 참배하는 경로였다.[554] 다음날인 18일 오후,[555] 기능인들은 본대에 복귀한 군인들처럼 청와대의 박정희에게 귀국신고를 했다. 그는 훈장과 상금을 수여하며 메달리스트 기능인들을 격려했다. 한국이 선진공업국 대열에 오를 때가 왔다는 말을 전할 때, 그는 자신감을 내비추기도 했다.

1978년 제24회 국제기능올림픽대회의 개최지는 부산이었다. 일본에 이어 아시아에서 두 번째로 개최된다는 큰 의미가 있기에, 정부는 만만의 준비를 자신했다. 또한 대회 2연패를 달성해야 한다는 목표가 대표선수들에게 떨어졌다. 9월 6일 부산시민회관에서 열린 대회 개회식에는 14개국 228명의 출전 선수들이 참석했다.[556] 대회 경기장은 해운대 산중턱에 위치한 부산기계공고였다. 정부는 경기장에 5억여 원의 경비를 들여 최신의 기계설비를 설치하는 등 대회 총경비에 14억 원을 쏟아부었다.[557] 홈그라운드에서 열리는 대회를 통해, 한국을 알리고 세계 정상 정복 달성을 위한 막대한 투자였다. 한국이 금메달 22개를 차지하며 대회 2연패를 거뒀다. 한국의 2연패 소망이 이뤄지고 이제까지 기능올림픽 사상 압승기록의 경신이라며, 기자들은 기사를 올렸다. 기자들의 관심사는 세 가지였을 것이다. 금메달, 2연패, 올림픽.

9월 16일 대회를 마친 선수들은 아침 일찍 최고급 특급열차인 새마을호를 타고 서울로 향했다. 카퍼레이드 행사가 서울에 도착한 선수들을 기다리고 있었다. 코스는 서울역, 서대문, 아현동, 서소문,

시청, 중앙청, 을지로를 지나 장충동으로 향했는데,[558] 카퍼레이드 길목에는 학생들의 환영 인사가 더해졌다. 장충동의 장충공원에서 기능올림픽 2연패를 축하하는 환영식이 열렸다. 부총리는 축사에서 [559] 한국이 선진제국을 앞질렀다는 사실에 커다란 자부심과 긍지가 느껴진다는 취지를 강조했다. 정부는 환영식에 온 국민들에게 선진 제국의 꿈을 선전했다.

1979년 제25회 국제기능올림픽대회의 개최지는 아일랜드 코크였다. 대회에 출전한 한국은 3연패의 위업을 달성했다. 9월 25일 열린 카퍼레이드는 김포가도에서 시청 앞 광장의 서울시민환영대회까지 이어졌다.[560] 광장의 서울시민들은 뜨거웠고 대표선수들은 감격했다. 그 자리에 모인 사람들의 마음속에 우리도 선진국과 나란히 한다는 벅찬 기분이 차올랐을지 모른다. 환영축사를 맡은 부총리는 1년 사이 새로운 인물로 교체되었지만, 자부심을 느끼는 부분은 동일했다. 한국이 선진제국을 꺾었다는 대목이었다. 청와대의 박정희 역시 전사들이 선진제국과 벌인 싸움에서 승리하고 귀환한 날을 흡족하게 여겼을 것이다.

피스톨 박, 사격

1974년 8월 21일 박종규 대통령경호실장이 육영수 암살사건의 책임을 지고 물러났다. 그는 5.16군사쿠데타의 주역이자 10년간 박정희의 경호실장을 맡으면서 정권의 실력자였으나 더는 버티기 힘들었다. 하지만 그는 4년째 대한사격연맹 총재였고 이전에는 아시아사격연맹 총재를 역임했다. 그에게는 최상의 직책이었다. 그는 1945년 일본제국 육군하사 출신으로 불같은 화를 참지 못해 권총을 빼들어 총구를 겨눈다는 성미로 소문이 자자했다. 오랫동안 대통령의 경호실장으로 재임했으니 동물적인 공격반응은 능히 짐작할 수 있었다. 그래서 '피스톨 박'이라는 별명은 유효적절했다. 그런 피스톨 박은 군주에게 충성을 다해 업적을 보여줘야 했을 것이다.

같은 해 9월 18일 스위스 베른에서 열린 세계사격연맹총회에서 1978년 제42회 세계사격선수권대회의 개최지가 한국으로 결정되었다.[561] 한국 스포츠 역사상 최초의 세계선수권대회였다. 또한 아시아에서 열리는 최초의 세계사격선수권대회였다. 피스톨 박에게는 커다란 성과였고 프레지던트 박에게는 또 하나의 업적이 될 기회였다. 그 기세를 몰아 그는 1976년에 세계사격연맹부회장에 올랐다. 1977년 6월 16일 태릉국제사격장에서 제5회 정부 각부처 대항 사격대회가 열렸다. 피스톨 박은 시찰 나온 박정희를 영접했다. 박정희는 이 자리에서 몸소 카빈과 M16소총을 시범 사격하는 솜씨를 보여주었다.[562] 만주육군군관학교 출신이자 예비역 육군대장 다운 면모는 그에게 있어 생리적 본능에 가까웠다. 그는 세계사격선수권대회에 대한 기대가 상당했다.

1978년 9월 26일 오후,[563] 서울운동장에 세계 71개국 1,581명의 각국대표선수들이 모였다. 4년을 준비한 제42회 세계사격선수권대회 개막식에서 국무총리가 세계사격연맹회장에게 박정희가 특별 하사한 봉황배를 전달했다. 이는 군주의 인장과 같은 의미였다. 서울에서 가장 경치가 좋은 곳에 위치한 최고급 쉐라톤 워커힐 호텔 내에 선수촌이 건립[564]되었다. 선수촌의 이름은 워커힐 아파트인데,

　　　　　　　　　　　　환상 공화국의 카퍼레이드

12층 규모의 11개 동으로, 아파트 실내에 욕실은 물론 컬러TV, 냉장고까지 구비되었다. 선수들의 식사는 쉐라톤 워커힐 호텔의 그랜드볼룸에서 제공했다. 그야말로 일반인들은 맛볼 수 없는 서울 최상류 특급 수준으로 준비했다. 피스톨 박이 10월 5일까지 펼쳐질 대회를 위해 공들인 것은 이외에도 다양했다. 대회기념로고가 인쇄된 담배, 우표, 지하철 승차권까지 제작하여 대회 선전에 열을 올렸다. 대회 3개월 전인 6월 12일 한국은행 본점 앞에 새벽 4시부터 사람들이 몰려들더니 7시경에는 긴 행렬로 난리였다.[565] 대회기념주화를 구매하기 위해서였다. 이처럼 대중 선전전과 집행에 있어서 대회는 성공적으로 끝이 났다.

이듬해 1월 12일,[566] 프레지던트 박은 국무총리를 통해 대회 유공자인 피스톨 박에게 훈장을 수여토록 했다. 그렇게 피스톨 박은 재신임을 얻었다.

여자농구

1970년대 잠실은 여름철 한강의 범람으로 물에 잠기는 땅이었다. 그런 볼품없는 곳에 강북의 명문 고등학교들을 이주시키고 대규모 아파트단지를 건설하면서 새롭게 개발되었다. 뽕밭이 바다가 된다는 뜻의 상전벽해가 잠실만큼 맞아떨어지는 땅도 드물 것이다. 실제 잠실은 조선시대에 누에 치는 여자들과 이들을 감독하는 환관이 머무는 땅이었다. 그 유폐되었던 땅의 변모를 상징적으로 보여주는 건축물이 탄생했다.

　　1979년 4월 18일 건축가 김수근이 설계한 잠실실내체육관이 완공되어 비행접시 모양의 외관을 자랑했다. 4월 29일 12개국 2백여 명의 선수들이 참가한 초대형 국제스포츠행사가 잠실실내체육관에서 개최되었다.[567] 제8회 세계여자농구대회였다. 이국의 선수들이 대거 한국을 방문했다. 정부는 이국의 선수들에게 한국을 알리기 위해 민속촌과 판문점 관광코스를 마련하는 등 최고의 대접을 했다.

잠실 실내체육관 개관식 참석 중 박찬숙 선수와 악수하는 박정희 대통령. 1979년.

이에 소요되는 대회 경비는 6억 565만 원으로 책정되었다.[568] 5월 13일 대회 폐막의 결과는 한국의 준우승이었다. 1967년 준우승 이후 12년 만에 이룩한 스포츠 정복의 승리였다. 5월 19일,[569] 박정희는 청와대에 모인 여자농구선수들을 일일이 접견했다. 선수들이 자신들의 사인이 담긴 농구공을 유리 케이스에 담아 선물했다. 그는 흐뭇한 미소와 호기심 어린 눈빛으로 선수들의 농구공 선물을 살펴봤다. 어느덧 그의 얼굴에서 세월의 흔적이 엿보였다. 이마 양옆으로 난 흰 머리카락들이 눈에 띄게 도드라졌으며 두 눈은 움푹 들어가 음영이 짙어졌고 눈꼬리들은 늘어져 보였다. 62세 노인의 형상이었다. 하지만 그는 모스크바 정복의 의지와 열망을 불태웠다. "모스크바 올림픽대회에서 우승을 거두고 돌아오도록 하라."

1976년 9월 22일,[570] 서울시장은 대통령의 지시에 따라 잠실지구에 대규모 종합운동장시설의 건설을 발표했다. 아시아에서 세 번째로 큰 규모의 경기장을 지어 1980년대에 아시안게임을 유치하고 더 나아가 올림픽 유치에도 야심을 밝혔다. 구체적인 계획까지는 3년이 지나야 했다. 1979년 7월 6일,[571] 문교부에서는 이른바 1988년 올림픽 유치에 대한 구체적 플랜을 담은 '88년 유치계획'을 가시화했다. 그 3개월 뒤인 10월 8일,[572] 서울시장은 1988년 서울올림픽 유치방침을 확정 발표했다. 이미 정부의 승인까지 받은 상태였다. 정복과 제패를 향한 1970년대의 마지막은 새로운 시대인 1980년대로 전진하고 있었다.

히말라야 등반 프로젝트, 세계 최고봉을 정복하라

히말라야산맥에 늘어선 세계 최고봉들을 오르는 것은 산악인 개인의 영예이면서 국가적 자부심이었다. 1953년 5월 29일 에드먼드 힐러리와 텐징 노르가이가 에베레스트 초등에 성공하자 세계 각국은 자극을 받았다. 서구인들은 자신들이 밟지 않은 땅을 전인미답이라 여기며 선점하기 위한 욕망에 차올랐다. 1960년대 미국, 인도, 일본, 중국 원정대들이 경쟁적으로 히말라야에 도전장을 내밀었다. 1970년대가 되면서는 15세기 대항해시대처럼 부유한 서구 선진국들인 프랑스, 영국, 뉴질랜드, 서독 등이 국가적인 차원에서 히말라야에 대규모 원정대를 파견했다. 1962년부터 아시아의 빈국인 한국도 히말라야 원정대 대열에 동참했다. 세계 최고봉의 황홀한 자태에 매료될 수밖에 없었을 것이다. 만년설로 뒤덮인 미지의 세계에 발을 디딘다는 것, 인간 한계를 뛰어넘는다는 것, 마침내 인간이 더 오를 수 없는 곳에 도착한다는 것은 국가와 민족의 힘을 보여주는 시각적 쾌감의 극대화였다. 그 시각적 장면의 주제는 정복이었다.

추렌히말 등반대, 환호의 이면

1970년 2월 27일경 추렌히말봉 등반대 1진이 신문사인 조선일보의 전폭적인 후원과 기대를 한 몸에 받으며 김포를 떠났다.[573] 등반대는 필사의 각오를 다지며 추렌히말로 향했다. 네팔의 히말라야 다울라기리 산군에 위치한 추렌히말은 중앙봉, 동봉, 서봉으로 구성되어 있다. 그로부터 2개월 뒤인 4월 29일, 네팔에서 한국 등반대가 추렌히말 동봉(7371미터)에 올랐다는 낭보가 날아들었다.[574] 산악강국인 일본, 이탈리아도 실패한 봉우리에 후발주자인 한국이 정상 등극에 성공한 것이다.

6월 12일 시민들은 추렌히말 봉우리를 정복한 5인의 등반대원들을 열렬히 환영했다. 등반대를 후원한 조선일보는 귀국한 등반대원들을 "(…) 감색등산복에 빨간 룩색을 짊어지고 히말라야의 냄새를 물씬"[575] 풍긴다는 낭만주의 시대의 화법으로 묘사했다. 등반대원을 태운 오픈카 행사가 신촌로터리, 서소문 육교, 시청 앞, 을지로, 화신백화점, 중앙청을 지나 태평로 조선일보사까지 진행되었다. 조선일보사는 자사 전용 경비행기를 띠워 오색연막까지 뿌리며 대대적으로 자사 홍보에 열을 올렸다.[576]

그런데 같은 해 추렌히말 봉우리에 오른 일본 등반대가 일본 산악전문지 『岳人(악인)(281호), 1970년 11월』에 기고문을 발표했다.[577] 한국 추렌히말 등반대의 동봉 등반에 의문을 제기한 것이다. 일본 측의 주장은 자신들의 등정에 근거한 내용들이었으나 의문이 해소되기까지는 긴 세월이 지나야 했다. 1988년 추렌히말 등정에 성공한 중동(中東)산악회에 따르면 1970년 등반대가 오른 곳은 추렌히말 동봉 아래에 위치한 이름 없는 봉우리였다고 판정을 내렸다.[578] 영웅의 대우를 받았던 1970년 추렌히말 원장대의 정복은 당사자들의 노력과 의지와 무관하게 엉뚱한 곳에 올랐던 해프닝이었다.

국민의 단결된 힘으로 에베레스트를 정복하다

대한산악연맹과 신문사인 한국일보는 공동 프로젝트의 일환으로 에베레스트에 제1차 정찰대를 파견했다. 기간은 1975년 8월부터 10월까지, 목적은 77년 에베레스트 정복이었다.[579] 제1차 원정대가 촬영한 사진들은 서울 신세계백화점 4층 화랑에서 전시회[580]를 열어 세계 최고봉 에베레스트의 생생한 현장을 공개해 대중의 관심을 모았다. 이듬해에는 제2차 정찰대를 파견했다. 정찰대라는 명칭에서 보듯, 필사의 군사작전을 방불케 했다. 1977년이 되자 정부는 에베레스트 정복을 위해 전폭적으로 지원했는데 "소요경비 약 6천만 원"[581]을 담당할 만큼 기대가 컸다. 실제 에베레스트 등반대 운영비를 1977년도 일반회계 예비비에서 지출했다.[582]

등반대원들은 베이스캠프를 떠나 혹독한 추위에 맞서며 눈 덮인 고산준령을 가로질렀다. 1977년 9월 9일 원정대가 에베레스트 1차 공략에 나섰지만 맹위를 떨치는 강풍과 희박한 공기를 견디지 못했다. 원정대는 기상악화 속에서 악천 고투하다가 후퇴했다.[583] 목숨을 부지한 것만으로도 다행이었을 것이다. 원정대는 전열을 다지며 2차 공격 개시일을 잡았다. D-데이는 9월 15일. 고상돈 대원과 셰르파 펨바 노르부가 빙벽을 따라 공격에 나선 지 무려 8시간 50분여만인 같은 날 낮 12시 50분,[584] 거센 바람을 뚫고 셰르파의 소리가 들려왔다. "여기가 정상이야!"[585]

마침내 한국인이 인간이 다다를 수 있는 가장 높은 봉우리에 올라섰다. 고상돈은 에베레스트(8,848미터)에 오른 최초의 한국인이 되었다. 한국은 세계 최고봉을 정복한 8번째 국가가 되어 산악강국들,

서구 선진국들과 어깨를 나란히 하는 역사적인 장면을 남겼다. 신문사들은 앞다퉈 이날의 누르기 힘든 격정을 전했다. "민족의지의 결실 대합창"[586] "에베레스트 정상에 자랑스런 한국인의 의지와 집념",[587] "최단기 속공 한국인의 저력 과시"[588]라는 기사 제목을 찍은 신문들이 서울시내 거리 곳곳에 배포되었다.

10월 6일 김포공항은 또다시 수많은 환영객과 언론사 취재진들로 붐볐다. 미스 코리아들이 직접 18명의 등반대원들에게 환영 꽃다발을 선사했다. 정치인들은 물론 이번 등반대의 후원사인 한국일보 사장까지 환영식 자리를 함께했다. 한국일보는 초유의 프로젝트의 성공을 이끌며 그 어떤 곳보다 자부심과 언론사의 명성이 높아졌다. 고상돈을 비롯한 대원들의 카퍼레이드 첫 기착지는 국립묘지였다.[589] 참배를 끝낸 뒤, 제1한강교를 건너, 신촌, 서소문, 시청 앞, 중앙청, 한국일보 본사를 지나, 동숭동 대한산악연맹에서 마무리되었다.[590] 인기 소설가 최인호는 행사 현장에 나타나 등반대원들을 인터뷰했는데 흥분된 심정이 역력했다. 에베레스트 정상은 우리 민족의 산이고 우리의 국력과 저력과 잠재력을 보여준 것이라고 치켜세우며 이날 만큼은 민족의 대변자 역할을 자임했다.[591]

10월 11일 청와대에서 고상돈을 비롯한 에베레스트 원정대원들을 만난 박정희는 세 단어를 강조했는데, 총화, 단결, 의지였다.[592] 그의 마음속에 내면화된 신념의 말들이었다. 정부는 에베레스트 정복을 기념하는 거북선 담배를 시판하고 기념우표 3백만 장을 발행했다.[593] 이처럼 에베레스트 정복은 국가적인 경사였다. 박정희는 에베레스트 정복에 대해 몹시 자랑스럽고 뿌듯하게 여겼다.[594]

안나푸르나 정복

1975년 4월 히말라야 등정을 위한 한국 등반대 결단식이 열렸다.[595] 광복 30주년을 기념해서 안나푸르나 1봉 등정을 시도하는 행사였다. 1차 정찰원정대가 6월까지 현지에 머물렀다. 이 행사의 후원은 KBS방송이 맡았는데,[596] 정부정책을 선전하기에 적합했기 때문인 것으로 보인다. 험준한 히말라야의 비경과 만년설을 배경으로 펄럭이는 태극기를 든 등반대원들의 검게 탄 얼굴은 국가와 민족의 자부심을 전해주는 스펙타클한 영화의 스틸사진들 못지않았다. 이후 1976년, 1977년까지 총 3차례의 정찰원정대를 보내며,[597] 현장 탐색의 시기를 축적했다.

　3년의 정찰기간이 지난 1978년 4월 23일, 6인의 한국등반대가 악천후를 뚫고 안나푸르나 제4봉 정상에 올라섰다.[598] 제4봉(7525미터)은 주봉인 제1봉(8091미터) 보다 낮지만 1978년 프리 몬순 시기 최초의 정복이라는 점에서 큰 성과였다.[599] 또한 이전 세 차례의 정찰 끝에 얻은 정상 정복은 등반대원들의 끈질긴 도전정신을 보여준 것이었다. 1개월 뒤인 5월 23일 귀국한 등반대원들을 태운 승용차들이 김포가도를 달려 남대문을 지나는 카퍼레이드가 펼쳐졌다.[600] 1년 전 온 나라에 아드레날린을 솟구치게 했던 에베레스트 등반대에게 보낸 환영행사에 비하면 단출했다.

1980년 5월 17일 마나슬루, 지하실, 광주

　1980년 4월 28일 오후 1시 30분 동국대 소속 등반대가 '정령의 산'으로 부르는 히말라야 마나슬루봉(8163미터)을 정복했다.[601] 마나슬루봉은 한국 등반대에게 비극과 회한이 서린 설산이었다. 1971년, 72년, 76년 3차에 걸친 도전이 모두 참담한 실패로 끝난 바 있다. 그뿐만 아니라 한 집안의 산악인 3형제의 목숨을 집어삼킨 '마의 산'이기도 했다. 정상에 오른 대원이 "나는 한국의 산악인이다. 나는 한국인들이 꼭 이 산을 정복해야 한다고 언제나 생각했다."[602]라고 밝혔다. 그의 말과 말 사이에는 소략한 비장미가 서려 있었다. 5월 17일 귀국한 등반대의 카퍼레이드 일정은 김포공항에서 여의도를 지나, 서소문, 종로, 장충동, 그리고 동국대까지로 잡혔다.[603]

한편, 같은 날 충격적인 살인사건[604]이 신문 사회면을 장식했다. 서울 한복판의 연립주택 지하실 콘크리트 공사를 하던 인부가 흙더미에서 시체 한 구를 발견한 것이다. 시체의 주인공은 해당 집에 살던 남성이었다. 실종신고 62일 만이었다. 다음날 전격 체포된 범인은 다름 아닌 남성의 아내였다. 신문지상에서는 이 사건을 '암장살인'으로 지칭했다.

같은 날 전남 광주 시내는 종일토록 긴장감이 감돌았다. 광주 중심지인 전남도청 앞 광장에 수많은 시민들이 모여서 시국성토대회를 열었다. 그날 밤 24시였다. 최규하 대통령은 임시국무회의를 열어 비상계엄 선포지역을 전국으로 확대한다는 내용을 선포했다. 그것은 1980년 5월 18일 비극의 서막이었다.

1980년 5월 17일 서울은 히말라야 마나슬루를 정복한 환영식이 열리고 암장살인범이 체포되고 광주는 탱크와 총으로 무장한 계엄군의 대학살이 시시각각 다가오던 날이었다. 그날 히말라야의 설산은 환영이었다.

1970년대는 국가와 민족의 시대였다. 스포츠의 우승은 곧 민족의 영광을 위한 것이었다. 스포츠 스타는 곧 국가와 민족의 영웅이었다. 세계를 정복하고 제패하는 길은 스포츠 강국이 되는 것이었다. 세계 최고봉의 등정은 세계 정복의 증거였다. 인간보다 민족의 가치가 우선이었다. 개인의 힘보다 국가와 민족의 힘이 지고지순한 진리였다. 1970년대는 열망과 야망의 시대였다. 아시아의 중심이 되기를 요구했다. 선진제국을 앞지르고자 계획했다. 붉은 적들 앞에서 우수성을 보여주고자 했다. 그리고 자신을 숭배하고 복종하는 신민

　　　　　　　　　　　　환상 공화국의 카퍼레이드

들을 원했다. 신민들은 기꺼이 그를 연호했다. 이 모든 열망과 야망의 기원은 박정희였다. 그는 언제나 대통령과 장군과 군주의 형체가 겹쳐진 무대극의 인물이었다.

言重

思 大 統 領 閣 下 國

박정희 대통령의 운구 카퍼레이드. 카메라가 포착한 그의 마지막은 명멸하는 희미한 빛이었다. 1979년.

8장

캐딜락, 그리고 명멸하는 불빛

1969년 6월경 외교연구원은 1건의 보고서를 작성했다. 보고서의 제목은 『1970년대 한국외교의 진로』였다. 해당 보고서에는 두 가지 주목할 만한 예측이 나온다. 하나는 "월남전 종결 후 주한미군의 감축 또는 철수 가능성", 또 하나는 "북괴의 평화외교를 가장한 대중립국 및 자유대한에 대한 침투 적극화."[605] 이후 한반도를 둘러싼 국제 정세를 보면 해당 보고서의 분석은 정확해 보인다. 1970년대에 들어서도 외국의 여러 대통령들이 방한하여 박정희와 악수를 나눴다. 그리고 청와대에서 단독회담을 가졌다. 대통령들 사이에서도 공산세력 반대, 주한미군 문제가 핵심 의제로 다루어졌다. 북한의 김일성은 비동맹외교에서 비약적인 성과를 거두며 박정희를 압도하는 듯한 자신감을 얻고 있었다.

1975년 4월 인도차이나반도의 현장은 1970년대 박정희와 김일성의 심리적 상태를 교차로 보여주는 장면들의 연속이었다. 4월 17일 새벽 공산 게릴라이자 반군인 크메르 루주가 캄보디아의 수도 프놈펜을 함락시켰다. 4월 30일은 사이공의 마지막 날이었다. 그날 새벽 4시 30분경 주월미국대사관의 성조기가 내려지고 그레이엄 마틴 주월대사가 대사관을 버리고 떠났다.[606] 이날 남베트남 민족해방전선의 깃발을 단 북베트남군의 중국제 59식 전차들이 통일궁에 입성하여 남베트남의 수도를 함락시켰다. 남베트남의 마지막 총통 쯔엉 반 민이 항복했다. 그의 재임기간은 고작 이틀이었다.

이 무렵 김일성은 남한에 대한 임박한 공격을 감행할 듯 보였다. 크메루 루주의 프놈펜 함락 이틀 뒤인 4월 19일, 그는 북경을 공식 방문하여 마오쩌둥 주석과 해후했다. 이 단독회담[607]에서 김일성은 마오쩌둥에게 남조선 해방을 위한 전쟁 지원을 요청했다. 김일성은 캄보디아, 베트남에서 연쇄적으로 일어난 붉은 혁명을 기다렸던 호기로 판단했을 것이다. 그러나 노쇠한 마오쩌둥이나 영향력 있는 저우언라이 총리, 덩샤오핑 부주석 그 누구도 한반도의 전쟁을 지지하지 않았다. 김일성은 빈손으로 돌아섰다. 4월 22일 그는 평양으로 피신 온 캄보디아의 시아누크 국왕을 극진히 예우했다. 김일성은 혁명의 호기를 놓친 것을 못내 한탄했을 것이다.

요동치는 아시아의 정세가 예견된 수순이었다 할지라도 철혈군주인 박정희조차 일말의 불안감을 떨치긴 어려웠을 것이다. 대통령들을 위한 카퍼레이드는 성대한 국가적 행사이자 만찬회와 단독회담으로 향하는 최고의 의전이었다. 위엄 서린 캐딜락에 탑승한 대통령들에게는 심리적 긴장감이 흐르고 있었다.

닉슨의 특사, 부통령

1970년 8월 24일,[608] 미국 닉슨행정부의 부통령 스피로 애그뉴가 2박 3일 일정으로 한국에 도착했다.

5개월 전인 3월 30일 닉슨 대통령은 국가안보 결정메모 48호에 사인했다.[609] 즉 한국에서 미군 1개 사단을 철수한다는 내용이었다. 박정희 입장에서는 닉슨에게 뒤통수를 맞은 격이었다. 1969년 8월 샌프란시스코에서 박정희는 닉슨과 회담을 가졌다. 닉슨은 미군 철수에 대한 언급이 없었지만, 박정희는 미군 철수는 없을 것으로 받아들였다. 그런데 1년 만에, 더욱이 베트남전쟁의 공방전이 치열한 시점에서 미군 철수가 현실화된 것이다.

애그뉴가 닉슨의 특사자격으로 방한한 날,[610] 서울에는 비가 부슬부슬 내렸다. "경축 스피로 애그뉴 미합중국 부통령"이라는 플래카드가 김포공항 관제탑 건물 외벽에 내걸렸다. 미합중국의 부통령이 탑승한 리무진이 김포가도를 달려 서소문 입구, 덕수궁 앞을 지났다. 대로 양쪽에는 우산을 쓴 시민들이 환영객으로 줄지어 서서 미합중국 부통령의 카퍼레이드를 구경했다. 이윽고 리무진이 환영행사가 열리는 시청 앞 광장에 모습을 드러내자 오색풍선들이 넘실대며 하늘로 오르며 귀빈의 등장을 알렸다.

그는 환영행사장에서 이렇게 밝혔다.

"한국의 자위를 돕기 위한 우리의 지속적인 노력의 일부로 지상군을 줄일 것입니다."[611] 애그뉴의 방문은 사실상 미군 철수 확정 통보를 하기 위한 방문에 지나지 않았다. 애그뉴는 부통령이 된 지 1년 밖에 되지 않았지만 닉슨 이후의 유력 대권 인물로 주가를 올리고 있었다. 그는 제2차 세계대전과 한국전에 참전한 군인장교 출신으로, 완고한 반공주의자였다. 박정희는 자신의 속내를 감춘 무덤덤한 얼굴로 미합중국의 부통령과 마주했다.[612]

이듬해 1971년 3월 27일 오전 10시 미8군사령부에서 고별식[613]이 진행되었다. 미군 7사단이 본국으로 귀환하는 날이었다. 애그뉴가 전달한 그대로 미군 철수가 이루어진 것이다. 대신 7월 1일 한국군과 미군의 연합군 체제인 한미 제1군단이 창설되었다. 이는 박정희의 요구를 바탕으로 합의한 내용이다. 미국 측은 자신들의 요청에 따라 베트남 참전을 감행한 한국 측에게 돌아갈 실익과 적절한 명분을 제공해야만 했다. 애그뉴의 한국 방문 브리핑 문건에 따르면, 박정희가 주한미군철수가 1971년 봄에 있을 대통령 선거와 맞물려 있다는 점에 대해 불안해하는 것으로 파악했다. 미국 측이 포착한 박정희의 불안에는 국내 정치상황이 깔려 있었을 것이다.

그도 그럴 것이 야당인 신민당에 젊고 새로운 인물들이 전면에 등장하여 대통령 후보에 도전했다. 40대인 김대중, 김영삼, 이들이 대표적이었다. 박정희의 눈에 이들은 신출내기에 불과했을 것이다. 그런데 정치권을 치고 오르는 김대중과 김영삼의 기세가 만만치 않았다. 박정희와 여당인 공화당은 선거 유세를 시작하기도 전에 수세에 몰리는 형국이었다.

1971년 4월 18일 장충단공원 유세에 나선 신민당 김대중 후보는 백만 군중 앞에서 강력하게 발언한다.

"여러분! 이번에 정권 교체를 하지 못하면, 이 나라는 박정희 씨의 영구집권의 총통 시대가 오는 것입니다. 공화당은 지난 개헌 때 이미 박정희 씨를 남북통일이 될 때까지 대통령으로 지키려고 했으나 그 당시는 아직 자기 공화당 내부나 야당이나 국민이나 거기까지는 할 수가 없어서 못 했던 것입니다. 나는 공화당이 그런 계획을 했다는 사실과 앞으로는 선거도 없는 영구집권의 총통시대가 온다는 데 대한 확고한 증거를 가지고 있습니다."[614]

1971년 4월 25일 서울 유세에서 민주공화당의 박정희 후보는 이렇게 반박한다.

"(…) 요즈음, 우리나라 야당 사람들이 나에 대한 인신공격을 하는 가운데서 이런 소리를 하고 있는 것 같습니다. 이번에 또다시 박 대통령을 뽑아 주면 총통제를 만들어서 앞으로 박 대통령이 죽을 때까지 대통령을 해 먹을 것이다, 이렇게 얘기합니다. 유권자 여러분! 오늘 이 자리에서 분명히 말씀드리거니와, 내가 이런 자리에 나와서 여러분에게 "나를 한번 더 뽑아주십시오."하는 정치 연설은 오늘 이것이 마지막이라는 것을 확실히 말씀드립니다. (…)"[615]

박정희는 김대중의 공세보다는 자신에 대한 국민들의 숭배가 예전만하지 못함을 실감했는지 모른다. 결과는 박정희의 당선, 제7대 대통령에 올랐다. 그리고 1년 6개월 뒤인 1972년 10월 17일 박정희는 유신헌법을 선포했고 임기 6년에 연임 제한을 철폐했다. 그것은 총통제와 다를 바 없었다. 김대중의 말은 사실이었다. 대통령 선거 연설에서 자신을 한 번 더 뽑아달라는 말은, 이것이 마지막이라던 박정희의 호언장담은 국민에게는 속임수였고 자신에게는 진실이었다.

미국으로 돌아간 애그뉴는 3년 뒤인 1973년 직무상 부당취득, 수뢰, 탈세 혐의를 받아 사임했다. 그는 미국 역사상 현직 부통령으로서 최초라는 불명예를 남겼다. 닉슨 이후 백악관의 권좌를 넘보던 인물에서 누구도 기억하지 않는 인물로 사라졌다.

라틴아메리카에서 온 대통령

1970년 피델 산체스 에르난데스 엘살바도르 대통령이 방한했다. 라틴아메리카 국가 원수 중에서 최초로 한국에 온 인물이다. 한국과 엘살바도르는 한 가지 점에서 유대관계가 있었다. 한국전쟁 당시, 엘살바도르가 물자와 재정을 지원한 국가라는 사실이었다. 양국가가 각별한 외교관계를 맺은 셈이었다. 양국 정상들 간에는 공통점이 존재했다. 1960년 엘살바도르 현직 대통령이 군부 쿠데타로 축출이 되는데, 쿠데타 세력의 장성들 중에 한 명이 산체스 대통령이었다. 1967년에 권좌에 오른 산체스는 1969년 이웃 국가인 온두라스와 월드컵 예선을 치르다가 축구 승패를 빌미로 이른바 '축구전쟁'을 벌일 정도로 화끈하고 무모하고 과격한 권력자였다. 박정희와 산체스는 쿠데타에 성공한 전직 장성 출신이었다.

부총리가 위원장이 되어 영접위원회가 가동되었다.[616] 9월 28일,[617] 산체스는 수십 시간의 비행 일정으로 쌓인 여독이 풀릴 만큼 김포공항에서 환대를 받았다. 박정희가 먼저 다가가 비행기 트랩에서 내린 산체스의 손을 잡았다.

영접위원회가 마련한 카퍼레이드가 시작되었다.[618] 경찰 사이카들이 두 대통령이 탑승한 캐딜락을 호위하며 김포가도를 달렸다. 서소문 입구에 캐딜락 카퍼레이드 행렬이 그 모습을 나타내자 고층빌딩에서 오색꽃종이들이 쏟아져 내려 도로 위에 쌓였다. 도로변의 시민들은 자신들의 임무를 다하듯이 양국 국기들을 흔들어댔다. 시청 앞 광장에서도 연신 깃발을 흔드는 인파로 북적였다. 한복 차림을 한 앳된 8명의 소녀들은 즉위식의 궁녀들처럼 식장 연단의 계단을 오르는 두 대통령 앞에 꽃을 흩뿌렸다. 군주와 제사장들의 행차와 흡사해 보였다. 같은 날 저녁 7시 30분,[619] 대통령 주최 만찬회가 중앙청홀에서 열렸다. 박정희가 인사말을 전했다.

"공산주의 세력의 침투는 개발과 건설에 정진하고 있는 자유아시아와 라틴아메리카에 대한 커다란 도전입니다."

"한국국민은 역경에서도 그 시련을 극복하여 자유를 애호하는 모든 국민에게 하나의 모범이 되고 있습니다." 산체스가 답사를 했다.

공산주의 세력과 싸워 자유를 수호하는 것이, 두 사람에게는 지상 최대의 과제였을 것이다. 다음 날인 9월 29일 오전 10시부터 12시까지 청와대에서 회담을 가지기 위해 만난 박정희와 산체스. 두 사람은 나란히 앉아 담배를 나눠 피며 우의를 다졌다. 회담의 내용은 다음과 같았다.[620] 박정희는 북한의 무력 도발을 설명하고 한반도 지역의 평화와 안전에 심각한 위협임을 강조했다. 이에 산체스는 공감을 표하고 유엔에서 계속 한국의 입장을 지지하겠다고 약속했다. 회담이 끝나기 전, 산체스는 박정희에게 엘살바도르 초청을 했고 박정희는 그 자리에서 수락했다. 2년 뒤 대통령 임기를 마친 산체스는 부정선거 혐의로 기소되었다. 그 이후에도 박정희의 엘살바도르 방문은 성사되지 않았다.

'76년의 정신'과 편집증적 독재자

1974년 9월 20일,[621] 미국의 제럴드 포드 대통령의 방한이 발표되었다. 일본을 방문한 뒤 한국에 오는 일정으로 11월 22일에서 23

일로 잡혔다. 5일간 일본에 머무는 것에 비하면 한국 일정은 48시간 남짓으로 짧았다. 한국 정부는 아이젠하워, 존슨에 이어 미국 대통령의 세 번째 방문 영접 준비에 들어갔다. 외무부는 포드 대통령과 영부인에 대한 정보를 주미한국대사관에 지시했는데, 취미, 저서, 개인적인 습관, 출신학교와 출신지 노래가 있는 악보까지 수집 대상이었다. 또한 영부인이 없는 의전은 어떻게 해야 하는지, 재외공관에 보고하라는 지시를 하달했다. 1개월 전 육영수가 피격으로 사망한 여파였다. 10월 7일에는 외무부장관을 위원장으로 하는 영접위원회를 구성해서 본격적인 채비에 돌입했다.

11월 5일 헨리 키신저 미국무장관은 백악관 기자회견에서,[622] 박정희가 국내에서 정치적인 비난을 받고 있는 시기에 포드 대통령이 한국을 왜 가냐는 공격적인 질문을 받았다. 노련한 키신저는 프레지던트 박이 비판받고 있다는 점은 분명하지만 고려할 사항이 아니라며 선을 그었다. 리처드 할로란 뉴욕타임즈 기자는 1974년 2월 14일자 서울발 기사에서,[623] 박정희가 "편집증적 독재자(paranoid dictator)"가 되었다고 다뤘다. 키신저와 뉴욕타임즈가 알고 있는 1974년 박정희의 모습과 한국정치 현실은 결코 과장이 아니었다.

한국에서는 긴급조치1호-4호가 연이어 선포되었다. 민청학련사건, 2차 인혁당사건과 같은 일련의 공안사건이 계속해서 터졌다. 민청학련사건은 학생, 종교인, 교수, 정치인 등이 국가를 전복시키고 공산정권 수립을 추진했다는 혐의였다. 2차 인혁당사건은 북괴의 지령을 받고 국가를 변란하려는 지하조직을 적발했다는 내용이었다. 중앙정보부는 정권에 비판적인 천주교 지학순 주교를 민청학련사건 혐의로 구속시키는 일을 감행했다. 긴급조치는 국민의 숨통을 조이는 수단이었다. 1974년 한국과 서울은 두려움과 섬뜩함으로 채워졌다. 일상의 공포가 도처에 도사렸다. 스탈린 시대 대공포가 지배하는 것처럼, 그 두려움으로 "속삭이는 사회"[624]가 되었다.

11월 8일,[625] 미 국무성 의전선발팀 37명이 한국에 도착했다. 이들의 임무는 포드 대통령의 체류일정, 의전절차, 경호문제 점검이었다. 이들은 포드의 숙박 장소인 조선호텔을 사전 답사했다. 포드가 한국방문 중 탑승할 링컨컨티넨털, 전방 시찰용 헬기까지 공수할 예정이었다. 정부 영접준비위원회[626]는 카퍼레이드가 지나가는 곳에 환영아치와 초상화를 설치하고 기념담배와 기념우표와 같은 기념품을 제작할 예정이었다.

11월 22일 오전 10시 미국의 대통령 특별전용기가 김포에 내렸다. 전용기의 동체 맨 앞에는 'THE SPIRIT OF 76'이라는 글씨가 선명했다. 1976년 미국독립 200주년을 알리는 캐치프레이즈였다. 이를 본 기자가 포드가 타고 온 전용기를 '76년의 정신'으로 명명했다.[627] 포드는 트랩을 성큼성큼 내려와 기다리던 박정희와 악수를 나눴다.[628] 두 대통령의 드레스코드는 모두 겨울코트 차림이었다. 포드 뒤에는 미국외교계는 물론 세계외교계의 막후 실력자인 키신저가 검은테 안경을 쓰고 서 있었다. 공항 건물 외벽에는 거대한 양국 정상의 초상화가 붙어 있었고 같은 건물 난간에 모인 인파들이 일제히 깃발을 흔들며 미국의 대통령을 맞이했다. 영접준비위원회가 마련한 성대한 카퍼레이드가 진행되었다.

예정된 카퍼레이드 경로는 김포가도, 제2한강교, 서소문, 시청 앞까지였다.[629] 카퍼레이드가 펼쳐진 서울 도심은 축제 분위기였다.[630] 13대의 경찰 사이카가 V자 대형으로 김포공항을 빠져나가며 대통령의 길을 열었다. 시내 중심지 도로변은 이미 태극기와 성조기를 든 인파로 넘쳤다. 광화문에도 대형 초상화가 나붙었고 그 옆에 세워진 환영아치에는 '미합중국 포드 대통령 각하 방한'이라는 환영문구가 귀빈을 반겼다. 13대의 경찰 사이카가 길을 트며 나갔지만 도로 양옆의 사람들이 쏟아져 나오다시피 한 상황이어서 대통령의 의전차가 간신히 빠져나갈 지경이었다. 군중 틈에는 유니폼을 입은 학생고적대들도 보였다. 대통령의 차량이 다가오자 밴드부원들이 연주를 했다. 서소문 인근 빌딩 숲에서는 오색꽃종이들이 퍼붓듯이 쏟아져 내렸다. 태평로를 지나 시청 앞으로 향하는 대통령의 차량과 그 뒤에 일렬로 따라오는 수십 대의 의전차량과 버스 행렬은 장관이었다. 도로변을 채운 군중의 수가 무려 180만 명에 이르렀다. 시청 앞 광장에는 기념탑이 서 있었고 시청 건물 전면에는 대형 태극기와 성조기, 두 정상의 대형 초상화가 나란히 걸려 있었다. 교복 차림의 여학생들이 의전차에서 내린 포드를 둘러싸며 환호했고 포드는 환하게 반기는 여학생들의 손을 일일이 잡아주며 화답했다. "우리는 미국의 우의를 잊지 않겠다"는 학생들이 직접 그린 피켓도 보였다. 학생들은 미국 대통령의 친근함에 기뻐했다.

한편 조선호텔에 설치된 프레스센터는 해외전화와 텔레그레프를 통해 포드의 내한 소식과 두 정상의 만남과 회담내용을 각 언론사에 보내는 내외신기자들로 붐볐다.

박근혜가 자신의 아버지를 따라 청와대에서 포드를 맞이했다.[631] 이날은 그녀가 어머니를 대신해 영부인의 역할을 맡는 첫 출발점이었다. 포드는 물방울무늬 스카프를 맨 그녀와 친근하게 악수를 나눴다.

양국 보좌진들이 배석한 가운데 포드와 박정희가 이웃해 착석했다.[632] 박정희는 평소의 과묵함과 달리 가볍게 제스처까지 해보이며 여유 있는 미소를 지었다. 양국 보좌진들도 미소를 지어보였다. 잠시 뒤 정상회담을 위해 이동한 자리에는 단 4명뿐이었다. 포드와 박정희, 그리고 키신저와 김동조 외무부장관이었다.[633] 이들 사이에서는 우방의 얼굴과 국제정치의 냉정한 얼굴이 교차되었다.

소박한 방문, 뉴질랜드의 수상

1976년 4월 18일 로버트 멀둔 뉴질랜드 수상이 부인과 함께 4박 5일 일정으로 방한했다. 멀둔 내외를 맞이한 국무총리가 환영사를 읽어 내려갔다. "26년 전 북한공산집단이 한국을 침략했을 때 뉴질랜드는 한국민과 더불어 자유대한을 수호하기 위해 고귀한 희생을 치렀습니다. 특히 뉴질랜드는 유엔을 비롯하여 여러 국제회의에서 우리를 지지 협조하여 온 것을 우리는 잊지 않고 있습니다. (…)"[634]

국무총리의 환영사에 멀둔의 답사가 이어졌다. "(…) 북으로부터의 끊임없는 위협에 직면하여 상당 부분의 국력을 국방에 충당해야 하는 여건에도 불구하고 한국국민은 놀라울 정도로 활발한 경제 발전을 이룩한 데 찬사를 보내고 싶습니다. (…)"[635]

두 인물의 환영사는 한국전쟁과 북한 위협과 경제 발전이 중요한 키워드였다. 멀둔 수상의 카퍼레이드는 2년 전 방문한 포드 대통령에 비하면 조촐하고 조용하게 진행되었다.

경찰 사이카를 포함 총 20여 대 규모의 의전차량이 카퍼레이드[636]의 전부였다. '뉴질랜드 로버트 데이비드 멀둔 수상 내외분 방한'이라는 환영아치를 지나 김포공항을 빠져나와 1975년에 개통한 서울역 고가도로를 지났는데, 그 옆으로 신축된 지상 23층의 초대형 대우빌딩이 서울의 변신을 보여주고 있었다. 도로변에 환영객들이 일부 나와 있긴 했지만 서소문의 빌딩 앞은 한산했으며 오색꽃종이도 날리지 않았다. 광화문 앞 대로에는 양국 국기가 관례처럼 걸렸다. 멀둔 수상 부부의 카퍼레이드는 숙소인 조선호텔에서 멈춰 섰다.

멀둔의 소박한 방문은 다음날 정릉의 쌍용장에서 엿볼 수 있었다. 쌍용장은 한 유명인사의 별장으로, 멀둔 부부가 이곳을 방문한 이유는 한국 고유의 집과 정원에 관심이 많았기 때문이다.[637] 4월 22일에는 평택에 있는 한국과 뉴질랜드의 시범목장을 찾아가 드넓은 목초지에서 방목하는 젖소들을 살펴봤다. 멀둔은 4월 20일 청와대에서 박정희와 만났다. 박근혜가 영부인의 역할자로서 자리를 함께 했다. 박근혜는 한복을 입고 올린머리를 한 채로 멀둔의 부인을 맞이했는데, 소파에 앉은 박근혜 뒤로 한복 차림의 육영수 초상화가 걸려 있었다.[638] 그녀는 죽은 어머니의 모습을 그대로 재현하고 있었다. 그것이 그녀의 숙명인 듯 보였다.

세네갈 공화국의 국부이자 시인

레오폴드 세다르 상고르 대통령은 세네갈의 국부로 추앙받는 초대 대통령이며 아프리카 지역 내에서도 존경받는 인물이었다. 그뿐만 아니라 프랑스 문학계에서 인정받는 시인이었다. 몇 년 전 그의 시집『검은 영혼의 춤』(1977년), 『상고르 시전작집』(1979년)이 한국어로 번역 발간되었다. 상고르는 1974년 5월 평양을 방문하여 김일성을 만나 우의를 다진 바가 있었다. 아프리카에서 차지하는 상고르의 높은 위상, 북한과 맺은 밀접한 관계를 고려하여 한국에서는 그의 방한에 공을 들였다.

1979년 4월 22일 박정희와 박근혜는 비행기 트랩에서 내리는 상고르를 환대했다. 영접실무반에서 준비한 환영식이 끝나고 13대의 경찰 사이카가 이끄는 카퍼레이드 행렬이 서울 도심을 향했다.[639] 도로변으로 태극기와 세네갈 깃발을 흔드는 사람들이 보였다. 사람들이 가장 많이 모인 곳은 태평로, 덕수궁 앞, 시청 앞으로 향하는 길목이었는데 도로변에서 깃발을 흔드는 수많은 여중고생들로 봐서는 인근 학교별로 동원된 듯했다. 시청 건물 전면에 걸린 양국의 대형 국기. 그리고 광화문 이순신 장군 동상 앞에 설치된 대형 환영아치와 양국 정상의 대형초상화, 광화문 현판 아래는 '환영 세네갈공화국 상고르 대통령 각하 내외분 방한'을 환영하는 현수막이 걸렸다. 카퍼레이드 행사의 규모는 작은 편이었지만, 기념우표를 발행하는 등 환영 분위기를 최대한 조성했다.

청와대에서 열린 1차정상회담에 앞서 상고르는 한국 문학인들과 만났다.

"한국문화의 훌륭한 전통을 보고 나니 일본문화에 대한 한국문화의 영향이 얼마나 컸던가를 알 수 있게 됐습니다. 오래된 한국 전통문화의 정신에서 한국이 어떻게 오늘날 급속하고 훌륭한 공업화와 경제 성장을 이룩했는가를 알 수 있을 것 같습니다."[640]

그의 인사말에는 타문화에 대한 식견을 지닌 시인의 면모가 실려 있었다. 그는 한복을 차려 입은 모윤숙을 필두로, 조병화, 김남조 등 한국의 유명시인들을 만나 자작시를 낭송하는 시간을 갖기도 했다.[641]

1970년대 말의 국제 정세는 예측 불허의 뒤숭숭한 상황에 직면한 채 흘렀다. 국제정치 스릴러 소설 속 모종의 음모와 비밀스런 거래가 전개되는 것만 같았다.

미국 메릴랜드주 캐톡틴산에서 진행된 며칠간의 비밀 회동이 끝났다. 이곳에는 대통령 별장인 캠프 데이비드가 있었다. 놀라운 결과가 세상에 공개되었다. 피의 적대자들인 이집트의 사다트 대통령과 이스라엘의 베긴 수상이 평화협정에 조인을 했다. 피의 복수에 종지부를 찍은 브레이킹 뉴스였다. 사다트와 베긴 사이에는 이들을 중재한 지미 카터 미국 대통령이 서 있었다. 캠프 데이비드 협정이 조인된 이날은 1978년 9월 17일이었다. 카터는 환희에 찬 미소를 지었다. 이듬해 1979년 1월 1일 미국은 중화인민공화국과 수교를 맺고 중화민국과 맺은 미국-중화민국상호방위조약을 파기했다. 이로써 중화민국과 단교했다. 1월 17일 호메이니가 이끄는 이슬람혁명의 불길이 중동의 파리 '테헤란'을 휩쓸었다. 팔라비 국왕이 이집트로 망명하면서 팔라비 왕조가 몰락했다. 미국으로서는 중동의 친미세력을 송두리째 잃어버린 치명적인 사건이었다. 같은 해 5월 중화민국에 있던 미군이 완전 철수했다. 이러한 국제정치의 소용돌이

한가운데에 있는 주역이 카터였다. 그는 도덕외교 또는 인권외교를 부르짖는 인물이었다. 그러나 한국으로서는 불편한 존재였다. 그는 소설 속 인물이 아니었다.

1977년 카터행정부 출범 이후 주한미군 철수계획은 공식화되었다. 한국의 인권문제도 수면 위로 불거져 있었다. 1977년 11월 한미연합군사령관인 존 윌리엄 베시는 박정희를 "점점 더 자기 자신에게로 빠져드는 것으로 보이는 론리 맨(lonely man)"[642]으로 묘사했다. 이러한 카터행정부의 공식입장들이 박정희의 반감을 샀을 것이다. 더욱이 한국과 친밀한 중화민국에서 미군이 철수한 국면은 박정희에게 점증하는 불안이었으며, 카터에 대한 불편함과 의구심을 키웠을 것이다. 백악관은 박정희를 설득할 필요가 있었다. 아직은 박정희가 유효한 카드였다. 미국방장관 해럴드 브라운이 아이디어[643]를 냈다. 워싱턴, 서울, 평양 3자 회담을 추진하자는 내용이었다. 캠프 데이비드 협정의 성공을 다시 재현할 수 있을 것으로 내다봤다. 그러나 "TV스펙터클" 차원의 홍보라는 혹평을 받으며 백악관 내부 아이디어 수순으로 마무리됐다. 양국 정상은 만날 필요가 있었다. 카터의 한국 방문이 정해졌다. 국제 정세가 배신과 충돌과 화해의 제스처가 뒤엉켜 치닫던 1979년이었다.

1979년 6월 13일,[644] 의전, 경호, 통신, 의료인원까지 포함된 백악관의 방한선발팀이 한국에 도착했다. 각 인원들은 중앙청에서 한국 영접팀과 만나고 대통령 숙소인 신라호텔 전체를 체크하고 독실한 침례교인인 카터가 참석할 교회 선정에 나서고 내외신 보도진의 카메라 위치 등을 세밀하게 점검했다. 그들은 실제 현장을 시뮬레이션 하듯 움직이는 것 같았다. 정부의 영접위원회도 3백여 명의 인원이 풀가동하여 세밀하게 움직였다. 상황에 따른 동선 매뉴얼이 마련되었다. "만찬회 시작 5분 뒤, 바하의 음악이 연주될 때는 무슨 음식을 내놓는다."와 같은 식이었다. 카퍼레이드가 펼쳐지는 도로 요소에 대형아치 7개, 환영탑 11개, 양국 대통령 초상화 42개, 도로변 태극기와 성조기가 설치되었고 그 외에 기념담배 700만 갑, 기념우표 9백 만장이 기념물로 제작되었다.[645]

6월 29일 밤 9시,[646] 김포에 착륙한 미공군1호기인 에어포스원에서 카터와 부인 로잘린, 어린 딸 에이미가 트랩을 내려왔다. 앞서서 내린 카터가 흑감색 싱글 정장 차림의 박정희와 만나 손을 마주 잡았다. 두 인물의 역사적인 첫 대면이었다. 박정희 옆에는 미색 투피스를 입은 박근혜가 자리했다. 카터 옆에는 국무장관, 재무장관, 브레진스키 안보담당보좌관이 함께했다. 카터는 박정희와 짧은 인사를 나눈 뒤, 미해병대 소속의 대통령 전용헬기인 마린 원을 타고 동두천 미2사단 캠프 케이시로 향했다. 카터를 위한 성대한 환영의식은 내알로 잡혔다.

6월 30일 시민, 공무원, 학생 등 약 20만에서 25만 명의 환호성이 여의도 5.16광장을 메웠다. 5.16광장은 미국의 제39대 대통령 카터를 위한 거국적인 환영의식이 열리기에는 최적의 장소였다. 오전 9시 10분 기다리던 박정희와 흰색 리무진을 타고 여의도 행사장에 온 카터가 서로 반가운 미소를 짓더니 격하게 악수를 나눴다.[647] 격의 없는 양국 정상의 모습으로 보였다. 행사 도중 박정희는 카터에게 비가 올 것 같다며 우려 섞인 말을 건네기도 했다. 박정희는 준비한 카퍼레이드 행사에 신경이 쓰이는 듯했다. 실제 남쪽 지방에서는 장마전선이 북상 중이었다. 환영행사가 끝나자 오늘의 하이라이트인 카퍼레이드[648]가 개시되었다.

카퍼레이드 경로는 서울대교(마포대교)를 건너 마포, 공덕동로터리, 아현고가도로, 서소문, 시청 앞, 광화문, 그리고 청와대까지였다. 선두에는 보도진이 탑승한 무개차와 경찰 사이카, 카터와 부인, 딸, 박정희가 동승한 리무진을 좌우에서 둘러싼 경호차량들, 그 뒤로 41대의 육군헌병대 차량들이 호위병력으로 길게 따라왔다. 공중에서는 2대의 헬기가 순회하며 입체적인 경호를 수행했다. 서울의 중심도로들은 오로지 카터를 위한 긴 카퍼레이드 행렬들뿐이었다. 도로변은 인파의 물결이었고 하늘에서는 오색꽃종이가 끝없이 날렸다. 추산

환영
WELCOME TO KOREA
카터 미합중국 대통령 각하 내외분 방
PRESIDENT AND MRS. JIMMY CARTER OF THE UNITED STATES

미국 카터 대통령의 내한을 맞이해서 성대한 환영식이 거행되었다. 1979년.

100만 명이 태극기와 성조기를 흔들며 카터와 박정희를 반겼다. 두 대통령은 리무진에 선 채로 무수한 사람들에게 손을 흔들며 화답했다. 덕수궁 앞을 지날 무렵, 차에서 내린 카터가 환영군중에게 환한 미소를 지으며 악수를 건넸다. 사람들은 반가움에 "웰컴 카터!"를 연호했고 카터는 "땡큐! 땡큐!"로 연신 화답했다. 카터는 천천히 이동하는 리무진 위에 걸터앉아 한국국민들에게 손을 흔들어 인사했다. 카터와 박정희를 태운 리무진은 바로 옆에 밀착한 백악관 경호원들의 호위를 받으며 카퍼레이드의 기착지인 청와대로 향했다.

신라호텔에 마련된 프레스센터는 내외신기자의 열띤 취재경쟁으로 북새통을 이뤘다. 기자테이블은 전화와 타이프들로 어지러울 정도였다. 센터 한쪽에 설치된 〈U.S Radio Pool〉에서는 미국기자가 원고를 들고 방송을 내보내기에 여념이 없었다. 〈U.S Radio Pool〉에는 ABC, CBS, NBC, MUTUAL, AP, VOA, UPI 같은 미국 유수의 언론사 이름들이 적혀 있었다.

"with best wish people of Korea—our allies and friends. Jimmy Carter"[649] 청와대에 도착한 카터는 방명록을 작성했다. 가벼운 환영인사와 담화가 화기애애한 분위기 속에서 진행되었다. 이에 반해, 양측 고위인사들이 배석한 정상회담에서는 설전이 오가는 속에서 끝이 났다. 긴장감 속에서 비공개회담[650]이 시작되었다. 시각은 오후 12시 23분. 카터와 박정희, 그 외는 양국의 통역자 2명만이 배석했다.

"나는 미군이 한국에 영원히 머물 수 없다는 것을 이해하고 있습니다." 박정희가 말했다. "우리가 미군병력 수준을 동결할 것이라고 나는 약속할 수 없습니다." 카터가 응수했다. 카퍼레이드 행사 내내

     환상 공화국의 카퍼레이드

보여준 두 사람의 친밀함은 시작부터 삐걱거리며 신경전으로 바뀌었다.

숫자가 두 사람 사이에 논점으로 부각되었다. 카터는 20퍼센트를, 박정희는 6퍼센트를 꺼냈다. 카터는 북한의 방위비가 GNP의 20퍼센트를 쓰고 있으니 한국도 같은 수준이 필요하다고 언급했다. 박정희는 한국의 6퍼센트와 북한의 20퍼센트는 다르다고 반박했다. 한국의 어느 누구도 꺼내기 힘든 '속삭여야 하는 말'을 카터가 꺼냈다. 인권문제였다. 그것은 카터의 압박카드였고 박정희에게는 아킬레스건이었다.

"인권과 관련된 또 다른 문제를 제기하겠습니다." 카터의 문제제기는 상세했다. "우리는 최근 몇몇 학생들과 정치 활동가들의 석방을 관찰하고 이에 감사함을 가지고 있습니다." 그러나 그는 완곡한 어법을 구사했지만 박정희를 몰아붙이고 있었다.

"나만의 소망은 당신이 긴급조치9호를 철회하고 가능한 한 많은 수감자를 석방하는 것입니다. 만일 이러한 조치를 취할 수 있다면, 누가 봐도 미국 관계에 엄청난 개선이 일어날 것이라는 내 의견을 표명하는 것 외에, 나는 당신의 결정에 영향을 미칠 갈망이나 능력이 없습니다."

'긴급조치9호'는 박정희에게 금칙어였다. 박정희가 묵직하게 입을 열었지만 사실상은 반박의 포문이었다.

"전 세계의 인권 정책과 그 배경에 있는 정신에 깊은 존경을 표합니다. 그러나 모든 국가에 동일한 잣대를 적용할 수는 없다는 점을 제안하고 싶습니다. (…) 프레지던트, 당신은 최전선 지역으로 가셔서 서울로 돌아오셨습니다. 우리 수도는 DMZ에서 불과 25마일 떨어져 있습니다. DMZ 바로 건너편에는 수십만 명의 군인들이 배치되어 있습니다. 우리는 비극적인 전쟁을 겪었습니다. (…) 저는 그들에게 수십 개의 소련 사단이 볼티모어에 배치된다면, 미국 정부는 자국민들이 지금과 같은 자유를 누리는 것을 허용할 수 없다고 말하겠습니다. 이 소련군이 터널을 파고 컬럼비아로 특공대를 파견한다면, 미국의 자유는 더욱 제한될 것입니다." 박정희의 입장은 강경했다.

카터가 다시 짚었다.

"긴급조치9호를 계속 강요해야 한다는 것이 귀하의 응답입니까?"

박정희는 물러서지 않았다. 단호했다.

"현재로서는 긴급조치9호를 철회하기 어렵다는 점을 이해해 주시기 바랍니다."

카터와 박정희는 회담의 마무리를 짓는 수순으로 이어나갔다.

"이것이 내가 가진 전부입니다. 프레지던트, 더 제기하고 싶은 것이 있으신가요?"

"이와 관련된 귀하의 우려를 이해합니다. 최선을 다하겠습니다."

"내 의지를 강요하고 싶지 않습니다. 이러한 조치의 중요성을 판단할 수 있는 사람은 오직 당신뿐입니다."

둘 사이에는 민주주의 국가의 대통령과 왕국의 군주만큼 머나먼 거리가 존재했지만, 거친 설전을 벌이기만 한 것은 아니었다. 시종일관 미묘한 신경전과 정중함을 한데 엮어 상대를 파고들다가 물러서기를 반복하는 외교적 대화의 시간이었다. 그들의 회담이 끝났을 때 시각은 오후 1시 30분이었다. 총 67분의 시간이 흘렀다. 두 정상은 의례적인 악수를 하고 헤어졌다. 카터는 박정희의 방미를 초청했

　　　　　　　　　　　　　　　　환상 공화국의 카퍼레이드

고 박정희는 기꺼이 수락했다. 그러나 그것이 둘의 처음이자 마지막
이었다.

성령과 암살의 도시

1974년 8월 15일 세 개의 큰 행사가 광장과 지하와 전당에서 동
시다발로 열렸는데, 엑스플로74, 지하철 1호선과 수도권 전철 개통,
광복절 기념식이 그것이다.

세계기독교복음화대회, 일명 엑스플로74(EXPLO74)[651]가 8월 13
일 여의도 5.16광장에서 개최되었다. 미국, 아시아 각국에서 오
는 84개국 3,400여 명의 개신교 신도들이 대거 김포공항에 내렸고
'WELCOME TO EXPLO74'라는 현수막이 이국의 신도들에게 환
영인사를 대신했다. 행사장인 5.16광장에 '예수혁명 엑스플로74 성
령폭발'이라는 환영아치가 세워져 시선을 끌었다. 14일 밤 개막예배
가 열렸다. 1만 명의 연합성가대가 부르는 찬양은 광장에 모인 사람
들 마음에 스며들어 깊은 은혜와 감흥을 전했다. 이어 연합기도회,
철야기도회 순서로 진행되었다. 이날 전국에서 모여 광장 바닥에 앉
은 신도들의 수는 무려 136만 명으로 추산되었다. 연단의 목사들은
"진리의 복음을 만인에 전하자, 민족의 가슴마다 그리스도를 심어
이 땅에 성령의 계절이 임하게 하자."라는 슬로건을 소리 높여 외쳤
다. 신도들은 두 손을 치켜들고 목사들의 메시지를 따라하며 울부
짖었다. 성령이 함께 하심을 믿으며 기도했다. 한국에서는 처음으로
경험하는 낯선 광경들이었다. 5.16광장에 신도들의 숙소로 임시 가

박정희 대통령의 시청 앞 지하철역 공사현장시찰. 1973년.

설된 10여만 명 수용의 임시천막에 8월 15일 아침이 밝았다.

8월 15일 서울 도로와 거리에는 태극기들이 휘날리고 지하철 개통 축하를 알리는 현수막들이 나붙어 평온하면서도 축제분위기로 들떠 있었다.

당일 오전부터 MBC방송[652]은 제29주년 광복절 기념식과 지하철 개통을 실황중계로 내보냈다. 광복절 기념식은 10시, 지하철 개통식은 11시, 수도권전철 개통식은 11시 40분이었다. 지하철1호선은 종로선으로서 청량리역에서 서울역까지 구간이었다. 수도권전

철은 서울-수원 간을 운행하는 경부선, 서울-인천 간을 운행하는 경인선, 청량리-성북 간을 운행하는 경원선 노선이었다. 신문마다 "교통혁명을 이룩한 대역사 세계지하철 건설중 최단기"[653], "도시교통의 역사적 전기"[654], "대중교통 새시대로 지하철·수도권전철 개통"[655]이라며 지하철1호선 개통 기사 일색으로 도배했다. 과열과 과장이 난무하는 보도 같았지만 사실 그럴 만했다. 한국에서, 서울에서 지하철은 진기하고 새로운 교통수단임에 틀림없었다. 이날 11시 청량리역에서는 지하철1호선 종로선의 개통식이, 11시 40분 구로역에서는 수도권전철 개통식이 각각 열렸다. 11시 지하철1호선 개통식[656]에 국회의장, 교통부장관, 서울시장이 참석했으나 지하철 공사 현장을 수차례 방문하며 각별한 애정을 보였던 대통령은 나타나지 않았다.

이날 오전 8시경,[657] 조선호텔 앞에 중형 세단 렌터카 한 대가 대기 중이었다. 현대자동차에서 라이센스 생산한 검정색 포드20M 승용차였다. 금테 안경을 쓴 단정한 차림의 20대 일본인 남성 요시이 유키오(吉井行雄)가 호텔에서 나와 포드20M에 올라타자 운전자가 시동을 걸었다.

국립극장 안에는 삼부요인, 외교사절, 독립유공자와 가족, 재외동포, 학생 등 1,800여 명이 앉아 있었다.[658] 단상 가운데는 박정희와 육영수가 자리했다. B열 214호에 앉은 요시이 유키오는 차분했다.[659] 시각은 10시 3분경. 제29주년 광복절 기념식이 열렸다. 단상 앞에 선 박정희가 기념사를 읽어 내려갔다. 요시이 유키오의 시선에 박정희의 모습이 포착되었다. 요시이 유키오가 불현듯 품속에서 스미스 앤 웨슨 38구경을 꺼내 쥐며 일어서더니 앞으로 나갔다. 38구경의 총성이 울렸다. 10시 23분이었다. 요시이 유키오는 실수로 자신의 허박지에 첫 발을 쏘았다. 하지만 연이어 방아쇠를 당겼다. 두 번째 총탄이 공기층을 가르며 단상 연설대 왼쪽에 꽂혔다. 세 번째는 불발이었다. 요시이 유키오는 다시 방아쇠를 당겼다. 단상에 있던 육영수가 힘을 잃으며 고개가 무기력하게 뒤로 젖혀졌다. 네 번째 총탄이 육영수의 머리 오른쪽을 관통했다. 요시이 유키오는 일대 혼란에 빠진 관중의 발에 걸려 넘어지면서 연단 태극기에 총을 쐈다. 다섯 번째였다. 10시 25분에 사건이 종료되었다. 잠시 뒤 요시이 유키오는 체포되었다. 그날 밤 육영수의 사망이라는 비보가 긴급 전파되었다. 요시이 유키오는 육영수의 암살범이었다. 요시이 유키오는 위조여권 속 타인의 이름으로, 그의 본명은 문세광. 일본 오사카 출신의 재일교포였다.

이날 비가 쏟아졌다. 밤이 되자 엑스플로74의 정규집회는 일시 중단되었고 물이 고인 5.16광장 곳곳에서 신도들은 육영수 추모 기도회를 열었다.[660] 광장의 마이크를 통해 누군가의 기도문이 울려 퍼졌다. "슬픔을 당한 박 대통령의 가정에 하나님의 위로가 함께하시고 이 사건을 통해 온 국민이 단결하고 반공정신을 투철히 하며 우리 대통령을 더 잘 모실 수 있는 계기가"[661] 되어 달라는 갈구와 애도, 그리고 핏빛 복수의 기도였다. 이들의 모습은 자신들의 단결된 믿음의 과시와 분단된 현실에서 나타나는 불안전한 정신상태가 뒤섞여 표출되는 것처럼 보였다.[662]

8월 19일,[663] 박정희는 두 딸과 아들과 나란히 희고 노란색 꽃에 둘러싸인 육영수의 운구차를 따랐다. 박정희는 손수건으로 고인 눈물을 연신 닦았다. 오전 9시 40분쯤 운구차가 청와대 정문 앞에 다가가자 그는 두 손을 차량 후미에 짚은 채 걸었다. 자식들을 돌려보낸 그는 홀로 남았다. 그는 멈춰 선 운구차에 오른손을 얹은 채 청와대 정문을 서서히 빠져나가는 운구차에서 쉽사리 손을 떼지 못했다. 그는 자신들의 집, 자신들의 왕궁과 같은 청와대를 떠나는 아내와 고별인사를 마지못해 나눴다. 철혈군주인 그는 떠나는 운구차를 뒤로한 채 눈물을 흘렸다.

육영수의 운구차 카퍼레이드 행렬은 겹겹이 따르는 경찰 사이카들의 호위와 수십 대에 이르는 승용차들과 장례버스로 구성되었다. 운구차가 영결식장인 중앙청 광장에서 출발하여 광화문을 지날 때, 도로변의 여인들은 비통함에 몸을 가누지 못한 채 오장이 찢어지듯 오열했고 통곡했다. 아이들은 도로변에 주저앉은 채 망연자실 운구차를 지켜봤다. 8월의 따가운 태양빛이 내리 꽂히는 광화문네거리는 도로와 거리를 채운 사람들로 인산인해였다. 사람들은 국모의 마지막 길을 배웅하는 듯 숭고했다. 긴 운구차 행렬은 서울역을 지나 제1한강교를 건너 국립묘지에서 끝났다. 이날의 카퍼레이드는 '대통령 영부인 고 육영수 여사 국민장'으로 치러진 장례식 그 자체였다.

1984년까지

1978년 7월 6일 장충체육관에서 제2대 통일국민주체국민회의가 열렸다. 참석한 2,578명의 대의원들이 단독후보로 출마한 박정희 후보를 득표수 2,577표로 제9대 대통령으로 선출했다.

1978년 12월 27일 서울에는 겨울비가 추적추적 내렸다. 제9대 박정희 대통령 취임식이 있는 날[664]이었다. 광화문 환영아치에는 박정희의 초상화가 붙었고 도로에는 경축 기념탑이 세워졌고 시청 건물에는 대형 태극기들이 내걸렸다.

이날 대통령 취임 카퍼레이드는 우천 때문이었는지는 알 수 없으나 무척 간소했다. 장충체육관 주변에 모인 우산을 쓴 학생들이 대통령의 캐딜락을 향해 태극기를 흔드는 것이 전부였다. 대통령의 취임식장인 장충체육관이 카퍼레이드의 종착지였다.

장충체육관 연단에 선 박정희는 취임선서를 했다.

"선서! 나는 국헌을 준수하고 국가를 보위하며 국민의 자유와 복리의 증진에 노력하고 조국의 평화적 통일을 위하여 대통령으로서의 직책을 성실히 수행할 것을 국민 앞에 엄숙히 선서합니다. 일천구백칠십팔년 12월 27일 대통령 박정희"[665] 그리고 15분 동안 19페이지 분량의 취임사를 읽어 내려갔다. 박정희는 6년 동안의 임기를 시작했다. 임기 마지막 해는 1984년이었다. 취임식 연단에 선 그에게서 수척한 노인의 얼굴이 엿보였으며 그의 목소리는 좀이 슬은 오래된 나무의 질감처럼 푸석푸석했다.

그리고 명멸하는 불빛

신민당 김영삼 총재의 의원 제명으로 촉발된 1979년 10월 정국은 걷잡을 수 없는 혼돈으로 빠져들었다. 10월 18일 부산과 마산(현재의 창원) 일원에 내린 비상계엄은 일촉즉발의 상황으로 몰아가는 도화선이 되었다.

한편 청와대 앞 궁정동에 숨어 있는 중앙정보부의 비밀스런 안가에 불이 들어왔다. 그날 안가의 만찬장은 오가는 술잔과 여인들의 노랫소리가 곁들여진 여흥이 이어졌지만, 그 한쪽에서는 무겁게 짓누르는 공기가 감지되었다. 그날은 1979년 10월 26일이었다. 저녁 7시 40분경,[666] 중앙정보부장 김재규가 품속에서 꺼낸 독일제 32구경 권총 발터PPK의 방아쇠를 당겼다. 앞자리에 앉은 박정희 대통령의 흉부에 적중했다. 발터PPK가 격발 고장을 일으키자, 김재규는 식당 밖으로 황급히 뛰쳐나가 스미스 앤 웨슨 38구경을 가져와 박정희의 후두부에 방아쇠를 당겼다. 총성과 함께 박정희의 핏물이 김재규에게 퍼졌다.

국군서울지구병원장 김병수[667]는 퇴근한 지 얼마 되지 않은 시각에 전화 한 통을 받았다. 그리고 전화가 끝나자마자 급히 병원 응급실로 뛰어갔다. 뜻밖의 남자들이 그를 기다렸다. 그들은 중앙정보부의 요원들이었다. 응급실 수술대 위에는 흰 천에 덮인 시신이 누워 있었다. 요원들은 시신을 확인케 했다. 남성이었다. 요원들은 남성의 얼굴을 절반씩 번갈아 가며 보여주었다. 남성의 얼굴은 총상으로 심각한 손상을 입고 퉁퉁 부어 있었다. 누군지는 알 수 없었지만 이미 절명했다는 사실은 알 수 있었다. 잠시 뒤 김병수는 남자의 가슴에 난 반점을 보고서야 알았다. 청와대의 VIP였다. 이 조그만 체구의 남성이 오늘 아침까지 천하를 호령하던 대통령이었다는 사실이 도무지 실감나지 않았다고 그는 훗날 회고했다.

10월 27일 미명의 새벽 4시 전국에 비상계엄이 선포되었다. 날이 밝자 서울 거리 일대에 호외가 뿌려졌다. "박정희 대통령 서거"[668]가 전국에 충격파를 가했다. TV에서는 하루 온종일 박정희의 생애를 조명하는 영상과 그리그의 '오제의 죽음'이 추모곡으로 흘러나왔다.

미국의 양대 유력일간지들은 남한의 서울에서 긴급 타전된 속보를 서둘러 내보냈다. 워싱턴포스트지는 "President Park Killed in South Korea(남한의 박 대통령 죽음)"[669]를 보도했다. 뉴욕타임즈는 "PRESIDENT PARK IS SLAIN IN KOREA BY INTELLIGENCE CHIEF, SEOUL SAYS; PREMIER TAKES OVER, G.I.'S ALERTED(한국 박 대통령 중앙정보부장이 죽임, 국무총리가 인계, G.I의 경고)"[670]를 시작으로, "Sudden Death(갑작스런 죽음)"와 "Official Account of Death Arouses Doubts(공식 사망 기록에 의문 제기)" 두 건의 기사[671]를 내보냈다.

18년 동안 금지된 철옹성을 쌓은 절대군주의 운명은 2발의 총성과 응급실 수술대 위에서 종말을 고했다.

박정희의 죽음은 한반도를 급속도로 냉각시켰다. 미국은 북한의 위험성을 예의주시하며 일련의 조치[672]를 실행했다. 주한미군 3만 8천 명에게 경계령이 내려졌다. 미국 오클라호마주 팅커공군기지에서 급파된 E3A 공중경보통제기(AWACS)가 한반도 상공에서 직경 8백 5킬로미터를 탐지하며 24시간 북한의 동향을 파악했고 미해군 특별기동함대 항공모함 키티호크호가 부산항 입항을 목전에 두고 있었다.

11월 3일은 박정희의 영결식이 거행되는 날이었다.[673] 서울 일원에 짙은 안개가 내려앉아 김포의 비행기 이착륙이 계속 지연되었다. 도로에는 2천 개의 태극기가 내걸렸고 지하철과 서울시내버스는 근조장식을 달았다.

영결식의 첫 출발지는 청와대였다. 7만여 송이의 국화꽃으로 장식한 대형 영구차가 청와대를 천천히 빠져나가고 있었다. 영구차는

박정희 대통령 서거 청와대 분향소 시민 조문 행렬. 1979년.

청와대 정문 앞에서 1분간 멈춰 섰다. 영구차 양쪽 옆은 커다란 유리창으로 되어 속이 훤히 들여다보였다. 태극기에 덮인 관이 박정희의 공식적인 마지막 모습이었다. 4년 전 자신의 아내가 총성에 숨이 멎어 떠날 때처럼, 그 자신도 총성에 쓰러져 청와대를 떠났다. 그의 나이 62세였다.

오전 9시 55분경부터 중앙청 광장에 마련된 영결식장에는 43개국 조문사절단을 비롯해서 2,500여 명이 참석하여 박정희를 애도했다. 12시를 조금 넘긴 시각, 쇼팽의 '장송행진곡'이 연주되면서 박정희의 운구 카퍼레이드 행렬[674]이 본격적으로 시작되었다. 대형 태극기를 잡은 여군들이 맨 앞을 장엄하게 이끌었고 바로 뒤에 박정희의 영정을 실은 지프차가 천천히 이동했다. 영구차는 육군사관생도들이 사방에서 호위했다. 광화문은 도로, 인도할 것 없이 가슴팍에 근조 리본을 단 사람들로 가득 넘쳤다. 전국 각지에서 모여든 사람들이 2백만 명에 이르렀다. 상복을 입은 여인들이 부지기수였다. 여인들은 박정희의 영구차가 가까이 보이자 통곡하거나 슬픔을 억누르지 못한 채 땅을 치며 오열했다. 국왕의 죽음을 애달파 하는 광경이었다. 운구 행렬이 이순신 장군 동상을 지나 시청 앞으로 진입했다. 운구차에 탄 그의 마지막은 명멸하는 불빛이었다. 그 불빛은 소멸을 말하듯 어슴푸레했다. 무수한 사람들이 뭔가에 이끌리듯 운구 행렬을 뒤따라 걸었다. 박정희의 운구 카퍼레이드 행렬은 서울역을 지나 제1한강교를 건너 동작동 국립묘지에서 끝이 났다. 박정희는 자신의 아내 육영수 옆에 누웠다. 그의 유택(幽宅)이었다.

1970년대 박정희 대통령이 의전차량으로 사용한 캐딜락은 여러 종류였다. 캐딜락 프리트우드 75 세단, 캐딜락 세단 드빌, 캐딜락 프리트우드 75 부르엄을 애용했다. 캐딜락은 박정희 자신의 위엄용이었으며 외국에서 온 국빈을 모시는 최상의 예우였다. 미국의 대통령들은 자신들의 의전차량을 공수해 왔으며 이를 타고 한국의 수도 서울에서 카퍼레이드 의전을 받았다. 박정희는 카퍼레이드 길로 자신의 아내를 먼저 떠나보냈다. 그리고 총상으로 해체된 시신이 되어서야, 무려 18년의 기나긴 세월이 지나서야 수없이 왕래했던 카퍼레이드 길로 나섰다. 그의 권력은 카퍼레이드에서 탄생하여 카퍼레이드에서 소멸했다. 그는 한때 공화국의 장군이었으나 대통령 권좌에 올라 스스로 국가가 되어갔다. 또한 내면은 왕국의 군주로서, 제사장으로서 살았던 인물이었다.

WELCOME MISS UNIVERSE PAGEANT 1980　世界平和
80 미스유니버스
SRI LANKA　SWEDEN
MISS UNIVERSE 1980　SEOUL　KOREA

미스 유니버스 대회에 출전한 미녀들이 탄 꽃차 카퍼레이드. 태평로를 지나 시청 앞으로 향하고 있다. 1980년.

Epilogue

계엄령의 도시, 피의 제전

"1979년 10월 27일에 선포한 비상계엄이 계엄법 제8조 규정에 의하여 1980년 5월 17일 24시를 기하여 그 시행 지역을 대한민국 전 지역으로 변경함에 따라 현재 발효 중인 포고를 다음과 같이 변경한다. (…) 본 포고를 위반한 자는 영장 없이 체포·구금·수색하며 엄중 처단한다."

— 계엄포고 10호, 1980년 5월 17일[675]

"1980년도 미스 유니버스 서울대회에 참석한 세계 각국의 미녀들은 서울 중심가를 꽃차행진으로 누비면서 우정과 친선을 두터이 했습니다. 때를 같이 해서 미국의 각 주를 대표한 미스 아메리카 일행이 우리나라에 와서 서울에 이곳저곳을 관광해 한때 미녀들의 홍수를 이룬 듯했습니다."

— 1980년 7월 10일, 대한뉴스 1289호[676]

1980년 1월 23일 종로구 소격동에 양복 차림의 군인들과 한복과 양장으로 멋을 낸 부인들이 모여들었다. 불과 1개월 전인 1979년 12월 12일 무력으로 권력을 쟁취한 일단의 군인들을 축하하는 위로파티[677]가 열렸다. 군인들과 그의 부인들이 향한 곳은 국군보안사령부로서 흔히 '보안사'라고 불렀다.

조명이 내려앉은 작은 무대 위에서 코미디언 서영춘이 사회를 보고 있었다. 여러 명의 인기가수들도 참석했다. 코미디계의 백전노장인 그가 오늘따라 말을 더듬었다. 잔뜩 긴장한 표정이 또렷했다. 양복 차림의 남자가 옆에서 그의 말을 정정해주기까지 했다. 양복 차림의 남자가 술잔을 들었다. 그는 1979년 12월 12일 쿠데타를 진두지휘한 전두환 장군. 그가 술잔을 높이 치켜들고 건배사를 외쳤다.

"사모님들 우리 저 영부인들 요 잔을 보여봐요. 옆에서는 감독을 하시고. 보안부의 부인 사모님들은 브라보!"

축배의 건배사가 끝나자 그는 왼손을 주머니에 찔러 넣은 채 마이크를 잡았다. 입가에는 기분 좋은 미소를 지은 채 밴드의 반주에 맞춰 그가 노래를 불렀다. 자신의 애창곡이었는지 여유롭고 능숙한 솜씨였다. '방랑 시인 김삿갓'이라는 곡이었는데, 그의 목소리는 제법 구수했다.

"죽장에 삿고 쓰고 방랑삼천리 흰구름 뜬 고개 너머 가는 객이 누구냐. (…)" 그에게 이 노래는 혁명의 찬양가였다.

그리고 1980년 5월 17일 전국에 비상계엄령이 확대 선포되었다.

5월 광주의 거리와 도로는 온통 평범한 사람들의 피로 물들었다.

완전한 권력을 손에 넣은 군부는 참혹한 공포의 시대를 열었다.

그 무렵, 정확히 5월 24일 저녁 7시, 서울 세종문화회관 대강당에서는 '80MBC국제가요제'[678]가 전 세계 15개국에서 온 가수들이 참가한 가운데 성대히 열렸다. 호화로운 경연과 찬란한 축제의 장이었다. 영국의 가수 마릴린 밀러[679]가 대상 수상자로 호명되고 이어 자신의 수상곡(everytime you go)을 열창했다. 호소력 짙은 그녀의 음성이 객석을 적셨다. 이날 TV에서 본 서울은 이국적이었고 국제적이었고 흥미로운 쇼가 펼쳐지는 동양의 멋진 도시였다. 광주에서 자행되는 살육과 피의 울부짖음과 밀려드는 계엄군의 군홧발과 총구는 삭제되었다. 광주는 고립무원이었다. 그러나 그녀의 애잔한 울림과 '떠날 때는 언제나'라는 번안곡명은, 동양 최대 예술전당의 축제곡이라기보다 5월 광주의 비극을 향한 애가처럼 들렸다.

미스 유니버스 대회와 계엄령

그해 여름 계엄령이 선포된 상태였지만 서울은 또 다른 이벤트로 분주하게 움직였다. 또다시 이국적이며 국제적인 도시의 이미지로 포장했다. 5월의 국제가요제가 대중가요였다면, 이번에는 이국의 아름다운 여인들이었다. 6월부터 7월까지 서울에서 미스 유니버스 대회가 열렸다. 세계 평화와 우정과 친선을 전하는 미의 사절단이 방문했다. 미녀들의 카퍼레이드가 서울 도심을 수놓았다.

그런데 지난 몇 년 동안 미스 유니버스 대회 개최 국가들은 아름다운 여인들의 축제와 상반된 현실에 처해 있었다. 미스 유니버스

대회가 열린, 1973년 그리스, 1974년 필리핀, 1975년 엘살바도르, 1976년 홍콩, 그리고 1980년 한국, 이들 국가에는 몇 가지 유사점들이 존재했다. 그것은 총과 살인이었고 계엄령과 독재였다.

1973년 신화와 서양문명의 기원인 그리스에 계엄령이 내려졌다. 그해 7월 미스 유니버스 대회가 열리던 그리스는 혼란의 시기였다. 요르요스 파파도풀로스 대령이 좌파세력들의 척결을 외치며 군사쿠데타를 일으켜 콘스탄티노스 2세 국왕을 축출했다. 군주제는 유지된 채 군부독재의 장이 열렸다. 그때가 1967년. 후에 이들 군부세력을 '대령들의 정권(Regime of the Colonels)'으로 지칭했다. 권좌에 오른 파파도풀로스는 자신의 말을 증명하듯이 정치적 반대파와 저항세력을 잔혹하게 처단했다. 에게 해의 야로스 섬, 마크로니소스 섬에 그들을 수감하고 고문하고 처형했다. 이곳은 피의 수용소였다. 신화와 고대 해양문명의 탄생지 에게해는 무자비한 살인이 저질러지는 독재의 공간으로, 악의 출몰지로 물들었다.

미스 유니버스 대회가 개최된 1973년은 파파도풀로스 통치의 절정이었다. 그는 조작된 국민투표로 군주제를 폐지했다. 그는 친위쿠데타를 일으켰다. 그는 그리스 공화국의 초대 대통령이 되기를 갈망했다. 그리스의 정치는 혼란의 기류에 빠져들었다. 바로 그 시점에 미스 유니버스 대회가 아테네에서 열렸다. 군부의 포악함을 세탁하기에 가장 근사한 풍경이 미스 유니버스 대회였을 것이다. 하지만 독재에 저항하는 아테네 대학생들의 시위가 민주정의 기원인 아테네를 뒤덮었고 군부독재는 최후의 수단처럼 계엄령을 선포했다.[680] 그로부터 4개월 뒤, 파파도풀로스는 자신의 심복이 일으킨 쿠데타로 체포되어 권좌에서 축출되었다.[681]

　1972년 9월 21일 필리핀에 포고령 1081호에 의한 계엄령이 선포되었다. 국가 전복세력의 위협에 대처한다는 명분이었다.[682] 대통령 페르디난드 마르코스는 집권 7년 차에 접어들면서, 권력 연장에 집착하고 있었다. 마르코스의 편집증이 극에 달했다. 마침내 계엄령을 통해, 1935년에 제정된 헌법을 정지하고 정당활동을 금지하고 자신의 반대세력과 언론인들을 투옥했다.[683] 야당정치인, 언론인, 학생, 가톨릭교회, 이슬람분리주의자, 공산주의자들을 포함해, 그와 반대편에 선 모든 이들을 국가전복세력으로 덧씌워 서슴지 않고 학살을 자행했다. 국제앰네스티 보고에 따르면, 계염령 하에서 7만 명이 '국가의 적'으로 체포되었으며 3천 명이 죽었다.[684] 잔인하게 그들을 제거한 그는 장기독재의 길을 향해 치달았다. 마르코스와 그의 부인 이멜다까지 합세한 필리핀. 그들의 패밀리 독재가 극에 달하던 무렵, 1974년 7월 마닐라의 민속예술극장에서 미스 유니버스 대회가 열렸다. 미인들의 축제 이면은, 마르코스 패밀리의 총과 살인, 계엄령과 독재의 피로 얼룩져 있었다. 필리핀은 아시아의 부국이라는 영화로운 시절에서 내리막길로 치달았다. 그것은 한 사회가 보여준 자멸의 길이었다.

　아르투로 아르만도 몰리나 바라사 대통령. 그는 중남미의 엘살바도르에서 무소불위의 권력을 휘두른 독재자였고 전직 군인이었다. 그가 재임하던 1972년부터 1977년은 국가 폭력이 만연한 시기였다. 솜브라 네그라, 즉 '검은 그림자'라는 뜻의 암살단을 만들어 공포정치로 엘살바도르를 통치했다. 국가가 암흑가의 갱단처럼 무고한 자국 국민들을 납치해 고문과 살인을 자행했다. 1975년 7월 미스 유니버스 대회가 수도 산살바도르 국립체육관에서 열렸다. 대회가 열리기 전, 군복을 입은 그는 자랑스러운 듯 세계 각국의 미인들 앞에서 축사를 늘어놓았다.[685] 대회가 끝나고 미인들이 돌아간 뒤, 엘살바도르에서는 학생들의 시위가 분출되었다. 미스 유니버스 대회에 공적자금이 불법적으로 사용됐다는 목소리였는데, 대통령은 학생들의 목소리를 폭력으로 진압했다.[686] 그의 임기 5년은 무자비했다.

1976년 7월 영국 식민지 제국의 보석 홍콩에서 미스 유니버스 대회가 개최되었다. 홍콩은 동양의 신비와 서양의 현대가 빚은 환상적인 도시국가였다. 이와 같은 모습 이전에, 홍콩은 미증유의 시련을 겪었다.

그해는 1967년이었다. 홍콩은 중국 본토의 문화대혁명의 영향으

리나 모르, 그녀는 미스 유니버스 왕관을 차지한 유일한 미스 이스라엘이다.
1976년 홍콩에서 열린 대회에서 우승했다. 1977년.

로 격한 몸살을 앓았다. 오랜 세월에 걸친 영국 식민통치의 부작용
과 신격화된 마오의 문화대혁명이 격돌한 것이다. 마오쩌둥을 숭배
하던 홍콩의 마오주의자들이 "해방!"을 외치며 쏟아져 나와 거리를
점거하고 대영제국 반대를 외쳤고 사제총으로 살인을 저질렀다. 홍
콩의 거리 곳곳에는 붉은 구호가 나붙었다. "홍콩을 땅에서 하늘까
지 붉게 칠하라."[687] 급기야 경찰의 강경진압과 홍콩 총독부의 긴
급조치법이 이어지면서, 사태는 확전 양태로 커졌다. 결국 마오주의
자들의 "폭탄 공격으로 51명이 목숨을 잃는"[688] 돌이킬 수 없는 유
혈사태로 번졌다. 이른바 '67폭동'이 터진 것이다. 1967년 5월부터
12월까지 마오주의자들의 총과 살인이 일으킨 홍콩의 혼란은 깊은
내상과 극심한 후유증을 남긴 채 평범한 홍콩인들의 외면을 받았다.

1976년 미스 유니버스 대회가 열린 홍콩은 다시 제국의 보석으
로서 수려한 자태를 뽐냈다. 그러나 홍콩이라는 도시의 빌딩 숲과
거리 어딘가에는, 홍콩인들의 마음속에 온전히 치유되지 못한 67년
의 후유증이 자리하고 있었다.

1980년 피의 5월, 그리고 이국의 미녀들

1980년 6월 15일부터 한국에 도착한 이국의 미녀들은 3주에 걸
친 미스 유니버스 대회 사전 행사[689]로 분주한 나날을 보냈다. 미녀
들은 국립묘지를 방문하여 무명용사영현에서 헌화를 하고 여의도
5.16광장의 6.25동란 기념관을 찾았다. 판문점을 방문해 남북의 냉
전을 관광했다. 뒤이어 민속촌을 찾아 한국 전통문화의 멋을 체험했

다. 열차를 탄 미녀들은 경주로 향해 불국사, 천마총, 에밀레종을 관람했다. 6월 24일 각국 미녀들이 찾은 곳은 경복궁이었다. 이국의 미녀들은 수영복 차림으로 활보하며 경회루와 향원정을 배경으로 대회 참가용 프로필 사진을 찍었다. 경복궁은 동양의 이색적인 무대의 세트장으로서 충실했다. 6월 26일 청와대는 69개국에서 온 미녀들을 초대했으며 이 자리에서 최규하 대통령은 미녀들에게 친필 사인을 해주기도 했다. 그는 대통령 자리를 즐기는 듯 보였다.

6월 29일 미녀들의 카퍼레이드가 서울 도심에서 아름다운 향기를 날리며 진행되었다. 이날을 위해 서울시는 최선의 공을 들였다. 시내 16개 주요 도로를 대대적으로 정비했고 25일에는 비가 내리는 속에서도 세종로 앞길의 아스팔트 확장 공사를 서둘렀다.[690] 카퍼레이드가 도심의 경관에 변화를 주었던 것이다.

세계 각국의 미녀들이 탄 수십 대의 꽃차가 여의도 5.16광장에서 출발했다. 마포를 지난 행렬이 태평로 소공동으로 들어섰다. 차량이 통제된 도로변에 모인 수많은 시민들이 이국의 미녀들을 반겼다. 3군 군악대의 행진곡과 농악대의 농악이 울려 퍼지는 가운데, 하늘에서는 오색꽃비가 끊임없이 쏟아져 내리며 도로를 뒤덮었다.[691] 미녀들은 자신들의 전통의상이나 수영복으로 멋을 내고 육체의 관능미를 물씬 풍겼다. 미녀들의 카퍼레이드는 만인의 시선을 끌며 시청 앞, 중앙청을 지나 안국동 풍문여고 앞까지 이어졌다.[692]

7월 8일 미스 유니버스 서울대회가 TV로 전 세계에 위성생중계되었다. 대회는 베네주엘라에서 온 전임 미스 유니버스의 오프닝 멘트로 시작했다.[693] 그녀의 뒤로, 길게 뻗은 세종로 대로와 본선대회가 열리는 세종문화회관의 전경을 보여주었다. 전통과 현대가 공존

하는 동양의 발전하는 도시 풍경이었다. 계엄령과 자국민을 압살하는 계엄군의 존재는 흔적조차 찾아볼 수 없었다. 서울은 환상의 도시였다.

이듬해 1981년 1월 24일 오전 10시경, 대통령이 담화문을 발표했다.

"(…) 오늘 계엄을 해제하는 것은 안정의 필요성이 없어졌거나 줄어들었기 때문이 아니다. 안정 유지의 왕체(王體)는 정부가 아니라 국민 여러분이 돼야한다는 것, 그리고 안정 유지의 수단은 물리적인 힘이 아니라 국민의 의지력이어야 한다는 것이 계엄 해제가 담고 있는 진정한 뜻이다. (…) 우리는 지금 새 시대 새 역사 새 공화국을 건설하기 위해 힘찬 발걸음을 내딛고 있으며 (…)"[694]

같은 날 24시를 기점으로 전국에 선포된 계엄령이 해제되었다. 박정희가 암살되고 1979년 10월 27일부터 시작되었으니, 무려 456일 동안 지속된 계엄령이었다. 계엄령은 해제되었으나 여전히 절대군주가 통치하는 왕국이었다.

■ 대학생들을 무대의 주인공으로 포섭하라

다시 피의 5월이 고요히 찾아왔고 또다시 서울은 화려한 이벤트로 들썩였다.

1981년 5월 23일 저녁 7시 세종문화회관 대강당에서 '81MBC국제가요제'가 전국에 실황 중계되었다.[695] 16개국의 가수들이 출전을 하는 경연장이었다. 이날의 스포트라이트는 단연코 특별초청가

수였다. 전 세계적으로 선풍적인 인기를 모으고 있는 독일의 3인조 여성보컬그룹 아라베스크의 무대[696]였다. 디스코 리듬에 실린 그녀들의 목소리는 경쾌하고 흥거웠다. 발랄함과 섹시함이 섞인 외모로 매력을 발산하며 객석의 시선을 사로잡았다. 그녀들은 낯선 동양의 무대에서 자신들의 빅 히트곡을 불렀다. "Hello, hello Mister Monkey" 그녀들이 차례대로 짧은 한국말로 인사를 하자 객석에서는 웃음과 뜨거운 박수가 터져 나왔다. "안녕하세요. 여러분", "우리는 한국에 온 것을 기쁘게 생각합니다."

5월의 축제는 계속되었다.

"국풍은 양풍이나 외풍의 대어로서 우리나라의 풍속 멋이라는 뜻입니다."[697]

1981년 청와대 대통령 비서실이 초대형 국가적 이벤트를 기획하면서 한 말이다. 이 이벤트의 정식 명칭은 '국풍81 전국대학생 민속국학 큰잔치'이다. 국풍81의 기획자들은 대학생들을 주인공으로 내세운 대형 무대를 마련하여 역량을 과시했다. 민속과 젊음이라는 키워드는 달랐으나, 화려한 쇼, 대형공간에 설치된 각종 행사무대, 그리고 시가행진과 카퍼레이드까지, 20여 년 전 혁명 1주년 박람회의 현장을 보는 듯한 기시감을 전해주었다. 더군다나 이벤트의 중심에 서 있는 군인 박정희와 군인 전두환이라는 인물과 이들이 권력의 찬탈자라는 것까지 닮았다. 시간을 과거로 되돌린 듯했다. 유일한 차이점은 흑백TV시대와 칼라TV시대의 차이였을 뿐. 국풍81의 기획자들이 혁명 1주년 박람회를 모방했을지도 모를 일이다. 이 무렵, 청와대 내부에서는 절대군주의 가신들 사이에서 모종의 권력 암투가 벌어지고 있었다. 국풍81을 제안한 대통령 정무비서실의 최초

기획을 민정수석실에서 반대하고 나섰던 것이다.[698] 결국 정무비서실의 계획대로 진행되었다.

행사 기간은 1981년 5월 28일부터 6월 1일까지, 최초 책정한 총 소요예산은 6억 3천 4백여만 원이었지만[699], 후에 6억 5천만 원으로 증가한 것으로 보인다.[700] 예산의 50퍼센트는 대기업과 KBS방송이 부담하고 나머지 50퍼센트는 안기부, 문교부, 문공부가 분담하는 것으로 되어 있다.[701] 특이한 사실은 예전의 중앙정보부인 안기부(국가안전기획부의 약칭)가 관여하고 있었다는 점이다. 행사의 예산 집행에서 2억여 원은 194개 대학의 244개 참가 서클에 지출된 비용이었다.[702]

1981년 5월 28일 여의도광장(명칭에서 '5.16'이라는 표현이 사라진 것으로 보인다) 하늘에는 '국풍흥국(國風興國)'이라는 글씨가 큼지막하게 적힌 가로 200미터, 세로 16미터 크기의 초대형 현수막이 떠 있었다.[703] 국풍 81의 목적은 민족화합의 대제전이자 전통과 젊음의 큰잔치였다. 물론 이 초대형 이벤트의 중요한 목적은 다른 데 있었다. 그것은 권좌에 앉은 새로운 군주, '각하'의 이미지를 연출하는 것이었다. 기획자들은 "각하의 포용력을 학원에 불어 넣는 것"[704]에 초점을 맞추었다. 각하의 포용력은 무엇이었을까? 그것은 군주의 포용력이었다. 그것은 왕국의 군주가 신민에게 보여주는 넓은 아량과 평화와 화합을 추구하는 애민정신의 자세였다. 군주가 된 전두환의 이미지는 군주와 신민의 관계로 향하고 있었다. 그의 내면은 절대군주에 대한 열망으로 들끓고 있었을 것이다.

개막 당일인 5월 28일 오후 3시 40분부터 5시까지 서울시내 중심도로에 차량통행 제한이 내려졌다. 카퍼레이드와 시가행진이 국풍

81의 분위기를 고조시킬 참이었다. 드넓은 도로 양쪽에 구경꾼들이
몰려들었다.

이름하여, 국풍행렬 시가행진. 이동경로는 정동 MBC 앞에서, 광
화문과 시청을 지나 서울역까지 연결된 코스다. 태평로와 세종로
는 1962년이나 1981년이나 왕국의 카퍼레이드와 시가행진의 중심
이었다. 이날의 카퍼레이드는 일반적인 오픈카나 꽃차 대신, 상징
물로 장식된 국풍차가 선두에 섰는데, '國風81 겨레의 신바람, 겨레
의 흥, 겨레의 멋'이라는 슬로건과 전통 탈 장식이 오방색으로 장식
되었다.[705] 전통 탈 장식은 행사의 상징으로 서울 시내와 여의도광
장을 빼곡히 채웠다. 국풍차의 뒤를 이어, 농악대, 학도호국단, 고적
대, 인천화교협회의 중국 전통용춤, 남사당패, 차전놀이, 각종 가장
행렬 등이 대열을 따라서 행진을 벌였고 풍어제를 시연하는 어선 꽃
차도 뒤따랐다. 카퍼레이드와 시가행진의 열기는 여의도광장으로
이어졌다. 당일 밤 8시 30분경 행사장은 관람객들을 환영하는 불꽃
놀이 쇼가 벌어졌다. 개막 첫날에 무려 80만에서 100만을 추산하는
인파가 모여들었다.[706] 여의도 일대의 교통 혼잡과 행사장에 넘쳐
나는 쓰레기 대란 속에서도 사람들의 발걸음은 멈추지 않았다. 한쪽
에서는 젊은이의 축제를 열어 가요경연을 펼쳤고 또 한쪽에서는 팝
페스티벌을 열어 미국의 팝그룹 더 파라무어의 최신 디스코 공연을
열었다. 불꽃놀이가 여의도의 밤하늘을 수놓으며 6월 1일 폐막되었
다.

국풍81의 기획자들은 행사 결과에 만족했을 것이다. 자신들의 통
계로 보면 전국 194개 대학, 6천여 명의 학생들이 참여했고 총관람
객 수는 무려 1,000만 명에 달했다.[707] 1년 사이에 전혀 다른 5월로

변해 있었다. 1980년 5월 광주의 도로와 1981년 5월 서울의 도로는 몹시 달랐다. 도로를 물들였던 피 위에 오색종이와 사람들의 발걸음과 거리의 쓰레기가 겹겹이 쌓여가는 듯했다.

도로 위의 서사, 환상 공화국의 카퍼레이드

카퍼레이드는 도로 위의 서사다. 한 시대를 풍미한 역사 속의 수많은 인물들이 카퍼레이드 행렬에 등장하고 퇴장했다. 때로는 환호와 열광 속에서, 때로는 슬픔 속에서 만인의 스포트라이트를 받았다. 그들 모두 자신의 서사 속에서는 주인공이었고 스타였고 애국자였고 선인이었고 혁명가였다. 일반적으로 가리키는 악인과 반란자와 독재자, 혹은 폭군은 그 당시 카퍼레이드에 존재하지 않은 채 모두 역사의 풍경 너머로 명멸해 갔다. 그래서 환상 공화국의 카퍼레이드인 것이다.

카퍼레이드는 열망의 선전장이었다. 혁명에 성공한 자들은 권력 쟁취를 만인에게 선포하며 탄생하고 소멸했다. 그리고 권력자는 자신만의 신념으로 이상적인 국가와 이상적인 인간상의 구현을 시도했다. 군중은 그들의 열망을 위해 동원되었으나 스스로 열망의 동조자로 빠져들었다.

카퍼레이드는 과시의 무대였다. 국가와 민족의 힘을, 우리의 우월함을 유감없이 선전하는 자리였다. 약하고 지저분하고 결핍된 것, 이름 없는 것들은 사라져야 마땅했다. 그런 의미에서 카퍼레이드의 과시는 환상이었다.

카퍼레이드는 환희의 체험장이었다. 사람들은 전설이 된 인물들, 슈퍼스타, 영웅들을 눈앞에서 직접 보며 흔쾌히 기뻐했다. 카퍼레이드는 이국의 관능미에 도취되는 대중 오락물이기도 했다.

1962년 5월부터 1981년 5월까지, 카퍼레이드는 수도 서울의 도심을 지나며 새로운 풍경들을 만들고 도로 위에 끝없이 흔적을 남겼다. 카퍼레이드는 서울에서 펼쳐진 열망과 과시와 환희의 이벤트이자 버라이어티쇼였다. 또한 카퍼레이드는 역사극이었다. 그 카퍼레이드의 주연이자 연출자는 절대군주였다. 그래서 대한민국은 민주공화국이 되지 못한 환상 공화국이었다. 실상은 왕국에 지나지 않았다. 카퍼레이드의 기획자들이 놓친 것이 있었다. 자신들의 결말이 어떻게 될 것인지, 자신들의 흔적이 후대에 무엇에 관한 증거가 될지를 미처 상상하지 못했다. 그것이 역사극의 관습이자 엔딩이었다.

"대한민국은 민주공화국이다."
그러나 왕국이었다.
다시 말해 환상 공화국이었다.

■ 카퍼레이드 행사 연표 (1962년-1981년)

연도 / 건		행사명 (*당시 표기를 따름)	등장인물
1962~ 1969년 (41건)	1962년 5월 16일	5.16혁명 1주년 기념	군인
	1962년 10월 1일	건군 14주년	군인
	1962년 10월 4일	모범용사 환영대회	군인
	1962년 11월 4일	교통 안전	경찰, 운전자
	1963년 1월 12일	경찰 및 소방 시무식	경찰, 소방관
	1963년 7월 24일	통일교 124쌍 합동결혼식	종교인
	1963년 8월 10일	미쓰 유니버스 환영	미스 유니버스
	1965년 2월 9일	월남파병 시민환송국민대회	군인
	1965년 6월 5일	교통정리경연대회	군인, 어린이
	1965년 8월 21일	반공대회	반공 유공자
	1965년 10월 1일	건군 17주년 국군의 날 및 맹호·청룡부대 환송	군인
	1965년 11월 22일	국군 및 유엔군 한만국경 도달 15주년 기념	군인 (국군, 유엔군)
	1966년 2월 26일	보만, 쉬라 미국 우주비행사 내한	우주비행사
	1966년 6월 25일	서소문 육교 개통식 경축	서울시장
	1966년 6월 27일	한국 최초 프로권투세계챔피언 김기수 축하	권투선수
	1966년 7월 5일	장창선 세계아마추어레슬링선수권대회 우승	레슬링선수
	1966년 10월 31일	존슨 미국 대통령 방한	대통령

날짜	행사	대상
1967년 3월 2일	뤼프케 서독 대통령 방한	대통령
1967년 3월 6일	뤼프케 서독 대통령 이한	대통령
1967년 4월 2일	태국 왕국 수상 내한	수상
1967년 4월 14일	호주 홀트 수상 내한	수상
1967년 5월 8일	제5회 세계여자농구 선수단 환영	농구 선수단
1967년 5월 23일	방역소독시범 시가행진	방역반
1967년 7월 1일	제6대 박정희 대통령 취임	대통령
1967년 7월 27일	제16회 국제기능올림픽 선수단 환영	기능올림픽 선수단
1967년 8월 16일	제16회 세계척추불구자올림픽 선수 개선	올림픽 선수단
1967년 9월 6일	제5회 유니버시아드 동경대회 선수단	유니버시아드 선수단
1968년 5월 18일	셀라시에 에티오피아 황제 환영	황제
1968년 7월 23일	제17회 국제기능올림픽 선수단 개선 환영	기능올림픽 선수단
1968년 8월 8일	제2회 아시아여자농구 선수단 개선	농구 선수단
1968년 10월 1일	제20주년 국군의 날 행사	군인
1968년 10월 4일	제9회 아시아탁구선수권대회 선수단 우승	탁구 선수단
1968년 11월 2일	뉴질랜드 수상 내한	수상
1969년 5월 3일	말레이시아 국왕 내한	국왕
1969년 7월 14일	교통정리대회	헌병, 경찰, 연예인

	1969년 8월 2일	제18회 국제기능올림픽 선수단 귀국	기능올림픽 선수단
	1969년 8월 14일	제18회 국제척수장애자체육대회 선수단 환영	체육대회 선수단
	1969년 10월 1일	제21주년 국군의 날 행사	군인
	1969년 10월 27일	디오리 하마니 니제르공화국 대통령 방한	대통령
	1969년 11월 3일	아폴로 우주인 일행 환영	우주비행사
	1969년 12월 4일	제2회 킹스컵축구 선수단 및 제5회 ABC 아시아농구선수단 우승 환영	축구 선수단 농구 선수단
1970~ 1979년 (55건)	1970년 3월 24일	서울시 청소차 인수식	서울시 공무원
	1970년 4월 14일	월남귀순자 및 자수자 환영대회	월남귀순자, 자수자
	1970년 4월 16일	제10회 아시아탁구선수권대회 우승	탁구 선수단
	1970년 6월 10일	제25회 청룡기쟁탈 전국고교야구선수권 대회	야구 선수단
	1970년 6월 13일	추렌히말 등반대 환영	등반대
	1970년 8월 19일	제13회 메르데카배 참가 선수단 개선 환영	축구 선수단
	1970년 8월 24일	애그뉴 미국 부통령 방한	부통령
	1970년 9월 28일	산체스 엘살바도르 대통령 방한	대통령
	1970년 10월 21일	통일교 777쌍 합동 결혼식	종교인
	1970년 11월 8일	역도산배 쟁탈 제1회 국제프로레슬링 대회	프로레슬링 선수단
	1970년 11월 27일	파월 최대 전과 군인 카퍼레이드	군인
	1970년 12월 22일	제6회 아시아경기대회 선수단 귀국 환영	아시아경기 선수단

1971년 8월 11일	제20회 국제척수장애자체육대회	체육대회 선수단
1971년 10월 1일	제23회 국군의 날 기념 퍼레이드	군인
1972년 5월 27일	월남 안케 영웅들 환영	군인
1972년 6월 3일	제27회 청룡기쟁탈 전국고교야구선수권대회	야구 선수단
1972년 9월 2일	남북조사위원회회담 관계자	북한조사위원회
1972년 9월 12일	북한적십자대표단 판문점 출발 타워호텔 도착	북한적집사대표단
1973년 4월 23일	세계제패 여자탁구 선수단 환영대회	탁구 선수단
1973년 8월 20일	제21회 국제기능올림픽대회 선수단	기능올림픽 선수단
1974년 7월 12일	정명훈 제5회 차이코프스키 국제음악경연대회 2위 입상	음악가
1974년 7월 15일	홍수환 프로권투 세계챔피언 귀국 환영	프로권투선수
1974년 8월 8일	제23회 국제척수장애자체육대회 선수단 환영	체육대회 선수단
1974년 8월 19일	대통령 영부인 고 육영수 여사 국민장	영부인
1974년 9월 18일	제7회 테헤란 아시안게임 선수단 귀국	아시안게임 선수단
1974년 11월 22일	포드 미국 대통령 내한	대통령
1975년 6월 13일	유제두 프로권투 세계챔피언 환영	프로권투선수
1975년 7월 8일	봉고 가봉 대통령 환송	대통령
1976년 1월 9일	제8회 킹스컵 쟁탈 축구대회 우승	축구 선수단

환상 공화국의 카퍼레이드

1976년 3월 8일	제28회 서독오픈탁구선수권대회 단식 우승	탁구 선수단
1976년 4월 18일	멀든 뉴질랜드 수상 방한	수상
1976년 6월 28일	세계프로권투 헤비급 챔피언 무하마드 알리	프로권투선수
1976년 8월 3일	제21회 몬트리올 하계올림픽대회 선수단 개선	올림픽 선수단
1976년 9월 5일	제5회 세계대학축구선수권대회 우승	축구 선수단
1976년 10월 1일	건군 29돌 국군의 날 기념 퍼레이드	군인
1977년 4월 29일	제8회 국제군인유도대회 우승	유도 선수단
1977년 7월 17일	제23회 국제기능올림픽대회 선수단 개선	기능올림픽 선수단
1977년 9월 23일	제1회 세계남녀주니어배구선수권대회 환영	여자배구 선수단
1977년 10월 2일	77한국에베레스트원정대 정상정복대원 귀국환영	등반대
1977년 12월 2일	제3회 수퍼월드컵야구대회 선수단 개선	야구 선수단
1977년 12월 6일	홍수환 세계프로권투 세계챔피언 개선	프로권투선수
1978년 5월 24일	안나푸르나 등반대 개선	등반대
1978년 8월 9일	제7회 아시아(ABC)여자농구선수권대회 개선	농구 선수단
1978년 8월 12일	제27회 국제척수장애자체육대회 선수단 개선	체육대회 선수단
1978년 9월16일	제24회 국제기능올림픽대회 선수단 환영	기능올림픽 선수단
1978년 11월 1일	제20회 아시아청소년축구대회 개선	축구 선수단
1978년 12월 21일	제8회 아시안게임 선수단 귀국 환영	아시안게임 선수단

	1978년 12월 27일	제9대 박정희 대통령 취임식 기념	대통령
	1979년 4월 22일	셍고르 세네갈 공화국 대통령 방한	대통령
	1979년 6월 29일	카터 미국 대통령 방한 기념	대통령
	1979년 7월 25일	제30회 세계궁도선수권대회 세계제패	궁도 선수단
	1979년 7월 25일	제23회 메르데카배 쟁탈 축구대회 우승	축구 선수단
	1979년 9월 18일	제10회 유니버시아드대회 선수단 개선 환영	유니버시아드 선수단
	1979년 9월 26일	제25회 국제기능올림픽대회 선수단 귀국개선	기능올림픽 선수단
	1979년 11월 3일	고 박정희 대통령 각하 국장	대통령
1980~ 1981년 (3건)	1980년 5월 17일	마나슬루봉등반대 개선	등반대
	1980년 6월 29일	미스 유니버스대회	미스 유니버스 참가자
	1981년 5월 28일	국풍81 국풍퍼레이드	퍼레이드 참가팀
총계: 99건			

환상 공화국의 카퍼레이드

■ 카퍼레이드 주요 등장인물

1960년대

* **김기수**(1939~1997) 프로권투선수. WBA주니어미들급챔피언. 한국인 최초의
  세계챔피언.
* **김현옥**(1926~1997) 14대 서울시장. 일명 불도저 시장.
* **닐 암스트롱**(Neil Alden Armstrong, 1930~2012) 미국의 아폴로 11호 우주
  선 비행사.
* **디오리 하마니**(Diori Hamani, 1916~1989) 초대 니제르 공화국 대통령.
* **린든 존슨**(Lyndon B. Johnson, 1908~1973) 36대 미국 대통령.
* **마이클 콜린스**(Michael Collins, 1930~2021) 미국의 아폴로 11호 우주선 비
  행사.
* **박신자**(1941~현재) 농구선수. 상업은행선수 및 국가대표. 1967년 체코 세계
  선수권대회 준우승, 대회MVP 선정.
* **박정희**(1917~1979) 5.16군사쿠데타의 주역. 군인, 대통령권한대행, 국가재
  건최고회의의장.
* **버즈 올드린**(Buzz Aldrin, 1930~생존) 미국의 아폴로 11호 우주선 비행사.
* **월리 쉬라**(Wally Schirra, 1923~2007) 미국의 제미니6호 우주선 비행사.
* **이스마일 나시루딘**(Ismail Nasiruddin, 1907~1979) 4대 말레이시아 국왕.
* **장창선**(1942~현재) 레슬링선수. 세계아마추어레슬링선수권대회 금메달.
* **키스 홀리오크**(Keith Jacka Holyoake, 1904~1983) 26대 뉴질랜드 수상.
* **타놈 키티카촌**(Thanom Kittikachorn, 1911~2004) 29, 31~33대 태국 총리.
* **프랭크 보먼**(Frank Borman, 1928~2023) 미국의 제미니7호 우주선 비행사.
* **하인리히 뤼프케**(Karl Heinrich Lübke, 1894~1972) 2대 서독 연방 대통령.
* **하일레 셀라시에 1세**(Haile Selassie, 1892~1975) 에티오피아의 마지막 황제.
* **해롤드 홀트**(Harold Holt, 1908~1967) 18대 호주 수상.

1970년대

* **강만수**(1955~현재) 배구선수. 포지션 레프트. 별칭은 아시아의 거포.
* **김진호**(1961~현재) 궁도선수. 1979년 베를린 세계궁도선수권대회 5관왕.
* **김호철**(1955~현재) 배구선수. 포지션 센터.

* **구엔 반 티우**(Nguyen Van Thieu, 1923~2001) 2대 남베트남 대통령.

* **고상돈**(1948~1979) 등반가. 1977년 한국인 최초 에베레스트 등정.

* **로버트 멀든**(Robert David Muldoon, 1921~1992) 31대 뉴질랜드 총리.

* **레오폴드 셍고르**(Léopold Sédar Senghor, 1906~2001) 초대 세네갈 대통령. 시인.

* **무하마드 알리**(Muhammad Ali, 1942~2016) 프로권투선수. WBA·WBC헤비급 세계챔피언.

* **박정희**(1917~1979) 5대~9대 한국 대통령. 1979년 10월 26일 암살됨.

* **박찬숙**(1959~현재) 농구선수. 포지션 센터.

* **스피로 에그뉴**(Spiro T. Agnew, 1918~1996) 39대 미국 부통령.

* **이에리사**(1954~현재) 탁구선수. 1973년 사라예보 세계탁구선수권대회 단체전 우승.

* **양정모**(1953~현재) 레슬링 선수. 1976년 제21회 몬트리올 올림픽 레슬링 자유형 금메달. 해방 이후 한국인 최초의 올림픽 금메달리스트.

* **양택식**(1924~2012) 제15대 서울시장. 별명 두더지 시장.

* **오마르 봉고**(Omar Bongo, 1935~2009) 가봉 대통령.

* **유제두**(1948~현재) 프로권투선수. WBA슈퍼웰터급챔피언.

* **육영수**(1925~1974) 박정희 대통령의 부인. 1974년 8월 15일 암살됨.

* **정명훈**(1953~현재) 피아니스트. 1974년 차이콥스키 국제콩쿠르 피아노 2위 수상.

* **조혜정**(1953~2024) 배구선수. 포지션 센터. 1976년 제21회 몬트리올 올림픽 배구 동메달.

* **제랄드 포드**(Gerald Ford, 1913~2006) 38대 미국 대통령.

* **지미 카터**(James Carter, 1924~2024) 39대 미국 대통령.

* **피델 산체스 에르난데스**(Fidel Sánchez Hernández, 1917~2003) 56대 엘살바도르 대통령.

* **홍수환**(1950~현재) 프로권투선수. WBA밴텀급·주니어페더급 세계챔피언.

■ 미주

* 여러 건의 기록물을 통합하여 참고할 경우 "~은 다음을 참고함"으로 출처 표기를 했으나 그 외의 경우는 출처만 표기했다. 필요에 따라, 출처 내용에 대한 설명을 기술했다.

01　『군사혁명위원회 포고문 4호』국가기록원(https://www.archives.go.kr/)

02　『조선박람회조감도』대한민국역사박물관(https://much.go.kr/)

03　해당 행사 내용은 다음을 참고함. "조선공업기술연맹, 건국공업박람회 개최예정" 서울신문 1946년 9월 1일, 국사편찬위원회 한국사데이터베이스(https://db.history.go.kr/)

04　"그 시절 경복궁에서 있었던 별의별 일들" 한겨레신문 2013년 7월 15일

05　해당 내용은 다음을 참고함. "미스코리아 탄생" 동아일보 1964년 6월 29일, "촉망받는 미인 어린이 미스코리아" 동아일보 1964년 7월 4일

06　"군사혁명 1주년 기념약진 한국산업의 정화를 과시" 경향신문 1962년 4월 16일

07　이날 박정희 관련 기록의 날짜는 소장처에 따라 각각 차이가 있다. 필자는 서울기록원의 기록을 토대로 했다. 해당 행사 내용은 다음을 참고함. 『박정희의장 산업박람회 참석』, 『박정희의장 산업박람회 시찰1,2』국가기록원(공보처 홍보국 사진담당관. 1962.5.16), 『산업박람회기념식』서울기록원(1962.4. 20)

08　"30경비단과 경복궁" 동아일보 1996년 12월 16일

09　"박람회 끝나면 경복궁 보수 박의장 지시" 동아일보 1962년 5월 3일

10　해당 내용은 다음을 참고함. 『5.16군사혁명 1주년 산업박람회 전경1,2』국가기록원(공보처 홍보국 사진담당관. 1962.4.13), "군사혁명 1주년 기념약진 한국산업의 정화를 과시" 경향신문 1962년 같은 날

11　해당 내용은 다음을 참고함. "5.16혁명 1주년 기념 산업 박람회" e영상역사관(문화영화. 1962년), 『산업박람회 개관』서울기록원(서울특별시 공보실. 1962.4)

12　"오늘 개막 군사혁명 한돌기념 산업박람회" 동아일보 1962년 4월 20일

13　여기서 말하는 중국은 당시에는 중화민국이었으며 자유중국으로도 불렀다. 현재는 대만을 가리킨다.

14　"용산에 항구 서울시 이상모형도" 동아일보 1962년 4월 20일

15　"신앙촌 건설의 신화(17) 산업박람회" 신앙신보 2004년 6월 13일

16　"엿장수의 횡재" 경향신문 1962년 4월 30일

17　"행운은 하루 걸러" 경향신문 1962년 5월 1일

18　"개장시간연장" 동아일보 1962년 4월 26일

19　"8군쇼 무료공개 산업박람회기간중" 경향신문 1962년 4월 1일

20　"미8군쇼 60년사, 그 기록과 증언" 뉴스메이커 2014년 3월 6일

21　"미군클럽서 '훈련받은' 대중음악" 한겨레신문 2005년 7월 6일

22　"오래 머물러 일하도록 박의장, 안익태씨에 당부" 경향신문 1962년 1월 6일

23 "세번째 찾아온 조국 세계적 명지휘자 안익태씨의 소감" 동아일보 1962년 1월 14일

24 "제1회 서울국제음악제" 관련 대한뉴스(1962년)

25 "국제 패션" 경향신문 1962년 5월 21일

26 『제9회아시영화제 사업계획내용에 관한 공보부차트1,2,3,4,5,6,7,8』 국가기록원(공보처 홍보 국 사진담당관. 1962.2.12)

27 해당 행사 내용은 다음을 참고함.『제9회아시아영화제대표 판문점관광1』, 국가기록원(공보처 홍보국 사진담당관. 1962),『제9회아시아영화제대표 판문점관광기념촬영』국가기록원(공보 처 홍보국 사진담당관. 1962.5.14)

28 『제9회아시아영화제대표 판문점인근마을에 소기증1,2』국가기록원(공보처 홍보국 사진담당 관. 1962. 5.14)

29 『제9회아시아영화제시상식』국가기록원(국립영화제작소. 1962)

30 『송요찬내각수반(국무총리) 제9회아시아영화제시상식 참석모습』국가기록원(공보처 홍보국 사진담당관. 1962.5.16)

31 『제9회아시아영화제시상식 수상자가 시상자에게 큰절하는 모습』국가기록원(공보처 홍보국 사진담당관. 1962.5.16)

32 "통일된 행동 긴요" 조선일보 1962년 5월 10일

33 "5·16쿠데타 직후 박정희, 김종필 견제" 한국일보 2015년 9월 17일

34 해당 기념식은 다음을 참고함. "태극기 물결 속에 혁명 돐잔치" 조선일보 1962년 5월 16일, "5.16 1주년" 대한뉴스 제365호(1962년 5월 19일)

35 "5·16군사혁명 1주년 기념식" 서울역사아카이브(https://museum.seoul.go.kr/)

36 "5·16쿠데타 직후 박정희, 김종필 견제" 한국일보 2015년 같은 날

37 해당 내용은 다음을 참고함. "혁명1주기념식" 경향신문 1962년 4월 21일, "5.16한돌잔치 장 안을 수놓아" 경향신문 1962년 5월 16일, "재건제이보…새나라 새삶" 조선일보 1962년 5월 16일, "1962년 박정희의장 주요동정" e영상역사관(대통령기록영상. 겨레의 지도자 1집. 1976 년)

연대기 1 - 1960년대
1장 낯선 이벤트의 주인공들

38 "한국 발전 번영 축원" 조선일보 1968년 5월 22일

39 "외계는 자유의 성역" 조선일보 1969년 11월 2일

40 심리지리학(Psychogeography)은 지리적인 공간이 인간의 감정과 행동에 미치는 영향을 탐 구하는 학문 분야이다.

41 내용은 원뜻이 훼손되지 않는 범위에서 일부 수정을 했다. "서울의 현관 「여경안내소」의 24 시" 동아일보 1961년 11월 18일

42 "인구 개괄" 서울연구데이터서비스(https://data.si.re.kr/data/지표로-본-서울-2010- 2010/338)

43 "서울 교통정책의 변화" 서울정책아카이브(https://www.seoulsolution.kr/ko/content/서울-교통정책의-변화)

44 "국민교생 천 190명을 임명" 동아일보 1961년 12월 30일

45 "시민의 휴일 잡친 소음" 동아일보 1962년 1월 22일

46 "교통 안전의 노래 제정 어린이 교통경찰대도 조직" 경향신문 1962년 1월 7일

47 해당 행사 내용은 다음을 참고함. "인기스타의 연기 아닌 진기도 세종로서 교통정리경연대회" 경향신문 1962년 11월 3일, "인기배우도 한몫" 조선일보 1962년 11월 4일, "교통안전" 대한뉴스 제390호(1962년 11월 4일)

48 "교통안전주간" 대한뉴스 제522호(1965년 6월 5일)

49 해당 행사 내용은 다음을 참고함. "매월 첫월요일을 교통안전의 날로" 경향신문 1969년 7월 14일, "교통정리대회" 동아일보 1969년 7월 14일

50 "경찰의 시무식 단일화 하기로" 동아일보 1957년 12월 27일

51 "형편없는 소방 장비" 매일경제 1969년 9월 1일

52 해당 내용은 다음을 참고함. "뇌염 점점 번져가" 경향신문 1962년 9월 3일, "뇌염 이달 중순이 고비 4일 현재" 경향신문 1962년 9월 4일

53 해당 행사 내용은 다음을 참고함. "방역소독시범 시가행진" 동아일보 1967년 5월 23일, 『방역소독 시범 시가행진, 1967-05-23』(서울특별시 공보실. 1967.5.23)

54 "봉천동 난민촌 그 밑바닥을 헤친다" 경향신문 1968년 9월 9일

55 "통일교도들 합동결혼식" 조선일보 1962년 6월 4일

56 해당 행사 내용은 다음을 참고함. "124쌍 합동결혼" 경향신문 1962년 7월 24일, "124쌍 합동결혼" 대한뉴스 제427호(1963년 7월 27일)

57 『통일교회124쌍합동결혼식카퍼레이드』국가기록원(공보처 홍보국 사진담당관. 1963. 7.24)

58 "맘모스합동결혼식" 동아일보 1968년 2월 22일

59 "기성교단 속의 통일교회" 조선일보 1968년 9월 12일

60 『유사종교대책』국가기록원(종무과. 1968.12.24)

61 『신흥 및 유사종교 실태조사 보고』국가기록원(종무과. 1969.5.30)을 보면 '유사종교단체에 대한 치안국조사자료'라는 항목이 있다. 또한『신흥 및 유사종교 실태조사 보고』국가기록원(종무과. 1969. 6.11)을 보면 유사종교실태조사에 따른 회의가 1969년 3월 21일 오후 2시 문화국장실에서 열렸는데, 이날 회의 참석 명단에 내무부 치안국 정보과장의 이름(정상천)이 등장한다.

62 『신흥 및 유사종교 실태조사 보고』국가기록원(종무과. 1969. 같은 날)

63 『제1회 합동결혼식, 1962-04-17』서울기록원(1962.4.17)

64 『희망 합동 결혼식, 1966-12-21』서울기록원(1966.12.21)

65 해당 행사 내용은 다음을 참고함. "재생의 발판" 조선일보 1963년 7월 24일, "225쌍의 합동결혼식" 경향신문 1964년 11월 24일, "보람찬 갱생" 동아일보 1964년 11월 24일

66 "인권 지킨 사람들" 조선일보 1964년 12월 9일

67 훗날 노인이 된 한 여성의 증언을 참고했다. "박정희가 만든 '매머드 결혼식', 강제로 끌려온

신부들" 오마이뉴스 2017년 11월 16일

68 "귀순용사들 60쌍 27일에 합동결혼" 조선일보 1962년 3월 20일

69 "청룡상이용사 3쌍 합동결혼" 동아일보 1967년 1월 14일

70 "불구넘어선 사랑의 합창" 경향신문 1969년 10월 17일

71 영화『귀로』(1967년, 감독 이만희, 주연 문정숙)

72 해당 행사 내용은 다음을 참고함. "서소문 육교 개통" 경향신문 1966년 6월 24일, "서소문 육교 오늘 개통" 조선일보 1966년 6월 25일, "건설의 메아리" 대한뉴스 제577호(1966년 7월 6일)

73 『김포가도지구지정과 동지구에 대한 정비 규정(국토건설청 고시제34호)』관보제3021호(1961.12.9)

74 "불량주택 조사" 조선일보 1962년 4월 8일

75 "시정 숙제 (3) 육교·지하도" 경향신문 1966년 6월 15일

76 "과열에 눈먼 불도저 시정" 매일경제 1970년 4월 9일

77 "기능올림픽 입상자 시상" 동아일보 1966년 11월 10일

78 해당 행사 내용은 다음을 참고함. "기능올림픽선수단 개선" 경향신문 1967년 7월 27일, "금메달 개선" 조선일보 1967년 7월 28일

79 해당 행사 내용은 다음을 참고함. "기능올림픽 개선" 경향신문 1968년 7월 23일, "세계에 빛낸 기술 한국" 대한뉴스 제685호(1968년 7월 26일)

80 "기술 한국을 세계에 떨치고" 대한뉴스 제737호(1969년 8월 2일)

81 "여자 58명, 남자 4명" 동아일보 1960년 3월 4일

82 해당 행사 내용은 다음을 참고함. "안전관리에 철저를 기하자" 동아일보 1964년 3월 6일, "땅 꺼진 대폭음 생지옥 4시간" 조선일보 1964년 3월 6일

83 "탄약분해공장폭발 어제하오안양부근" 조선일보 1964년 3월 6일

84 "평안제약 공장에 불" 조선일보 1965년 6월 19일

85 "필터 공장에 죽음의 가스 벤졸 희생자 속출" 조선일보 1966년 7월 10일

86 "절망이기고 개선" 경향신문 1967년 8월 16일

87 해당 행사 내용은 다음을 참고함.『정일권 국무총리 세계척추불구자체육선수단 접견 훈시』국가기록원(공보처 홍보국 사진담당관. 1967.8.18), "영광을 이 사람에게" 대한뉴스 제637호(1967년 8월 25일)

88 "국제척수장애경기선수단 6명 개선" 동아일보 1969년 8월 14일

2장 성전의 용사들

89 해당 연설 내용은 원뜻이 훼손되지 않는 범위에서 일부 수정했다. "승공의 기개도 늠름 어제 제14회 국군의 날" 조선일보 1962년 10월 2일

90 해당 행사 내용은 다음을 참고함. "제14회 국군의 날" 대한뉴스 제385호(1962년 10월 7일), "건군 14주년" 대한뉴스 분야별영상(1962년), 영어 내레이션 및 자막 삽입으로 제작되었다.

91 "승공의 기개도 늠름 어제 제14회 국군의 날" 조선일보 1962년 같은 날

92 "MGM-18 Lacrosse" WIKIPEDIA(https://en.wikipedia.org/wiki/MGM-18_Lacrosse#See_also_2)

93 "미 69년 북에 '전술핵'사용 비상계획 검토" 연합뉴스 2010년 6월 24일

94 "북괴서 제2의 6.25획책" 동아일보 1967년 7월 15일

95 해당 행사 내용은 다음을 참고함. "오늘 건군 스무돌" 조선일보 1968년 10월 1일, "성년 국군의 위용 과시" 매일경제 1968년 10월 1일

96 해당 행사 내용은 다음을 참고함. 『건군 제21주년 국군의날 행사계획(제940호)』국가기록원(총무처 의정국 의사과. 1969.9.17), "건국 21년" 조선일보 1969년 10월 2일

97 해당 행사 내용은 다음을 참고함. "꽃에 파묻힌 모범용사" 조선일보 1961년 10월 4일, "3군모범용사시가행진" 경향신문 1961년 10월 4일

98 『모범용사시민환영대회전경』국가기록원(공보처 홍보국 사진담당관. 1962.10.4)

99 해당 행사 내용은 다음을 참고함. 『모범용사시민환영대회전경』국가기록원(공보처 홍보국 사진담당관. 1962.10.4) "모범용사 환영대회" 미공개 대한뉴스kc 제386호(1962년 10월 13일)

100 "TNT로 경원선 폭파" 경향신문 1967년 9월 6일

101 해당 사건 내용은 다음을 참고함. "경의선서 화물열차폭파" 조선일보 1967년 9월 14일, "폭약은 TNT 열차폭파사건 언커크서 조사" 매일경제 1967년 9월 15일

102 언커크의 정식 영문 명칭은 유엔한국통일부흥위원단(UNCURK: United Nations Commission for the Unification and Rehabilitation of Korea) 이다.

103 『철도청 훈령 제1918호』관보 제4758호(1967.9.27)

104 해당 행사 내용은 다음을 참고함. "철도애호단 발대" 경향신문 1968년 4월 26일, "철도애호단 발단" 동아일보 1968년 4월 26일

105 해당 행사와 연설 내용은 다음을 참고함. "아주기독교반공대회개막 공산만행을 분쇄" 동아일보 1967년 9월 28일, "승공평화 위해 단결해야" 조선일보 1967년 9월 28일

106 당시 상황은 다음을 참고함. "북괴 중앙통신 부사장 이수근씨 판문점서 극적 탈출" 동아일보 1967년 3월 23일, "북괴 중앙통신 부사장 판문점서 극적 탈출" 조선일보 1967년 3월 23일, "우리는 그를 이렇게 탈출시켰다" 조선일보 1967년 3월 24일

107 당시 신문기사에는 유엔 정전위 영국 측 위원이 밴 코프트 준장으로 나오지만, 그의 정확한 실명 여부는 확인할 수 없었다.

108 해당 행사 내용은 다음을 참고함. "장충단 공원에서 열린 이수근씨 환영대회" 동아일보 1967년 4월 10일, "자유는 생명보다 고귀한 것" 매일경제 1967년 4월 10일, 『귀순 이수근씨 환영대회』서울기록원(서울특별시 공보실. 1967.4.10), 『전 북한 중앙통신사 부사장 이수근씨 환영대회』서울역사아카이브(1967)

109 해당 행사 내용은 다음을 참고함. "이수근씨 춘천서 25년만에 국민교 동창과 상봉" 동아일보 1967년 4월 13일, "행운의 열쇠 증정" 매일경제 1967년 4월 24일, "부산서 성대 이수근씨 환영대회" 매일경제 1967년 4월 27일, "대구서 개최된 이수근씨 환영대회" 매일경제 1967년 5월 2일, "광주서도 성황 이수근씨 환영" 매일경제 1967년 5월 3일

110 "이수근 간첩 사건" 위키백과(https://ko.wikipedia.org/wiki/이수근_간첩_사건)

111 유가족의 오랜 노력으로, 2018년 10월 11일 법원 재심으로 무죄판결을 받았다. 그의 시신은 경기도 고양의 서울구치소 공동묘지에 묻혀 있다.(한겨레21 116호 2016년 6월 15일)

112 "기상청의 과거관측 데이터의 1965년 2월의 평균기온, 최고·최저기온" 기상청(https://www.weather.go.kr/w/)

113 해당 행사와 연설 내용은 다음을 참고함. "박대통령치사요지" 경향신문 1965년 2월 9일, "파월장병에 무운 빌어" 경향신문 1968년 2월 9일, "전환기의 내막 〈228〉 월남 파병③ 김성은(당시 국방장관)" 조선일보 1981년 12월 2일

114 해당 행사는 다음을 참고함. "국군의 날 장엄한 퍼레이드" 동아일보 1965년 10월 1일, "국군의 날" 대한뉴스 제539호(1965년 10월 2일)

115 『제17회 국군의 날 기념식, 1965-10-01』서울기록원(서울특별시 공보실. 1965.10.1)

116 해당 편지 내용은 번역된 원문 그대로 실었다.『린든 존슨 미국 대통령의 친서』대통령기록관(대통령비서실. 1966.4.2)

117 해당 내용은 다음을 참고함. "「부디 몸성히…」 기원과 석별에 목멘 청량리역두" 동아일보 1965년 4월 9일, "교체 맹호 환송식" 조선일보 1966년 7월 21일, "이기고 돌아오라 맹호교참부대 환송식" 경향신문 1966년 7월 21일, "맹호교체병력향월" 동아일보 1966년 10월 12일

118 해당 행사 내용은 다음을 참고함. "꼭 이기고 돌아오라" 매일경제 1966년 8월 27일, "평화의 사도" 동아일보 1966년 8월 27일, "백마용사 이기고 돌아오라" 경향신문 1966년 8월 27일, 『백마부대 환송 국민대회, 1966-08-27』서울기록원(서울특별시 공보실. 1966.8.27)

119 해당 파월장병위문공연은 다음을 참고함. "파월장병스타위문단" e영상역사관(문화영화. 1965년), "용사들 수고하십니다"(문화영화. 1968), "영원한 로맨스 그레이, ‘기타 부기’‘월남의 달밤’의 가수 윤일로 Story[2]" 뉴스메이커 2017년 5월 8일

120 해당 내용은 다음을 참고함.『월남전선 이상없다』,『여자 베트콩 18호』,『얼룩무늬의 사나이』한국영화데이터베이스(https://www.kmdb.or.kr/),『무적의 백마』한국근대영상아카이브(http://kfilm.khistory.org/)

121 해당 연설 내용은 원문에서 간추린 것이다.『38선 돌파에 관한 지령』국가기록원(대통령비서실. 1951.3.18)

122 해당 연설 내용은 다음을 참고함. "한만국경까지 진격하라" 1951년 3월 24일,『대통령이승만박사담화집』대통령기록관(공보처. 1953)

123 해당 행사와 연설 내용은 다음을 참고함. "국경진격국민대회 오늘 충무로 광장에서" 동아일보 1951년 3월 30일, "삼팔선서 정전한다면 전국민이 결사반대" 동아일보 1951년 3월 31일

124 해당 내용은 원뜻이 훼손되지 않는 범위에서 입말체로 수정했다. "빙하의 날씨 절정에" 경향신문 1963년 1월 16일

125 해당 행사 내용은 다음을 참고함. "한만 국경 도달 15주년" 미공개 대한뉴스(kc 제547호), "서울 시가의 현 석고상들은 도금, 선열상을 동상으로" 경향신문 1965년 1월 8일, "태평로의 선열 위인 동상으로 바꾸기로" 경향신문 1965년 1월 30일,『한만국경도달15주년기념대회

시가행진1,2,3,4,5,6』,『한만국경도달제15주년기념대회관계자연설』국가기록원(공보처 홍
보국 사진담당관. 1965.11.22)

126 해당 행사 내용은 다음을 참고함.『한만국경도달제15주년기념대회관계자악수1,2』,『한
만국경도달제15주년기념파티참석관계자1,2』국가기록원(공보처 홍보국 사진담당관.
1965.11.22)

127 해당 내용은 원뜻이 훼손되지 않는 범위에서 입말체로 수정했다. "중부지방에 폭풍우주의
보" 경향신문 1968년 8월 20일

3장 신의 대리인 또는 제사장

128 "미 모이어즈 비서 등 입경" 조선일보 1966년 10월 14일

129 "존슨 영접위 구성" 조선일보 1966년 10월 8일

130 『존슨대통령 영접에 대한 협조의뢰』국가기록원(존슨 대통령 영접위원회. 1966.10.12)

131 『차출가능한 차량리스트 제출』국가기록원(외무부 의전실. 1966.10.10)

132 정부의 문서에서는 '존슨 대통령 영접위원회', '죤슨 미합중국 대통령 내외분 영접위원회'로
다르게 표기하지만, 모두 같은 위원회를 말한다.『죤슨 미합중국 대통령 내외분 영접행사 준
비』국가기록원(죤슨 미합중국 대통령 내외분 영접위원회 위원장. 1966.10.22)

133 해당 행사 내용은 다음을 참고함. "존슨대통령 방한 앞서 중고생환영예행" 동아일보 1966
년 10월 27일,『존슨 미국 개통령 환영준비 예행연습』서울기록원(서울특별시 공보실.
1966.10.28)

134 해당 기념담배와 기념우표 내용은 다음을 참고함. "존슨 방한 기념 담배" 동아일보 1966년
10월 28일, "존슨 맞아 기념우표" 조선일보 1966년 10월 29일

135 "웰컴! 존슨대통령" 매일경제 1966년 10월 31일

136 해당 행사 내용은 다음을 참고함. "웰컴! 존슨대통령" 매일경제 1966년 같은 날, "존슨대통
령 입경" 경향신문 1966년 10월 31일, "열띤 서울, 웰컴! 존슨" 경향신문 1966년 10월 31
일, "존슨 미국 대통령 방한" 대한뉴스 제595호(1966년 11월 7일)

137 "입경하자 환영대회로 예술제로" 조선일보 1966년 11월 1일

138 해당 행사 내용은 다음을 참고함. "웰컴! 존슨대통령" 매일경제 1966년 같은 날, "존슨대통령
입경" 경향신문 1966년 같은 날, "열띤 서울, 웰컴! 존슨" 경향신문 1966년 같은 날

139 해당 행사 내용은 다음을 참고함. "린든 B. 존슨 서울의 2박 3일" 조선일보 1966년 10월 30
일, "웰컴! 존슨대통령" 매일경제 1966년 같은 날, "존슨대통령 입경" 경향신문 1966년 같은
날, "열띤 서울, 웰컴! 존슨" 경향신문 1966년 같은 날, "입경하자 환영대회로 예술제로" 조
선일보 1966년 같은 날, "존슨 미국 대통령 방한" 대한뉴스 제595호(1966년 11월 7일)

140 "서독원수로 처음 환영 이모저모" 조선일보 1967년 3월 2일

141 『뤼프케 독일 대통령 내한』서울기록원(서울특별시 공보실. 1967.3.2)

142 "뤼프케대통령 오는 날 국빈맞이 경축일색" 경향신문 1967년 3월 2일

143 『뤼프케 독일연방공화국 대통령 및 동 영부인 환영계획』국가기록원(총무처. 1967.3)

144 "융숭한 초청외교로 예산낭비" 동아일보 1967년 3월 25일

145 "한국번영에 경의 타놈 수상 도착 성명" 경향신문 1967년 4월 3일

146 『타이왕국 타놈 키타카쵸른 수상 및 동 영부인 방한 일정표』 국가기록원(총무처. 1967.4)

147 "타놈 수상 프로필" 매일경제 1967년 4월 3일

148 "태 타놈정권 퇴진" 동아일보 1973년 10월 15일

149 "홀트 호주상 입경 어제 오후" 조선일보 1967년 4월 7일

150 해당 행사 내용은 다음을 참고함. 『홀트호주수상 방한 시민환영대회1,2,3,4』, 『홀트호주수상 내외분 방한 환영퍼레이드1,2,3,4,5,6』 국가기록원(공보처 홍보국 사진담당관. 1967.4.6)

151 『오스트레일리아 해롤드 홀트 수상 각하 및 동 영부인 방한일정표』 국가기록원(총무처. 1967.4)

152 해당 사고는 다음을 참고함. "C-46수송기, 서울 청구동 주택가에 추락" 중앙일보 1967년 4월 8일, 『비행기 추락사고 합동 장례식, 1967-04-12』 서울기록원(서울특별시 공보실. 1967.4.12)

153 "홀리오크 수상 입경" 경향신문 1968년 10월 18일

154 해당 내용은 다음을 참고함. "김서울시장,「홀」수상에" 매일경제 1968년 10월 19일, "뉴질랜드 수상 내한" 대한뉴스 제698호 1968년 11월 2일

155 "니제르 대통령 입경" 조선일보 1969년 10월 28일

156 해당 행사 내용은 다음을 참고함. "니제르 디오리 하머니 대통령 방한의 날" 매일경제 1969년 10월 27일, "니제 대통령 방한" 대한뉴스 제749호(1969년 11월 1일), 『디오리 하머니 니제르공화국 대통형 방한 카퍼레이드』 국가기록원(공보처 홍보국 사진담당관. 1969.10.27)

157 "니제르 쿠데타" 조선일보 1974년 4월 16일

158 "온통 경축 대통령 취임하는 날" 경향신문 1967년 7월 1일

159 "박정희 제6대 대통령 취임" 대한뉴스 제630호(1967년 7월 7일)

160 『박정희 대통령 취임선서 및 취임사 음성』 대통령기록관(1967.7.1)

161 『박정희 대통령 취임선서 및 취임사 음성』 대통령기록관(1967.같은 날)

162 "사상최대의 축제" 경향신문 1967년 6월 28일

163 해당 행사 내용은 다음을 참고함. "매머드 취임식 준비에 부산" 경향신문 1967년 6월 27일, "전국민의 소망업고 닻올린 국리민복" 매일경제 1967년 7월 1일, "박정희 제6대 대통령 취임" 대한뉴스 제630호(1967년 같은 날)

164 "영빈관서 만찬회" 조선일보 1967년 7월 2일

165 "사상최대의 축제" 경향신문 1967년 같은 날

166 "2천발의 폭죽 밤하늘을 수놓고" 동아일보 1967년 7월 3일

167 "박정희의장에게 케네디 송별전보" 동아일보 1961년 11월 19일

168 "민정으로 가는 군인들(1) 박정희 의장" 경향신문 1963년 1월 3일

169 "공화당 박정희 의리깊고 인정많아" 동아일보 1963년 9월 16일

170 "기상 감기 등 경계해야 이상난동 보내는 지혜" 매일경제 1973년 1월 19일

171 "장충단에 지붕 있는 체육관 문 열어 8000명이나 함께 구경" 경향신문 1963년 2월 1일

172 "장충단체육관 오늘 개관한 동양 굴지의 실내코트" 동아일보 1963년 2월 1일

173 "동남아 여자농구 관전평 기어코 지켜낸 부동의 왕좌" 동아일보 1963년 2월 11일

174 "스포츠" 대한뉴스 제403호(1963년 2월 9일)

175 『박정희국가재건최고회의의장 동남여자농구선수일행접견』 국가기록원(공보처 홍보국 사진담당관. 1963.2.4)

176 "스포츠" 대한뉴스 제590호(1966년 10월 1일)

177 해당 행사 내용은 다음을 참고함. "입경 코스에 20만명 동원" 조선일보 1968년 5월 17일, 『Selassie, Haile 에티오피아 황제 방한, 1968.5.18-21 전2권』 외교부 외교사료관(1968년), 『이오디오피아 황제 영접행사 1』 국가기록원(총무처. 1968)

178 『셀라시에 에티오피아 황제환영대회』 서울기록원(서울특별시 공보실. 1968.5.18)

179 "입경 코스에 20만명 동원" 조선일보 1968년 같은 날

180 『이오디오피아 황제 영접행사 세부계획(안)』 국가기록원(총무처. 1968.5.2)에는 대비표가 수록되어 있다. 내용은 다음과 같다. 존슨 대통령은 아취(아치) 12개, 탑 20개, 현판 6개, 프래카드(플래카드) 36개, 초상화 10개, 환영투리(트리) 4개이고 뤼프케 대통령은 아취(아치) 12개, 탑 18개, 현판 15개, 프래카드(플래카드) 39개, 초상화 12개, 환영투리(트리) 4개이고 세라세(셀라시에) 황제는 아취(아치) 10개, 탑 7개, 현판 14개, 프래카드(플래카드) 16개, 초상화 3개, 환영투리(트리) 2개이다.

181 해당 행사 내용은 다음을 참고함. "셀라시에 황제입경" 경향신문 1968년 5월 18일, "셀라시에 황제입경" 동아일보 1968년 5월 18일, "셀라시에 황제입경" 매일경제 1968년 5월 18일

182 해당 행사 내용은 다음을 참고함. 『셀라시에 에티오피아 황제환영대회』 서울기록원(서울특별시 공보실. 1968.같은 날), "「이」 황제 내한" 대한뉴스 제676호(1968년 5월 26일)

183 "박대통령, 셀라시에 기증컵 빙상협에" 조선일보 1973년 5월 16일

184 "셀라시에 실각 빙상계에 파문" 조선일보 1975년 2월 7일

185 "에티오피아 전황제 셀라시에 별세 향년 83세" 경향신문 1975년 8월 28일

186 "말레이시아 국왕 내한" 대한뉴스 제724호(1969년 5월 3일)

187 해당 내용은 다음을 참고함. "유엔군참전기념탑" 동아일보 1964년 6월 13일, "「유엔」탑 완성 김세중교수 손으로 6.25날에 제막" 경향신문 1964년 6월 13일, "자유지킨 그넋 우러러… 유엔군참전기념탑제막" 조선일보 1964년 6월 26일

188 해당 행사 내용은 다음을 참고함. "을지장군 동상 제막" 조선일보 1969년 10월 15일, "북녘 위압하는 기상" 경향신문 1969년 10월 14일, 『을지문덕장군 동상2』 국가기록원(공보처 홍보국 사진담당관. 1969.10.16)

189 해당 행사 내용은 다음을 참고함. "세종로에 성웅 모습 이충무공동상 제막" 동아일보 1968년 4월 27일, "충무공 동상 제막" 경향신문 1968년 4월 27일, "충무공 동상 제막" 조선일보 1968년 4월 28일

190 해당 행사 내용은 다음을 참고함. "김유신동상 제막" 경향신문 1969년 9월 23일, "김유신장군 동상 제막" 조선일보 1969년 9월 24일

191 "서울 남산공원에 또하나 치장" 경향신문 1962년 9월 6일

192 "1967년 남산야외음악당 유세장에 모인 인파" 서울신문 2013년 4월 29일

4장 스페이스 오페라, 스포츠 영웅, 그리고 냉전

193 해당 행사 내용은 다음을 참고함. "세계에 빛낸 한국의 미" 경향신문 1963년 7월 22일, "미스 코리아 김양 시가행진" 경향신문 1963년 8월 6일, "미쓰 유니버스" 대한뉴스 제429호 (1963년 8월 10일)

194 해당 행사 내용은 다음을 참고함. "How the world greeted Gagarin after his historic spaceflight (PHOTOS)" RUSSIA BEYOND, 2021년 4월 12일 (https://www.rbth.com/history/333652-gagarin-after-spaceflight) "Yuri Gagarin welcomed in Moscow, 1961" (https://www.diomedia.com/), 위키백과(https://en.wikipedia.org/wiki/Yuri_Gagarin)

195 해당 내용은 다음을 참고함. "Yuri Gagarin, World's First Spaceman" BFI, 1961년 (https://www.youtube.com/watch?v=Ft4RZe1ACUw) "Yuri Gagarin: the spaceman who came in from the cold" Stephen Dowling, BBC, 2021년 4월(https://www.bbc.com/future/article/20210409-yuri-gagarin-the-spaceman-who-came-in-from-the-cold) "How the world greeted Gagarin after his historic spaceflight (PHOTOS)" RUSSIA BEYOND, 2021년 같은 날

196 SOVIET UNION Magazine, 1961년, No145

197 "Statue of Yuri Gagarin to be put up in London 50 years after Russian became first man to journey into space" DAILY MAIL, 2011년 3월 23일 (https://www.dailymail.co.uk/news/article-1369062/)

198 "미 우주선 제미니6·7 사상 최초 「랑데부」 성공" 중앙일보 1965년 12월 16일

199 해당 행사 내용은 다음을 참고함. "서울에도 우주 빈객" 동아일보 1966년 2월 15일, "우주에서 온 두 빈객 쉬라·보먼 대령 지상 「랑데부」로" 경향신문 1966년 2월 26일, "우주인 내한" 대한뉴스 제560호(1966년 3월 4일)

200 『미 우주인, 환영대회』 서울기록원(서울특별시 공보실. 1966.2.28)

201 해당 행사 내용은 다음을 참고함. "아폴로 11호 달착륙 보게 남산에 초대형TV세트" 동아일보 1969년 6월 19일, "남산에 대형수상기 아폴로 달착륙 공개" 매일경제 1969년 6월 20일, "남산음악당에 초대형TV" 조선일보 1969년 7월 15일, "성공을…" 경향신문 1969년 7월 16일, "5만 서울시민들…남산에 몰려 밤비속에 달구경" 조선일보 1969년 7월 17일, "TV에 쏠린 전국민" 동아일보 1969년 7월 17일

202 "긴장-흥분-놀라움이" 조선일보 1969년 7월 22일

203 "Apollo 11: The Complete Descent" 2019년 7월 4일 (https://www.youtube.com/watch?v=xc1SzgGhMKc&t=1177s)

204 "Neil Armstrong - First Moon Landing 1969" 2012년 8월 26일(https://www.youtube.com/watch?v=cwZb2mqId0A&t=49s)

205 "인간 만세" 매일경제 1969년 7월 21일

206 해당 카퍼레이드 내용은 다음을 참고함. "Ticker Tape Parade for Apollo 11" (https://www.nasa.gov/image-article/ticker-tape-parade-apollo-11/), "Astronauts emotion filled at ticker tape parade" UPI ARCHIVES, 1969년 8월 14일 (https://www.upi.com/Archives/1969/08/14/), "pollo 11 Astronauts National Home Coming Parade", 2016년 9월 27일(https://www.youtube.com/watch?v=RmIWl-jF6mo)

207 "Man on the Moon: The 50th anniversary of the Apollo 11 landing" CBS, 2019년 7월 16일(https://www.cbsnews.com/news/)

208 "Man on the Moon: The 50th anniversary of the Apollo 11 landing" CBS, 2019년 같은 날

209 해당 행사 내용은 다음을 참고함. "세 우주인 내한" 매일경제 1969년 10월 30일, "세 우주인 훈장 수여 각의서 의결" 조선일보 1969년 11월 1일

210 해당 행사 내용은 다음을 참고함. "아폴로 세 우주인 입경" 경향신문 1969년 11월 3일, "아폴로11 세 우주비행사 내한" 동아일보 1969년 11월 3일, "달을 밟고 온 세계의 빈객" 동아일보 1969년 11월 3일, "아폴로 11호 우주비행사 환영행사 및 방한일정" 국립영화제작소(1969년), "미우주인 내한" 대한뉴스 제750호(1969년 11월 8일), 『아폴로 11호 우주인 내한 환영시민1』, 『아폴로 11호 우주인 내한 시내 퍼레이드1,2,3,4,5,6,7,8,9,10,11,12,13,14,15』 국가기록원(공보처 홍보국 사진담당관. 1969.11.3)

211 "신년도4대시설계획" 경향신문 1962년 1월 1일

212 "장충단체육관 두달 동안 대대적 보수" 동아일보 1963년 6월 14일

213 "금간 「맘모스」 장충체육관" 동아일보 1964년 11월 19일

214 해당 행사 내용은 다음을 참고함. 『박정희대통령 동양미들급참피언 김기수선수 접견악수』, 『박정희대통령 동양미들급참피언 김기수선수 접견1,2』 국가기록원(공보처 홍보국 사진담당관. 1965.1.13)

215 "색다른 권투 「멜로드라마」" 조선일보 1965년 8월 12일

216 "나의 젊음, 나의 사랑-권투인 김기수 (4) 무르익는 세계챔프의 꿈" 경향신문 1996년 5월 8일

217 "나의 승리는 빤한 것 필름으로 본 김…무패의 강적" 조선일보 1966년 6월 23일

218 "김기수 나도 한마디…" 동아일보 1966년 6월 24일

219 해당 경기 내용은 다음을 참고함. "한국의 철권 김기수 선수 세계타이틀 탈취" 동아일보 1966년 6월 26일, "왼손잡이 김기수 철권의 혈투…한 시간" 조선일보 1966년 6월 26일, "김기수, 세계 「챔피언」에" 경향신문 1966년 6월 27일, "세계참피온 탄생" 대한뉴스특보(국립영화제작소. 1966)

220 해당 행사 내용은 다음을 참고함. "세계정상의 철권 김기수 퍼레이드 장한손 번쩍" 동아일보 1966년 6월 28일, "시민들 갈채 속에 묻혀 김기수, 시내퍼레이드" 경향신문 1966년 6월 28일, "1966년 세계복싱협회 주니어미들급 챔피언에 오른 김기수씨 카퍼레이드" 중앙포토 1966년 6월 27일

221 "세계의 왕자 장창선 개선" 동아일보 1966년 7월 5일

222 "장창선 선수 개선 장한 아들 어머니 품에" 경향신문 1966년 7월 5일

223 "세계의 왕자 장창선 개선" 동아일보 1966년 같은 날

224 해당 행사 내용은 다음을 참고함. "금메달 퍼레이드" 조선일보 1966년 7월 6일, "장창선 선수 개선 장한 아들 어머니 품에" 경향신문 1966년 같은 날

225 "장창선 선수 개선 장한 아들 어머니 품에" 경향신문 1966년 같은 날

226 해당 행사 내용은 다음을 참고함. "금메달 퍼레이드" 조선일보 1966년 같은 날, "세계의 왕자 장창선 개선" 동아일보 1966년 같은 날,

227 해당 행사 내용은 다음을 참고함. "세계의 왕자 장창선 개선" 동아일보 1966년 같은 날, "금메달 퍼레이드" 조선일보 1966년 같은 날, 『장창선 선수 환영대회, 1966』 서울기록원(서울특별시 공보실. 1966.7.5) "장선수 금의환향" 대한뉴스 제578호(1966년 7월 9일)

228 "「붉은 땅」밟을 한국여자농구" 조선일보 1967년 4월 7일

229 "「붉은 땅」밟을 한국여자농구" 조선일보 1967년 같은 날

230 "꼭 우승을…" 조선일보 1967년 4월 21일

231 "박대통령, 격려축전" 경향신문 1967년 4월 21일

232 "김포-서 운간의 카퍼레이드 등 대환영 준비" 동아일보 1967년 5월 6일

233 해당 행사 내용은 다음을 참고함. "환영 일색 세계여자농구선수단 개선 하던 날" 동아일보 1967년 5월 8일, "여자농구단 개선하는 날 공산 하늘에 태극기 꽂고" 경향신문 1967년 5월 8일, "박수에 안긴 개선" 조선일보 1967년 5월 8일

234 "여자농구선수단 개선 환성·꽃다발속에" 경향신문 1967년 5월 6일

235 해당 행사 내용은 다음을 참고함. "환영일색 세계여자농구선수단 개선하던 날" 동아일보 1967년 5월 8일, "여자농구선수단 개선 환성·꽃다발속에" 경향신문 1967년 같은 날

236 "여자농구단 개선하는 날 공산하늘에 태극기 꽂고" 경향신문 1967년 5월 8일

237 해당 행사 내용은 다음을 참고함. "환희에 싸인「서울의 휴일」" 매일경제 1967년 5월 8일, "세계에 이름 떨친 한국의 딸들" 대한뉴스 제622호(1967년 5월 18일)

238 『농구선수단 환영회, 1967-05-07』 서울기록원(서울특별시공보실. 1967.5.7)

239 "유니버시아드 선수단 개선" 조선일보 1967년 9월 7일

240 "50년전, 이 대회 첫우승 이끈 농구원로들…"몸싸움 대비해 합기도 훈련까지"" 동아일보 2019년 12월 12일

241 "아시아를 울린 전설의 슈터 신동파" JUMPBALL. 2022년 2월 18일(https://jumpball.co.kr/)

242 "위기의 농구…전설이 된 '득점기계' 신동파를 돌아보다" JTBC 2014년 12월 24일

243 "농구선수단 개선" 동아일보 1969년 12월 4일

244 "정상의 영광에 환호" 경향신문 1969년 12월 4일

245 "우리팀 22명 확정" 동아일보 1969년 9월 25일

246 "한국, 인니와 패권 킹스컵 축구…" 조선일보 1969년 11월 28일

247 "아주정상 휘잡은 육탄슛" 동아일보 1969년 11월 29일

248 "한국, 아주정상에" 매일경제 1969년 11월 29일

249 "아주정상 휘잡은 육탄슛" 동아일보 1969년 같은 날

　　　　　　　　　　　환상 공화국의 카퍼레이드

250 "킹스컵 축구단 해단" 동아일보 1969년 12월 5일

251 "국위를 세계에 떨치고" 대한뉴스 제755호(1969년 12월 13일)

252 "체육진흥법을 공포" 동아일보 1962년 9월 18일

253 『국민체육진흥법』 (시행 1962년 9월 17일)

254 "준비에 바쁜 전국체육대회 동경「올림픽」에 대비" 경향신문 1962년 9월 27일

255 "동경올림픽 앞으로 4개월 임전태세 카르테 (1) 우수선수합동훈련단 〈上(상)〉" 동아일보
    1968년 6월 5일

256 "신흥국경기대회" 위키백과(https://ko.wikipedia.org/wiki/신흥국_경기_대회)

257 "북괴기·가(歌)를 허용" 경향신문 1963년 11월 29일

258 "동경올림픽 앞으로 4개월 임전태세 카르테 (1) 우수선수합동훈련단 〈上(상)〉" 동아일보
    1968년 같은 날

259 "북한 올림픽 보이콧" 조선일보 1964년 10월 9일

260 "선수촌 역사" 스포츠원 2011년 11월호, 대한체육회 체육포터(https://portal.sports.or.
    kr/)

261 "올림픽 10대 강국의 산실…51년 태릉선수촌 역사 속으로" 한국일보 2017년 9월 26일

262 "태릉선수합숙소 30일 준공" 동아일보 1966년 6월 29일

263 "[책갈피 속의 오늘] 1966년 태릉선수촌 건립" 동아일보 2007년 6월 30일

264 "勝利館(승리관)이라는 명명" 경향신문 1967년 2월 18일

265 "三억 들여 파이프 링크" 동아일보 1969년 9월 10일

266 노보로스크 훈련센터(https://www.novogorsksport.ru./about/)

연대기 2 - 1970년대
5장 난쟁이들의 도시

267 "핵전쟁의 위험서 해방" 조선일보 1970년 12월 29일

268 "프레이저 숙명의 대결 클레이 저마다 이긴다 장담" 매일경제 1971년 3월 8일

269 "공단의 착한 난장이들은 우리 모두의 분신" 경향신문 1978년 5월 30일

270 해당 행사 내용은 다음을 참고함. "청소차 백30대 서울시 인수" 경향신문 1962년 7월 28
    일, "청소용군「추럭」백30대 서울시에서 인수" 동아일보 1962년 7월 29일, 『청소차 인수식,
    1966-01-11』서울기록원(서울특별시 공보실. 1966.1.11)

271 "이것이 서울이다(14) 오물청소" 매일경제 1967년 9월 14일

272 "분뇨통 용량 속여" 동아일보 1967년 8월 9일

273 "데이터로 본 서울/인구변화와 인구성장률" 서울연구데이터서비스(https://data.si.re.kr/
    data/통계로-본-서울-인구편/267)

274 해당 내용은 다음을 참고함. "청소차 50대 인수 쓰레기·분뇨 수거 지역 넓혀" 경향신문 1970
    년 3월 24일, 『서울시 청소차 인수식』서울기록원(서울특별시 공보실. 1970.3.24)

275 "신진 자동차" 매일경제 1969년 8월 7일

276 "청소차 50대 인수 쓰레기·분뇨 수거 지역 넓혀" 경향신문 1970년 같은 날

277 "신형 청소차 24대 구입 시" 동아일보 1972년 6월 9일

278 『오물청소법』(법률 제914호, 1961.12.30)

279 『오물청소법』(법률 제2584호, 1973.3.8),『관보』(제6393호, 1973.3.8)

280 해당 내용은 다음을 참고해서 표로 제시했다. "쓰레기 쌓여 큰고생" 경향신문 1972년 7월 3
일

281 "쓰레기 매립지로 난지도 지정" 동아일보 1977년 8월 3일

282 해당 내용은 다음을 참고함. "개량 이태리 포플러" 경향신문 1962년 4월 1일, "5일부터 사업
착수 난지도를 농원으로" 경향신문 1977년 1월 1일

283 "서울에 새 공원" 경향신문 1965년 11월 19일

284 "서울의 나루터(上) "근대화"속의 낙도들 난지도" 경향신문 1969년 8월 15일

285 해당 내용은 다음을 참고함. "정릉등 13개소 유원지에 파출소" 경향신문 1969년 3월 25일,
"「한강에 여름경찰서」 시무" 동아일보 1977년 6월 21일

286 "5일부터 사업착수 난지도를 농원으로" 경향신문 1977년 1월 1일

287 "난지도 제방축조 준공" 대한뉴스 제1145호(1977년 7월 25일)

288 "난지도 제방 축조 준공 영세민 70여만명 취로" 경향신문 1977년 7월 25일

289 서울특별시 시보 제617호(1977.8.17)

290 "제방축조 끝낸 난지도 쓰레기처분장 고시" 경향신문 1977년 8월 3일

291 "대로변에 오물 버려" 경향신문 1969년 3월 22일

292 해당 내용은 다음을 참고함. "수거분뇨 한강에 버려" 경향신문 1969년 11월 20일, "시민위생
에 큰 위험" 동아일보 1969년 11월 20일

293 "방배동 악취에 넘치기도" 매일경제 1970년 2월 5일

294 "「오물」····한강" 조선일보 1970년 6월 20일

295 해당 내용은 다음을 참고함. "방배동에 분뇨처리장" 조선일보 1970년 1월 17일, "분뇨처리
장 건설 차관 2백87만불 승인" 경향신문 1970년 10월 23일

296 "서울 새살림71 〈완〉 하수처리장 실효 못거둘 분뇨처리" 경향신문 1971년 3월 2일

297 "쓰레기·분뇨처리에 골치" 동아일보 1976년 6월 5일

298 "한강 하루 난지도일대 이정우씨 조사" 경향신문 1976년 10월 25일

299 해당 행사 내용은 다음을 참고함. "귀순자 환영대회" 중앙일보 1970년 4월 14일, "반공에 앞
장설터 월남귀순·자수자 환영대회" 경향신문 1970년 4월 15일, "치하 받고 승공 앞장" 조선
일보 1970년 4월 15일, 『월남귀순자 및 자수자 환영대회』 국가기록원(공보처 홍보국 사진
담당관. 1970.4.14)

300 "치하 받고 승공 앞장" 조선일보 1970년 같은 날

301 『국가유공자및월남귀순자특별원호법』(법률 제1053호, 시행 1962.4.16)

302 『국가유공자등특별원호법』(법률 제2888호, 시행 1975.12.31)

303 "원호주택 500동 건립 5대도시" 매일경제 1974년 1월 15일

304 『월남귀순용사특별보상법』(법률 제3156호, 시행 1979.1.1)

305 "귀순용사가 갖고오는 각종 병기에 보상금 최고 28억원" 조선일보 1978년 10월 5일

306 해당 행사 내용은 다음을 참고함. "두 귀순용사 합동결혼" 조선일보 1969년 12월 13일, "두 귀순용사 합동결혼식" 동아일보 1969년 12월 12일

307 "반공연 주관 결혼식 귀순용사 이직호씨" 조선일보 1970년 8월 7일

308 해당 행사 내용은 다음을 참고함. "귀순용사 박상환씨 결혼" 조선일보 1971년 12월 23일, "귀순용사 김창송씨 결혼 어제 동료 행원 김미경양과" 경향신문 1975년 4월 10일, "귀순용사 공탁호 씨 남부시장 주례 결혼" 경향신문 1975년 10월 25일, "귀순용사 류대윤 군 구시장 주례로 화촉" 동아일보 1976년 6월 23일, "귀순용사 김관섭 씨 결혼" 동아일보 1978년 12월 16일

309 해당 행사 내용은 다음을 참고함. "북괴만행폭로" 대한뉴스 제830호(1971년 6월 5일), 『이성근씨 기자회견』 정부기록사진집(1971.5.31), "노동 착취 못견뎌 탈출" 조선일보 1971년 6월 1일

310 "전북괴거물간첩 강대진수기 출간" 동아일보 1970년 12월 21일

311 해당 내용은 다음을 참고함. "8호 초대소의 천일 사고" 조선일보 1972년 4월 26일, "알림" 조선일보 1972년 4월 27일

312 "북한 25년의 산역사 「時效人間(시효인간)」" 매일경제 1976년 8월 25일

313 "새연속극 「거문도」" 경향신문 1976년 11월 13일

314 "피묻은 手記(수기) 등 방송" 조선일보 1977년 10월 13일

315 "TV3국 대하드라마 경쟁" 조선일보 1978년 6월 11일

316 "소정자 저 「내가 반역자냐」" 경향신문 1966년 7월 11일

317 "동아 포우스트" 동아일보 1975년 10월 24일

318 "필정 소식" 조선일보 1976년 8월 6일

319 "실향 슬픔 달랜 「망향의 밤」" 동아일보 1977년 12월 16일

320 "회산동민 단합대회 반공강연회 등 가져" 경향신문 1979년 8월 28일

321 "북괴의 흑막 파헤쳐 오늘밤 8시 「증언」" 경향신문 1976년 1월 26일

322 "북괴 참상 낱낱이 폭로 오늘밤 8시 「증언」" 경향신문 1976년 2월 9일

323 해당 행사 내용은 다음을 참고함. "귀순용사 2백명 안보단합대회" 조선일보 1975년 6월 8일, "귀순용사 안보대회" 동아일보 1975년 6월 9일

324 "판문점서 북괴 제3땅굴 발견" 조선일보 1978년 10월 28일

325 해당 행사 내용은 다음을 참고함. "북괴 땅굴 규탄 200만 시민 궐기-여의도 5.16광장서 대회" 동아일보 1978년 10월 31일, "5.16광장서 발악적인 전쟁도발 중지하라" 매일경제 1978년 10월 31일

326 "인천, 춘천, 전주, 마산서도 북괴땅굴규탄대회" 동아일보 1978년 11월 3일

327 "MBC 10회 10대가수가요제 문화체육관서 화려한 개막" 경향신문 1975년 10월 31일

328 "MBC 유쾌한청백전 (7시 50분)" 경향신문 1975년 11월 12일

329 "첫 『귀순용사의 날 기념식』" 대한뉴스 KC 제1157호(1977년 10월 28일)

330 멸공의거단은 "1960년 2월 월남귀순용사들이 창단한 단체로, 1980년 10월 1일 숭의동지회"로 이름을 변경하여, 2025년 현재까지 이어지고 있다. 숭의동지회 (http://sungy.co.kr/)

멸공의거단은 초창기에 "김일성독재집단의 야만성과 전쟁광신증 폭로"가 주된 활동이었다. "최초의 탈북단체 45년 역사를 말하다" 오도민신문 2025년 1월 3일

331 "공단의 착한 「난장이」들은 우리 모두의 분신" 경향신문 1978년 5월 30일

332 "「척추장애경기」 선수단 개선" 조선일보 1971년 8월 12일

333 "스포츠 금메달3·동3획득" 매일경제 1974년 8월 9일

334 "근혜양이 다과회" 조선일보 1975년 8월 28일

335 "국제척수장애자 체전 선수 개선" 동아일보 1977년 8월 13일

336 "심신장애자에 밝은 내일을" 조선일보 1971년 5월 25일

337 "10월 유신의 미래상 어떻게 달라지나" 경향신문 1972년 11월 18일

338 "정립회관 개관 소아마비청소년들의 복지시설" 매일경제 1975년 10월 31일

339 해당 단속 내용은 다음을 참고함. "만전대비 연고지에 보내거나 수용소에 부랑나환자등 단속" 경향신문 1970년 3월 14일, "538명 적발 수용 부랑아 단속 3일간" 동아일보 1970년 3월 18일

340 "거리방황 나환자들 8월부터 강제수용" 동아일보 1975년 6월 21일

341 해당 범죄 내용은 다음을 참고함. "구직소녀 꾀어 팔아" 경향신문 1971년 11월 19일, "2개파 8명 구속" 매일경제 1971년 11월 19일

342 "구인광고로 인신매매 10대 등 꾀어 접대부로 6명…영장" 경향신문 1978년 4월 27일

343 "서울의 얼굴 (1) 아찔한 절벽 불안한 주택가" 동아일보 1975년 5월 21일

344 『숨어사는 외톨박이 I』, 유랑극단과 치마 입은 사내, 뿌리깊은나무, 1992년

345 『모자보건법』(법률 제2514호, 1973.5.10)

346 "우수민족 위해 불임 수술 불가피" 경향신문 1975년 3월 12일

347 "보사부 선천성 정박·간질환자 9명 강제 불임수술 명령" 경향신문 1975년 6월 24일

348 "본인에게도 다행" 경향신문 1975년 7월 2일

349 "서울-새풍속도 〈40〉 현대화의 숲에 싸인 남산[15]" 경향신문 1970년 11월 26일

350 "폐습 (8) 굿" 동아일보 1972년 4월 3일

351 "무허 암자와 기도원" 경향신문 1978년 9월 20일

352 "「재림 예수」, 탈쓴 「탕아」" 동아일보 1976년 2월 12일

353 "점 혹시나…의 여성심리 (1) 서울의 점술가" 동아일보 1978년 10월 19일

354 『난장이가 쏘아올린 작은 공』, 조세희, 문학과지성사, 1992년

6장 소울 파워, 라이브 인 서울

355 "김일-앤더슨 입국" 조선일보 1970년 11월 8일

356 "김일, 역도산배 차지" 조선일보 1970년 11월 10일

357 "아주선수권 걸고 내일부터 쟁탈전" 조선일보 1970년 3월 13일

358 해당 경기 내용은 다음을 참고함. "아주프로레슬링 선수권전 김일·레그파크스 등 5명 참가" 동아일보 1970년 8월 6일, "김일 12번째 선수권 방어" 동아일보 1970년 8월 10일

359 “한국프로레슬링 세계리이그 개막” 동아일보 1976년 5월 14일

360 해당 경기 내용은 다음을 참고함. “국제프로레슬링 전 MBC서 3차 중계” 조선일보 1971년 12월 16일, “프로레슬링 마지막회 김일 대 타이거마스크” 동아일보 1971년 12월 17일

361 해당 경기 내용은 다음을 참고함. “「프로세계」와 신의…윤화 입은 김일의 국제경기출전강행” 동아일보 1976년 9월 6일, “상처 무릅쓰고 출전 교통사고 김일 선수” 경향신문 1976년 9월 7일

362 “교통사고로 이마 중상 입은 김일 전국순회대회에 예정대로 출전” 조선일보 1976년 9월 8일

363 해당 경기 내용은 다음을 참고함. “김일, 세계챔피언에 도전” 조선일보 1974년 10월 4일, “[그때 그 경기] 레슬링 한일전 ‘김일VS이노키’” KBS뉴스 2009년 9월 28일 (https://news.kbs.co.kr/news/pc/view/view.do?ncd=1854480)

364 『김일 선수 대 이노키 선수 프로레슬링 경기』 정부기록사진집(1975. 3.27)

365 “일 프로레슬링 김일·김덕 조 패권” 경향신문 1976년 10월 30일

366 “지난 9월 대판에서 있은 극동헤비급타이틀매치에서 김일의 박치기에 피를 흘리며 쓰러진” 경향신문 1977년 11월 3일

367 “김일 조 타이틀 탈취 바바 조 2대1 눌러” 조선일보 1977년 11월 9일

368 “방륜규제 강화 지나친 몸짓·퇴폐적 표현·허무적 내용 금지” 경향신문 1975년 5월 17일

369 “도심 주점가 VTR방영 성행” 동아일보 1979년 11월 20일

370 해당 행사 내용은 다음을 참고함. “유제두 선수 개선 김포공항-시청 앞 카퍼레이드” 매일경제 1975년 6월 13일, “세계의 철권 유제두 개선” 동아일보 1975년 6월 13일, “세계철권 유제두 선수 개선” 경향신문 1975년 6월 13일, “「세계」를 안고 돌아왔다” 조선일보 1975년 6월 13일

371 “유제두 선수 세계정상에” 대한뉴스 제1035호(1975년 6월 14일)

372 영화『눈물 젖은 샌드백』(1975년, 감독: 김기, 주연: 유제두, 여수진)

373 해당 경기 내용은 다음을 참고함. “유제두, 15회 KO패” 조선일보 1976년 2월 16일, “유제두 팀 패인 싸고 내분” 조선일보 1976년 3월 4일, “되살아난 유제두 약물중독 의혹 “그때 먹은 딸기에 이상이 있었다”” 매일경제 1981년 7월 23일, “유제두 “76년 중정 공작 때문에 챔피언 뺏겨”” 경향신문 2006년 9월 29일, “‘이제는 말하는’ 유제두” 경향신문 2006년 10월 16일

374 “‘한 번 빡써는 영원한 빡써’ 챔피언 유제두 (하)” 조선일보 2007년 11월 27일

375 “무너진 유제두 10년 아성” 경향신문 1978년 7월 17일

376 “동양타이틀 최다방어 유제두 은퇴선언” 동아일보 1979년 7월 11일

377 “WBA 밴텀급T.M 홍수환 VS 아놀드 테일러 (74/07/04)Arnold Taylor vs Soo Hwan Hong” (https://www.youtube.com/watch?app=desktop&v=3JyH4c51Dno)

378 해당 행사 내용은 다음을 참고함. “홍수환 선수「정상의 철권」개선” 경향신문 1974년 7월 15일, “홍수환 선수 개선” 매일경제 1974년 7월 15일, “이 영광을 조국에” 대한뉴스 제992호(1974년 7월 20일)

379 “박대통령, 홍수환 선수 접견 표창 “모든 젊은이들 더욱 정진을”” 경향신문 1974년 7월 18일

380 “홍수환 KO패” 동아일보 1975년 3월 15일

381 “WBA밴텀급 타이틀매치 홍수환, 사모라에 TKO패” 경향신문 1976년 10월 18일

382 “프로복싱 J페더급 홍수환 다시 세계왕좌에” 경향신문 1977년 11월 28일

383 “홍수환 권투선수의 4전5기 경기중계방송” (https://www.youtube.com/watch?v=_7ND
WhkEmYg)

384 해당 행사 내용은 다음을 참고함. “「사전오기」 홍수환 열광적 환영속 개선” 경향신문 1977
년 12월 5일, “스포츠” 대한뉴스 제1163호(1977년 12월 14일), 『권투선수 홍수환 개선 시민
환영대회』 서울기록원(서울특별시 문화공보관. 1977.12.5)

385 “대중문화의 스타들 (3) 홍수환 론” 동아일보 1978년 2월 4일

386 “세계 챔피언의 영광을 지킨 홍수환 선수와 국제전화로-링은 나의 무대·나의 인생·나의 예술
이다” 경향신문 1978년 2월 4일

387 “허무하게 깨진 「사전오기」 신화 홍수환, 카르도나에 12회 TKO패” 경향신문 1978년 5월 8
일

388 “‘낭만복서’ 홍수환, 링 위의 인생을 말하다” 월간중앙 2016년 9월 17일[214]

389 해당 내용은 다음을 참고함. “MBC-TV알리 도착실황 중계” 경향신문 1976년 6월 25일, “태
권도 종주국 한국을 보고싶다” 경향신문 1976년 6월 26일

390 “알리, 육여사 묘소도 참배 “한국의 발전상 그대로 전하겠다”” 경향신문 1976년 6월 28일

391 해당 행사 내용은 다음을 참고함. “알리 방한일정 공항서 시청까지 카퍼레이드” 경향신문
1976년 6월 24일, “서울에 온 철권 알리” 동아일보 1976년 6월 26일, 『프로복싱 헤비급 세
계챔피언 무하마드 알리 방한』 위키피디아(1976년 6월 27일)

392 “재미 태권도인 이준구-“1976년 알리 방한은 중앙정보부 요청으로 이뤄졌다”” 월간중앙
2014년 5월 17일(138)

393 “알리, 고별회견…팬들의 환대에 감사 “한국에 다시 오겠다”” 경향신문 1976년 6월 29일

394 “배우가 된 알리” 동아일보 1976년 6월 29일

395 “알리, 고별회견…팬들의 환대에 감사 “한국에 다시 오겠다”” 경향신문 1976년 같은 날

396 “Local Pianist Wins a Tchaikovsky 2d” The New York Times, 1974년 7월 4일(https://
www.nytimes.com/1974/07/04/archives/)

397 “Local Pianist Wins a Tchaikovsky 2d” The New York Times 1974년 같은 날. 당시 뉴욕
타임즈 기사 원문은 다음과 같다. “MOSCOW, July 3—Myung Whun Chung, a 21-year-
old “ New York pianist, today was announced as the second-place winner in the pi
ano section of the quadrennial Tchaikovsky Competition at the Moscow Conservat
ory.…Mr. Chung recently became a United States citizen.”

398 해당 내용은 다음을 참고함. “정명훈군 환영대회 12일 김포공항~시청” 동아일보 1974년 7
월 10일, “귀국한 정명훈 군, 카퍼레이드도 “이 영광 온 겨레에게”” 경향신문 1974년 7월 13
일, “돌아온 영광…환호의 연도” 동아일보 1974년 7월 13일, “이 영광을 조국에” 대한뉴스
제992호(1974년 7월 20일)

399 “International Tchaikovsky Competition” Wikipedia. (https://en.wikipedia.org/wiki/
International_Tchaikovsky_Competition)

400 “Van Cliburn Back From Russian Tour” British Pathé 1958년 5월 22일

401 (https://www.youtube.com/watch?v=5Xc_x9Bxk) 뉴욕공공라디오(NYPR) 방송의 오디오 녹음본을 참고했다. "Van Cliburn Parade" The NYPRArchive Collections, 1958년 5월 20일(https://www.wnyc.org/story/van-cliburn-parade/)

402 해당 내용은 다음을 참고함. "미관지구 건물 규제" 경향신문 1970년 9월 2일, "미관지구 4종으로 구분 건축조례 공포" 경향신문 1970년 11월 11일, "미관지구 설정" 조선일보 1970년 11월 11일

403 해당 내용은 다음을 참고함. "75년까지 도심불량지구 재개발" 경향신문 1973년 2월 16일, "불량건물밀집 강제정비 서울시 특정가구 8개 지역 16만여평확정" 동아일보 1973년 9월 8일, "명동 등 도심지 7개 지구 8만평 재개발지구 지정" 경향신문 1977년 7월 15일

404 해당 내용은 다음을 참고함. "도로변 불량건물·간판정비" 동아일보 1973년 8월 14일, "너절한 간판-건물-점포 정비" 조선일보 1973년 8월 15일

405 "성동구 불량간판 백곳 철거" 동아일보 1978년 3월 28일

406 "도시미관저해 광고물 철거 7월부터 일제단속" 매일경제 1979년 6월 1일

407 해당 내용은 다음을 참고함. "서울시내 4대문안 손수레·자전거 등 통금" 경향신문 1973년 6월 2일, "칠일부터 집중단속 충정로 등 15곳 지정" 동아일보 1973년 6월 2일

408 "서울시경 통금조치 철회 4대문안 자전거·손수레 등" 경향신문 1973년 6월 6일

409 "출근길 조심조심 단속 이틀째" 경향신문 1977년 5월 2일

410 "『연탄없는 지역』확대" 조선일보 1978년 8월 11일

411 "청계천 판자촌 철거" 경향신문 1971년 6월 17일

412 "중랑-청계천변 판자촌 등 3천동 철거키로" 조선일보 1973년 9월 12일

413 "새서울(9) 판자촌은 사라지고 말끔히 정리되는 청계천의 「하천공원」" 동아일보 1976년 9월 18일

414 "서울시내 중심가에 환상고가고속도로" 조선일보 1967년 6월 14일

415 "혁신되는 서울의 길" 조선일보 1967년 8월 20일

416 "우리는 건설한다" 대한뉴스 제719호(1968년 3월 26일)

417 "연장 3.1고가도 15일 개통" 경향신문 1971년 7월 7일, "강변 5로 개통" 조선일보 1971년 8월 17일

418 영화『화녀』(1971년, 감독 김기영, 주연 윤여정)

419 "서소문 공원 15일 개장" 경향신문 1976년 10월 16일

420 해당 내용은 다음을 참고함. "「세종문화회관」개관" 동아일보 1978년 4월 14일, "세종문화회관 개관" 경향신문 1978년 4월 14일, "동양최대 예술의전당 세종문화회관 그 규모와 시설을 알아본다" 매일경제 1978년 4월 14일, "서울 세종문화회관 개관" 대한뉴스 제1181호(1978년 5월 17일)

421 "팝송 공연 위해 마거리트 내한" 매일경제 1970년 8월 11일

422 "칸초네여왕 밀바양 공연 위해 어제 내한" 경향신문 1972년 5월 2일

423 "칸초네의 여왕 밀바 공연 DBS 4일 단독 중계" 동아일보 1972년 5월 3일

424 해당 내용은 다음을 참고함. 당시 사망자 집계는 각 언론사 마다 51~53명으로 차이가 있다.

“1972년 서울 시민회관 화재” 동아일보 2006년 12월 2일, “53명의 목숨 앗아간 1972년 서울 시민회관 화재” 서울신문 2013년 2월 2일, “시민회관 화재로 51명 사망” 중앙일보 2015년 9월 2일, “72년 12월 2일 서울시민회관 화재, 4천여 관중 몰려 대규모 참사” 한국일보 2021년 12월 2일

425 “The Modern Skyscraper” 조선호텔 (https://lounge.josunhotel.com/06/the-modern-skyscraper/)

426 해당 내용은 다음을 참고함. “「케이라스의 황금」의 주역들 내한” 조선일보 1970년 11월 6일, “첫 한이합작영화 계약 극동필름서 「케이라스의 황금」” 경향신문 1970년 11월 7일

427 “오늘 이차공연 칸초네의 여왕 「밀바」에 팬들 환호” 동아일보 1974년 4월 30일

428 “사랑과 격정으로 노래하는 「무대 위의 마술사」” 동아일보 1974년 4월 22일

429 해당 내용은 다음을 참고함. “본사 주최 공연 위해 칸초네의 여왕 밀바 내한” 경향신문 1977년 3월 8일, “칸초네의 여왕 밀바 내한 공연” 경향신문 1977년 3월 9일

430 “대가 경지…청중 압도” 동아일보 1973년 9월 30일

431 해당 공연 내용은 다음을 참고함. “내일 이대서 공연 금세기 최고의 테너 파바로티 일행 내한” 경향신문 1977년 11월 29일, “본사 초청 내한공연서 청중을 매혹시킨 금세기 최고의 “명기” 루치아노…” 경향신문 1977년 12월 3일

432 해당 출연 내용은 다음을 참고함. “홍콩여우 진추하 한국에” 경향신문 1977년 5월 10일, “MBC 「토요일 토요일밤에」(7시 35분)” 경향신문 1977년 5월 14일, “토요일 토요일 밤에”(mbc. 1977년 5월 14일) (https://www.youtube.com/watch?v=xtTkpl5-5mU)

433 해당 내용은 다음을 참고함. “「축구황제 펠레」 내한” 동아일보 1972년 6월 2일, “상비군 의외의 실력” 경향신문 1972년 6월 3일, “야구 60만 돌파-전체의 38퍼센트 10월말 현재 유료입장 기준 서울운 집계” 동아일보 1972년 11월 21일

434 해당 내용은 다음을 참고함. “화랑과 내일 부산, 30일 서울서 2차전” 경향신문 1979년 9월 27일, “베켄바우어-알베르트 등 스타 수두룩” 조선일보 1979년 9월 28일

7장 정복과 제패

435 해당 경기 내용은 다음을 참고함. “여자 일반부 일 꺾어 2연패” 동아일보 1970년 4월 9일, “주니어 개인전 이에리사 제패” 동아일보 1970년 4월 13일, “아시아 탁구 결산 금메달4·은1·동3” 경향신문 1970년 4월 16일

436 “개선-시가 퍼레이드 아시아 휩쓴 한국선수단” 경향신문 1970년 4월 16일

437 “초여름의 구연” 조선일보 1972년 6월 3일

438 “아주정상 청룡 축구팀 개선” 경향신문 1970년 8월 19일

439 “메르데카 축구 청룡팀 출전” 경향신문 1970년 7월 3일

440 “선수들에 금메달” 경향신문 1970년 8월 18일

441 “푸짐한 메달 안고…아주대회 선수단본진 개선” 동아일보 1970년 12월 22일

442 해당 행사 내용은 다음을 참고함. “아주 경기 선수단 2진 개선” 매일경제 1970년 12월 22일,

“『아주 2위』 선수단 오늘 귀국” 조선일보 1970년 12월 22일

443 “푸짐한 메달 안고…아주대회 선수단본진 개선” 동아일보 1970년 같은 날

444 “푸짐한 메달 안고…아주대회 선수단본진 개선” 동아일보 1970년 같은 날

445 “박대통령 치사 지덕체 연마를 당부” 동아일보 1972년 6월 16일

446 “실망과 충격…「올림픽 참패」” 조선일보 1972년 9월 9일

447 “학교체육 강화” 조선일보 1972년 9월 9일

448 “제53회 전국체육대회” 대한뉴스 제901호(1972년 10월 14일)

449 『제53회 전국체육대회 치사』 대통령기록관(박정희대통령연설문집 제9집 10월편, 대통령비서실. 1972.10.6)

450 “한국 탁구 대표 선수단은 세계를 제패하고 돌아왔다” 경향신문 1973년 4월 23일

451 “제32회 세계탁구 선수권대회 한국 여자탁구 세계제패 기념” 한국조폐공사 우표(1973년 5월 23일)

452 『제32회 세계탁구선수권대회파견 한국대표선수단개선 환영대회계획(안)』 국가기록원(국무회의보고안건 제출. 문교부. 1973.4.12)

453 해당 내용은 다음을 참고함. “공항부터 카퍼레이드 개선 탁구팀, 범국민 환영대회” 경향신문 1973년 4월 21일, “「코비용」 컵 자랑스레 탁구선수단 개선” 경향신문 1973년 4월 23일, “「세계」를 안고 왔다” 조선일보 1973년 4월 23일

454 “[20세기 한국스포츠 20대 사건] (6) 사라예보의 탁구신화” 한국일보 1999년 12월 13일

455 “1973년 ‘사라예보 신화’ 일군 천영석 전 탁구협회장 별세” 세계일보 2022년 6월 22일

456 “대전서 첫 시범경기 세계제패 여자탁구 전국 순회길에” 경향신문 1973년 5월 8일

457 해당 연설 내용은 다음을 참고함. “박대통령 “스포츠는 민족정기 원천”” 매일경제 1973년 10월 12일, “박대통령 치사 “스포츠 정신 생활화를”” 동아일보 1973년 10월 12일

458 “제56회 국체 개막” 동아일보 1975년 10월 7일

459 『제56회 전국체육대회 치사』 대통령기록관(박정희대통령연설문집 제12집 10월편, 대통령비서실. 1975.10.7)

460 “서독국제 오픈대회 여자탁구 개선 카퍼레이드” 매일경제 1973년 3월 8일

461 “「탁구 한국」 떨치고 개선” 경향신문 1976년 3월 8일

462 “세계제패 여자탁구 개선” 조선일보 1976년 3월 8일

463 “세계군인유도 한국 종합우승” 동아일보 1977년 4월 20일

464 “8회 국제군인유도대회 제패 육군선수단 오늘 개선” 경향신문 1977년 4월 29일

465 “한국의 거목 김용룡 감독” 서울시50플러스포털(https://www.50plus.or.kr/)

466 『제3회 슈퍼월드컵 야구대회 우승』 국가기록원(제4회슈퍼월드컵야구선수단개선퍼레이드, 홍보국. 1977)

467 “세계재패 야구선수단 개선” 경향신문 1977년 12월 2일

468 “버어마 제압 3연패 킹스컵축구” 동아일보 1976년 1월 5일

469 “「3연패 영광」 개선” 조선일보 1976년 1월 9일

470 “킹스컵 선수단 「축구한국」 떨치고 개선” 경향신문 1976년 1월 9일

471 "킹스컵 선수단 「축구한국」 떨치고 개선" 경향신문 1976년 같은 날

472 "「3연패 영광」 개선" 조선일보 1976년 1월 9일

473 "올림픽출전 꿈 깨져" 경향신문 1976년 4월 5일

474 "한국 축구 첫 세계 재패는 1976년이었다" 조선일보 2010년 9월 27일

475 해당 행사 내용은 다음을 참고함. "「세계재패」 대학축구 금메달 안고 개선" 동아일보 1976년 9월 4일, "세계재패 대학축구팀 개선" 조선일보 1976년 9월 5일

476 해당 내용은 다음을 참고함. "남미에 한국 붐 일으켰다" 경형신문 1976년 9월 4일, "세계재패 대학축구팀 개선" 조선일보 1976년 같은 날

477 "아시아청소년축구 남북한 축구 대결서 승리" 경향신문 1978년 10월 27일

478 "아시아청소년축구 선수권 한국, 15년 만에 정상탈환" 경향신문 1978년 10월 30일

479 "「투혼」 개선 청소년 축구팀 환영 퍼레이드" 조선일보 1978년 11월 2일

480 "메배 축구 한국, 말A팀과 결승" 경향신문 1979년 7월 13일

481 "세계 제패 「한국궁도」 개선" 조선일보 1979년 7월 25일

482 당시 이란에서 제작한 기념 다큐멘터리를 참고했다. 원제: ⟨Foroogh-e Javidan⟩ 영어명: ⟨The Eternal Light⟩ or ⟨Flame of Persia⟩, 1971년, 감독: Shahrokh Golestan, 내레이터: Orson Welles. (https://www.youtube.com/watch?v=8VSaqhXuV7Q)

483 "하오 9시 테헤란서 화려한 개막식 아시안게임 내일 개막" 경향신문 1974년 8월 31일

484 "제7회 아시안게임 남북스포츠 대결 한국완승" 경향신문 1974년 9월 16일

485 "제7회 아시안게임 남북스포츠 대결 한국완승" 경향신문 1974년 같은 날

486 해당 내용은 다음을 참고함. "7회 아시안게임폐막" 경향신문 1974년 9월 17일, "열전 15일 성화꺼지고" 매일경제 1974년 9월 17일

487 "제7회 아시안게임 남북스포츠 대결 한국완승" 경향신문 1974년 같은 날

488 "아주 대회 한국대표단 개선" 매일경제 1974년 9월 18일

489 "아주 대회 한국대표단 개선" 매일경제 1974년 같은 날

490 "Frank Sinatra: Live at Aryamehr Stadium" WIKIPEDIA(https://en.wikipedia.org/wiki/Frank_Sinatra:_Live_at_Aryamehr_Stadium)

491 "제8회 방콕아시아경기대회" 대한뉴스 제1271호(1978년 12월 28일)

492 해당 행사 내용은 다음을 참고함. "오늘 선수단 개선" 경향신문 1978년 12월 21일, "아시안게임 선수단 카퍼레이드 환호 속 「파이팅」 개선" 경향신문 1978년 12월 22일

493 "U대회 선수단 개선" 조선일보 1979년 9월 19일

494 "U대회 남자배구등 입상종목 귀국경기" 경향신문 1979년 9월 20일

495 "한국 사격에 뒤처진 '왕년의 라이벌' 북한" 동아일보 2014년 10월 3일

496 "오륜선수단 오늘 결단" 조선일보 1976년 7월 3일

497 "여자배구 日(일)·蘇(소)와 3파전 예상 한국 금메달 후보" 매일경제 1976년 7월 19일

498 "레슬링 선수 2회전에" 매일경제 1976년 7월 21일

499 "레슬링 선수 2회전에" 매일경제 1976년 같은 날

500 "'나는 작은 새'의 고별인사" 세계일보 2024년 10월 31일

 환상 공화국의 카퍼레이드

501 "여자 배구 동독에 필사의 역전승 3-2" 조선일보 1976년 7월 24일

502 "여자배구 메달권에 쿠바 격파 4강대열에 올라" 매일경제 1976년 7월 26일

503 "여자배구 3대0 숙적 일에 석패" 매일경제 1976년 7월 30일

504 "올림픽 도전 4번만의 쾌거" 조선일보 1976년 8월 1일

505 『제21회 몬트리올 올림픽참가선수단개선및전적보고[안]』국가기록원(의안보고 제639호. 문교부. 1976. 8.3)

506 『제21회 몬트리올 올림픽참가선수단개선및전적보고[안]』국가기록원(의안보고 제639호. 문교부. 1976. 8.3)

507 "올림픽 선수단 개선" 조선일보 1976년 8월 4일

508 "오륜선수단 환영대회 뜨거운 환호에 다짐" 매일경제 1976년 8월 4일

509 "오륜선수단 환영대회 뜨거운 환호에 다짐" 매일경제 1976년 같은 날

510 "박대통령 범국민적인 체육 생활화" 매일경제 1976년 10월 12일

511 "박대통령 치사 요지" 매일경제 1976년 10월 12일

512 "여자배구 세계 제패" 조선일보 1977년 9월 17일

513 "세계정상 여자배구 개선" 조선일보 1977년 9월 24일

514 "「스포츠 한국」1년 ⑤배구" 조선일보 1977년 12월 25일

515 해당 내용은 다음을 참고함. "박찬숙·정미라 32점씩 아시아 여자농구" 동아일보 1978년 7월 28일, "아시아 여자농구 강현숙 혼자 22점" 동아일보 1978년 8월 3일, "아시아 여자농구 한국 7연승" 동아일보 1978년 8월 4일

516 "중공 63대61로 꺾어 한국여자농구 아주정상 탈환" 매일경제 1978년 8월 7일

517 대한민국농구협회(https://www.koreabasketball.or.kr/)

518 해당 행사 내용은 다음을 참고함. "공항서 환영식…카퍼레이드 환호 개선-중공 격파 여자농구팀" 경향신문 1978년 8월 9일, "한국여자농구팀 개선" 조선일보 1978년 8월 9일

519 해당 내용은 TV프로그램 일정표를 참고했다. 조선일보 1978년 8월 8일

520 해당 경기 내용은 다음을 참고함. "아시아경기대회 궁도·펜싱서 금2" 동아일보 1978년 12월 16일, "한국 4위로 부상" 매일경제 1978년 12월 16일

521 "한국 4위로 부상" 매일경제 1978년 같은 날

522 "세계궁도선수권 김진호, 여자개인 수위" 경향신문 1979년 7월 18일

523 "서베를린 대회 60m 더불 643점 기록경기사상 첫제패 김진호, 궁도서 세계신" 경향신문 1979년 7월 20일

524 "메르데카배 축구팀도 여자궁도선 개선" 매일경제 1979년 7월 25일

525 "「세계5관왕」이 돌아왔다" 동아일보 1979년 7월 25일

526 "세계제패「한국궁도」 개선" 조선일보 1979년 7월 25일

527 "모스크바 올림픽 향한 스포츠한국 힘과 기" 동아일보 1980년 1월 1일

528 "박체육회장, 북한측에 서한 "서울평양 친선경기 갖자"" 경향신문 1980년 1월 11일

529 결국 미국이 소련의 아프카니스탄 침공을 비판하면서 올림픽 불참을 선언했다. 이에 총 67개국이 제22회 모스크바 올림픽에 불참했다. 서방국가들 중 영국과 프랑스는 올림픽기를 들고

참가했다. 한국은 불참하면서 선수들의 올림픽 꿈은 무산되었다.

530 "박대통령, 소년체전 치사 "덕성·인격·도야에 참된뜻 나라의 기둥 긍지 갖도록"" 매일경제 1979년 5월 30일

531 이 표현은 1920,30년대 파시스트 베니토 무솔리니가 지배하던 이탈리아에서 유행하던 선전 표어 "Mussoloini is always right"를 차용한 것이다.

532 "박장군배 여자농구 결산" 경향신문 1969년 3월 31일

533 "박정희장군배 농구 되찾은 동남아정상" 경향신문 1970년 4월 13일

534 "스포츠" 대한뉴스 제926호(1973년 4월 7일)

535 "박장군배 농구 세계규모로" 동아일보 1973년 11월 17일

536 "스포츠 서울 개최 국제 경기 적극후원" 매일경제 1975년 1월 11일.

537 해당 내용은 다음을 참고함. "박장군배여자농구 올부터 세계규모로" 동아일보 1976년 1월 17일, "자유중국 초청키로" 조선일보 1976년 1월 24일

538 "올핸 4월 11일부터 박장군배 여자농구 격년제 세계대회로 이[탈리아]등 9개국 초청" 경향 신문 1976년 1월 17일

539 해당 내용은 다음을 참고함. "제1회 아주축구 개막 한국, 태 꺾어 서전 장식" 동아일보 1971년 5월 3일, "아시아축구 스케치 보험든 우승컵에 경호원 6명" 동아일보 1971년 5월 3일

540 "대회장 백두진씨 박대통령컵 축구 대회 조직위 구성" 경향신문 1971년 2월 17일

541 『1971년일반회계예비비지출(제1회 박대통령배쟁탈아시아국가축구경기대회경비)』 국가기 록원(국무회의 의안번호 제405호. 1971.4.23)

542 "아시아축구 스케치 보험든 우승컵에 경호원 6명" 동아일보 1971년 같은 날

543 "박대통령컵 쟁탈 아시아 축구대회" 대한뉴스 제827호(1971년 5월 15일)

544 "박대통령컵 쟁탈 아시아 축구" 대한뉴스 제826호(1971년 5월 8일)

545 "첫 게임 한·태 전 박대통령 시축" 동아일보 1972년 9월 21일

546 해당 경기 내용은 다음을 참고함. "박스컵 오늘 결승전 한국-버어마 숙명의 대결" 동아일보 1975년 5월 22일, "박대통령컵 아주축구 폐막 한국, 2연패 숙적 버마 눌러 1대0" 경향신문 1975년 5월 23일

547 "명칭도 바꿔 박대통령컵축구 국제 규모로" 경향신문 1976년 1월 8일

548 "박대통령컵 축구 9월 9일 개막 브라질·서독 등 18개국 참가" 경향신문 1978년 7월 15일

549 "박대통령컵 축구 조직위원회 구성" 동아일보 1978년 8월 19일

550 "박대통령컵 축구 9월 9일 개막 브라질·서독 등 18개국 참가" 경향신문 1978년 같은 날

551 "대통령컵 쟁탈 축구대회" 대한뉴스 제1202호(1978년 9월 16일)

552 해당 내용은 다음을 참고함. "전대통령 1일 취임 거리마다 경축무드 한껏" 경향신문 1980년 8월 30일, "제11대 전두환 대통령 취임····온 겨레 축복 속 새시대가 열렸다" 경향신문 1980년 9월 1일

553 "세계를 제패한 우리 기능선수단 개선" 매일경제 1977년 7월 18일

554 "세계를 제패한 우리 기능선수단 개선" 매일경제 1977년 같은 날

555 "박대통령, 기능올림픽선수단에 훈장·격려 "선진공업국대열에 오를 자신감"" 경향신문 1977

환상 공화국의 카퍼레이드

년 7월 19일

556 "제24회 국제기능올림픽 개막" 경향신문 1978년 9월 6일

557 "풍성한 기록…「기능 한국」 과시 제24회 국제기능올림픽 결산" 매일경제 1978년 9월 12일

558 "기능오륜 선수단 오늘 서울로 환영 카퍼레이드" 경향신문 1978년 9월 16일

559 "카퍼레이드 기능오륜 선수단 개선" 매일경제 1978년 9월 18일

560 "기능올림픽선수단 귀국" 동아일보 1979년 9월 26일

561 "78년 세계사격대회 서울서" 경향신문 1974년 9월 19일

562 해당 내용은 다음을 참고함. ""세계사격대회 준비 세심히"" 조선일보 1977년 6월 17일, "부처사격대회 참관 시범도 숙박·안전·시설등 차질 없게" 경향신문 1977년 6월 17일

563 이날의 행사는 다음을 참고함. "세계사격선수권대회개막 서울운동장" 동아일보 1978년 9월 27일, "42회 세계사격선수권대회 개막" 매일경제 1978년 9월 27일

564 선수촌 건립 내용은 다음을 참고함. ""원더풀 선수촌 세계는 한가족"" 조선일보 1978년 9월 21일

565 "사격대회 기념주화에 몰린 3만인파 1.2km 장사진" 경향신문 1978년 6월 12일

566 "세계사격선수권 유치유공자 박종규 회장 등 29명에 훈장" 조선일보 1979년 1월 13일

567 "6대주 12국 대표참가 8회 세계여자농구개막" 매일경제 1979년 4월 30일

568 "세계여자농구 예산 6억여원 책정" 동아일보 1979년 1월 27일

569 이날의 행사는 다음을 참고함. "박대통령 "국제경기 통해 기술연마 내년 오륜선 우승하도록" 여자농구선수단접견 당부" 매일경제 1979년 5월 21일, 『박정희대통령 제8회세계여자농구선수권대회 준우승한 한국팀 접견악수4』국가기록원(공보처 홍보국 사진담당관. 1979.5.19)

570 "박대통령지시 잠실에 대규모 종합운동장" 동아일보 1976년 9월 23일

571 "문교부, 「88년 유치계획」 구체화 「서울 올림픽」 실현 될까" 경향신문 1979년 7월 6일

572 "정상천 서울시장 88년 올림픽 서울유치계획" 매일경제 1979년 10월 8일

573 ""정상에 태극기 꽂고 돌아오겠다" 「웅지」 추렌히말로" 조선일보 1970년 2월 26일

574 해당 내용은 다음을 참고함. "추렌히말봉 정복" 경향신문 1970년 5월 13일, "한국등반대 추렌히말봉 정복" 동아일보 1970년 5월 13일

575 "박수와 꽃다발 속에…" 조선일보 1970년 6월 12일

576 "박수와 꽃다발 속에…" 조선일보 1970년 같은 날

577 해당 내용은 다음을 참고함. "한국의 추렌히말 정복에 의심" 동아일보 1971년 6월 5일, "[초점] 마운틴포럼, 1970년 추렌히말 이후 한국 히말라야 등정 의혹 약사 정리"『월간산』2011년 2월 16일 (http://san.chosun.com/)

578 "[초점] 마운틴포럼, 1970년 추렌히말 이후 한국 히말라야 등정 의혹 약사 정리"『월간산』2011년 같은 날

579 "에베레스트등반 현지 정찰대 귀국" 동아일보 1975년 11월 6일

580 "에베레스트사진전 21일까지 신세계서" 매일경제 1975년 12월 17일

581 "아 벌써 40년이 지났나요?: 김병준 대원의 회고"『사람과산』2017년 9월 1일

582 『에베레스트등반대 운영비 지원 - 1977년도 일반회계 예비비 지출』국가기록원(총무처 의정

국 의사국. 1977.5.3)

583 해당 등반 내용은 다음을 참고함. "한국등반대, 폭설·산소부족으로 에베레스트 1차도전실패" 경향신문 1977년 9월 14일, "에베레스트 정복좌절 한국원정대, 악천후로 일단 철수" 동아일보 1977년 9월 14일

584 해당 등반 내용은 다음을 참고함. "고상돈대원 에베레스트 정복" 매일경제 1977년 9월 17일, "한국, 에베레스트 정복" 경향신문 1977년 9월 17일

585 "에베레스트 원정대 개선" 동아일보 1977년 10월 6일

586 "민족의지의 결실 대합창「마나슬루」비극 딛고… 히말라야 도전사" 경향신문 1977년 9월 17일

587 "세계의 정상에 휘 날리는 태극기" 동아일보 1977년 9월 23일

588 "최단기 속공… 한국인의 저력 과시" 경향신문 1977년 10월 7일

589 『에베레스트등반대원 국립묘지참배』국가기록원(공보처 홍보국 사진담당관. 1977.12.6)

590 "에베레스트 원정대 개선" 동아일보 1977년 같은 날

591 "고상돈은 4천만의 등을 딛고 세계정상에 섰다" 경향신문 1977년 10월 6일

592 해당 내용은 다음을 참고함. "박대통령, 대원들에 훈장 수여 "에베레스트 정상 정복은 한국민 단결된 힘의 결정"" 매일경제 1977년 10월 12일

593 해당 내용은 다음을 참고함. "에베레스트 정복 기념 거북선 담배 15일부터 시판" 매일경제 1977년 10월 17일, "에베레스트 정복 기념우표 발행" 매일경제 1977년 11월 10일

594 "박대통령 신년사 전문" 경향신문 1978년 1월 1일

595 "안나푸르나 등반대 결단식" 미공개 대한뉴스KC 제1027호(1975년 4월 17일)

596 "난공불락의 빙성 넘은 코리어 만세" 조선일보 1975년 7월 26일

597 "15년만에 이룩한『히말라야 도전』" 조선일보 1977년 9월 17일

598 해당 내용은 다음을 참고함. "한국등반대『안나푸르나4봉』정복" 동아일보 1978년 4월 28일, "한국등반대『안나푸르나 제4봉』정복" 조선일보 1978년 4월 28일

599 "안나푸르나 등반대 개선 악천후 뚫은 쾌거" 경향신문 1978년 5월 23일

600 "한국등반대 히말라야 정복" 대한뉴스 제1187호(1978년 6월 1일)

601 "영혼의 땅 마나슬루, 빛나는 산 가셔브룸"『사람과산』2020년 11월 1일

602 ""마나슬루 정복 꿈의 실현" 서동환씨 카트만두에 개선" 동아일보 1980년 5월 13일

603 "마나슬루봉 등반대 오늘 개선 서동환씨 등 7명 카퍼레이드" 경향신문 1980년 5월 17일

604 해당 내용은 다음을 참고함. "암장살인은 아내" 동아일보 1980년 5월 17일, "연립주택 암장 시체 범인은 아내 극약 먹여 살해 평소 가정불화" 경향신문 1980년 5월 17일, "아내가 남편 죽여 암장 자기집 지하실에 실종 62일만에 시체 발견" 조선일보 1980년 5월 17일

8장 캐딜락, 그리고 명멸하는 불빛

605 해당 문서는 외교안보원 발간의『1970년대 한국외교의 진로』요약본이다.『1970년대 한국

외교의 진로』대통령기록관(보고번호 제69-311호. 1969.6.14)

606 "[어제의 오늘] 1975년 사이공 함락" 경향신문 2011년 4월 29일

607 "북 김일성, 1975년 중에 남침 요구… 중 답변은" 동아일보 2012년 5월 16일

608 "애그뉴 미부통령내한" 매일경제 1970년 8월 24일

609 『주한미군감축계획』국가기록원(2006년 12월 1일)

610 "미국 부통령 내한" 대한뉴스(제791호 1970년 8월 29일)

611 "애그뉴 미부통령입경" 동아일보 1970년 8월 24일

612 "미국 부통령 내한" 대한뉴스(제791호 1970년 같은 날)

613 "한미 제1군단 창설" 국가기록원(2008년 9월 22일)

614 해당 연설은 당시 오디오 녹음본에서 발췌했다. "제7대 대통령 선거 서울 장충단공원 유세 연설" 녹음본(1971년 4월 18일) 연세대학교 김대중도서관

615 『4·27대통령 선거 서울 유세 연설』대통령기록관(박정희대통령연설문집 제8집 4월편, 대통령비서실. 1971.4.25)

616 『엘살바도르 대통령 방한, 1970.9.28.-10.2. 전2권 사전준비철』외교부 오픈데이터

617 해당 행사 내용은 다음을 참고함. "서울은 환영일색 엘살바도르 대통령 부처 내한 하던 날" 경향신문 1970년 9월 28일, "거리마다 환영일색 엘살바도르 대통령 입경하던 날" 동아일보 1970년 9월 28일

618 "엘살바도르 대통령 방한" 대한뉴스 제796호(1970년 10월 2일)

619 "만찬회서 연설 "공산세력에 공동 대처" 박대통령 "자유 애호민의 모범" 산대통령" 경향신문 1970년 9월 29일

620 『엘살바도르 대통령 방한, 1970.9.28.-10.2. 전2권 결과보고』외교부 오픈데이터

621 『Ford, Gerald 미국 대통령 방한, 1974.11.22-23. 전6권』외교부 외교사료관(1974년 외무부 북미1과 의전담당관실)

622 『Ford, Gerald 미국 대통령 방한, 1974.11.22-23. 전6권』외교부 외교사료관(1974년 외무부 북미1과 의전담당관실)

623 해당 기사의 원문은 다음과 같다. "To the President's critics, most of whom are unwilling to be quoted for fear of being sent to prison, Mr. Park has become a desperate man —"a paranoid dictator," said one—who distrusts his own people." "Crisis Foreseen in South Korea as Park Clamps Down on Foes" Richard Halloran Special to The New York Times, 1974년 2월 14일

624 역사가 올랜도 파이지스(Orlando Figes)의 스탈린 시대의 공포와 고통을 다룬 저서『속삭이는 사회』의 제목과 내용에서 빌려온 표현이다.

625 해당 내용은 다음을 참고함. "포드 선발대 내한 의전등 협의" 매일경제 1974년 11월 8일, "부산한 「포드 영접」" 경향신문 1974년 11월 9일

626 "부산한 「포드 영접」" 경향신문 1974년 같은 날

627 "포드 미대통령 입경" 매일경제 1974년 11월 22일

628 해당 행사 내용은 다음을 참고함. "[특보] 포오드 미국대통령 한국방문1" 대한뉴스 제1011호

(1974년 11월 30일), 『박정희 대통령 포드 미국 대통령 환영악수(1974)』 대통령기록관(공보처 홍보국 사진담당관. 1974)

629 "한·미정상 1차회담" 경향신문 1974년 11월 22일

630 이날의 카퍼레이드 내용은 다음을 참고함. 『포드 미국대통령 방한기념 카퍼레이드』, 『포드 미국대통령 방한기념 카퍼레이드3』, 『포드 미국대통령 방한기념 카퍼레이드4』 국가기록원 (공보처 홍보국 사진담당관. 1974), 『박정희대통령 포드 미대통령 내한 카퍼레이드16,17,18, 19,20,21,22,23,24,26,27, 28, 29,30,31,32,33,34,35,36,37,38,39,40,41,42,43,44,44,45,46, 47』 국가기록원(공보처 홍보국 사진담당관. 1974) "[특보] 포오드 미국대통령 한국방문1" 대한뉴스 제1011호(1974년 같은 날)

631 "[특보] 포오드 미국대통령 한국방문1" 대한뉴스 제1011호(1974년 같은 날)

632 "[특보] 포오드 미국대통령 한국방문1" 대한뉴스 제1011호(1974년 같은 날)

633 『박정희 대통령 포드 미국 대통령 제1차 한국. 미국정상회담1(1974)』 국가기록원(공보처 홍보국 사진담당관. 1974)

634 "경협·통상증진등 광범협의" 동아일보 1976년 4월 19일

635 "경협·통상증진등 광범협의" 동아일보 1976년 같은 날

636 "뉴우질랜드 수상 방한" e영상역사관(대통령기록영상. 1976년))

637 "멀둔 수상 부처가 오던 날 멀둔 부처 프로필" 경향신문 1976년 4월 19일

638 "뉴우질랜드 수상 방한" e영상역사관(대통령기록영상. 1976년)

639 해당 행사 내용은 다음을 참고함. "한국을 방문한 세네갈 대통령" e영상역사관(대통령기록영상. 1979년), 『생고르 세네갈대통령방한카퍼레이드』, 『생고르 세네갈대통령방한카퍼레이드 1,3,4,5,7』, 『셍고르 세네갈공화국대통령방한연도촬영1』, 『셍고르 세네갈공화국대통령방한 시민환영2,3,6,7』 국가기록원(공보처 홍보국 사진담당관. 1979)

640 "청와대서 1시간 한·세네갈 1차정상회담" 매일경제 1979년 4월 23일

641 해당 행사 내용은 다음을 참고함. "한국에 오는 흑인정신" 동아일보 1979년 4월 18일, 『셍고르 세네갈대통령문인접견담화1』, 『셍고르 세네갈대통령문인접견악수1,4』 국가기록원(공보처 홍보국 사진담당관. 1979)

642 해당 내용은 다음 문서의 요약본을 참고했다. "Vessey described the South Korean leader as a "lonely man," who seemed to be "withdrawing more and more into himself."" 『Memorandum of Conversation with President Carter by General John W. Vessey, February 18, 1977 (Secret)』 NATIONAL SECURITY ARCHIVE

643 해당 내용은 다음 문서의 요약본을 참고했다. "…Carter pushed for a U.S. initiative to broker trilateral talks among Washington, Seoul and Pyongyang during his summit meeting with Park Chung Hee in summer 1979.", "…To avoid this raft of undesirable repercussions, Armacost suggests that Brown talk to Brzezinski to find out what the White House really hopes to accomplish, fearing that it may be an idea "ginned up" by the PR people as a "TV spectacular" for the summit along the lines of the Camp David peace talks." 『Memorandum for the Secretary of Defense from Deputy

Assistant Secretary of Defense Michael H. Armacost, Subject: Habib Mission to Korea, May 22, 1979, Secret』NATIONAL SECURITY ARCHIVE

644 해당 내용은 다음을 참고함. "카터방한일정 29일밤 9시 김포에 도착" 매일경제 1979년 6월 14일, "카터선발대, 연단을 자로 재는 등 세심한 점검" 동아일보 1979년 6월 14일

645 ""단 1분의 오차도 없다"…카터 영접 준비 완료"경향신문 1979년 6월 23일

646 "웰컴! 카터 휴전선 바라보며 병영서 첫밤" 경향신문 1979년 6월 30일

647 "카터 "오늘의 퍼레이드는 매우 아름다웠다"" 동아일보 1979년 6월 30일

648 해당 내용은 다음을 참고함. "카터 "오늘의 퍼레이드는 매우 아름다웠다"" 동아일보 1979년 같은 날, "애미양은 아빠곁에서 줄곧 손흔들어" 경향신문 1979년 6월 30일, "환영물결 카터 함박웃음" 동아일보 1979년 6월 30일, "정말 귀한 손님 오셨다 서울은 "웃음꽃밭"" 조선일보 1979년 7월 1일, "지미카터 미국 대통령 방한" 대한뉴스 제1245호(1979년 7월 6일), 『카터 미국대통령방한기념퍼레이드5,7,10』, 『카터 미국대통령방한취재기자센터1,2,3,4,5』국가기록원(공보처 홍보국 사진담당관. 1979.6.30)

649 "정말 귀한 손님 오셨다 서울은 "웃음꽃밭"" 조선일보 1979년 같은 날

650 카터와 박정희 회담 관련 내용의 원문은 다음과 같다.

President ParkI understand that U.S. forces cannot stay in Korea forever.

President CarterI can't promise that we will freeze force levels.

President Carter …Let me raise another issue that concerns me human rights,…We have observed and appreciated the release by you of Some students and political activists in recent moths.…My own wish would be that you could rescind Emergency Measure9 and release as many prisoner you had as possible. Obviously, I have no desire or ability to influence your decision other than to express my opinion of the tremendous improvements that would occur in U.S. relations if these measures could be taken.

President Park I have great admiration for your human rights policy throughout the worldand the spirit behind it. I would like to suggest, hower, that you cannot apply the same yard stick to all countries.…You went to the front line area, Mr. President, and drove back to Seoul. Our capital is only 25miles from the DMZ. Right across the DMZ hundreds of thousands of soldiers are poised. We have suffered a tragic war.…I told them that if dozens of Soviet divisions were deployed at Baltimore, the U.S. Government could not permit its people to enjoy the same freedoms they do now. If these Soviets dug tunnels and sent commando units into the Columbia, then U,S, freedoms would be more limited.

President Carter Is it your response that you would have to continue to impose EM-9?

President Park I hope you will understand, bur it is difficult to rescind EM-9 at this point.

President Carter This is all I have, Mr. President. I there anything more that you wo
uld like to raise?

President Park I understand your concern in this regard and will do my best.

President Carter I don't want to attempt to impose my will on your own. Only you
can judge to importance of these measures.

『Memoranda of Conversation, President Jimmy Carter, South Korean President
Park Chung Hee, et al, June 30, 1979, Secret』NATIONAL SECURITY ARCHIVE

651 해당 내용은 다음을 참고함. "「제3의 성령폭발」 개막" 매일경제 1974년 8월 14일, "엑스플
     로74 개막 "이땅에 성령폭발을"" 매일경제 1974년 8월 15일, "「엑스플로74」 개막 예배" 동
     아일보 1974년 8월 15일, "진리의 복음 만인에 전하다『엑스플로74』개막" 조선일보 1974
     년 8월 15일, "세계기독교복음화대회(EXPLO74)" e영상역사관(1974년)

652 "8.15특집방송 MBC-TV" 매일경제 1974년 8월 15일

653 "교통혁명을 이룩한 대역사 세계지하철 건설중 최단기" 매일경제 1974년 8월 15일

654 "도시교통의 역사적 전기-서울지하철 종로선의 개통을 경축한다-" 조선일보 1974년 8월 15
     일

655 "대중교통 새시대로 지하철·수도권전철 개통" 경향신문 1974년 8월 15일

656 "대중교통 새시대로 지하철·수도권전철 개통" 경향신문 1974년 같은 날

657 해당 내용은 다음을 참고함. "문세광이 조선호텔에서 국립국장까지 타고갔던 포드20M 승
     용차" 경향신문 1974년 8월 17일, "1974년 8월 15일 국립극장 그때 그 순간" 한겨레신문
     2005년 1월 20일

658 "광복절 29돌" 매일경제 1974년 8월 15일

659 "1974년 8월 15일 국립극장 그때 그 순간" 한겨레신문 2005년 같은 날

660 해당 내용은 다음을 참고함. "침울속 육여사 추모기도로 엑스플로74 3일째 68만명 참가" 동
     아일보 1974년 8월 16일, "비통의 고향…조객 줄지어 육여사 생가 TV보다 경악…문의전화
     박대통령 향리" 조선일보 1974년 8월 16일

661 "육여사에 은총을…엑스플로74 기도회" 경향신문 1974년 8월 16일,

662 "복음인파 모두 655만" 동아일보 1974년 8월 20일

663 해당 장례식 내용은 다음을 참고함. "고 육영수 여사 국민장 엄수 "우리의 길을 밝혀주는 큰
     빛이 되어주소서"" 경향신문 1974년 8월 19일, "영원한 미소 고이 잠드소서" 매일경제 1974
     년 8월 19일, "고 육영수 여사 국민장" 대한뉴스 제997호(1974년 8월 24일), "mbc Archiv
     es의 장례식 당일 흑백영상"을 재인용했다. 10 Video(유튜브 https://www.youtube.com/
     watch?v=v8nlF7ilCKI), 해당 영상의 정확한 제목은 다음과 같다. "육영수 여사 국민장,1
     권"(00:58:22:22), "육영수 여사 국민장,2권"(00:58:54:29) mbc ARCHIVES(1974년 8월 19
     일)

664 해당 행사 내용은 다음을 참고함. 『제9대 대통령 박정희 취임 경축행사』서울기록원(서울특
     별시 문화공보관. 1978년 12월 27일), "제9대 대통령 취임식" e영상역사관(대통령기록영상.
     1978년), "제9대 박정희 대통령 각하 취임" 대한뉴스 제1218-9호(1978년 12월 30일), "박

                                              환상 공화국의 카퍼레이드

정희 9대 대통령 취임" 매일경제 1978년 12월 27일, "경축의 밤 밝힌 불꽃놀이" 조선일보 1978년 12월 28일

665 『제9대 박정희 대통령 취임식』e영상역사관(대통령기록영상. 1978년)

666 해당 내용은 김재규 공소장과 항소심 판결문을 참고했다. "김재규 공소장 내용" 매일경제 1979년 12월 4일, 항소심 판결문에는 다음과 같은 내용이 나온다. "입수된 증제36호(32구경 권총 1정 총번 15920) 증제37호(32구경 권총 실탄 4발)는 피고인 김재규로부터 각 이를 몰수한다." "김재규 등 항소심 판결문" 경향신문 1980년 1월 28일

667 해당 내용은 김병수의 언론 인터뷰를 토대로 재구성했다. "고 박대통령 시신 검안 김병수 전 국군서울병원장 "매년 10.26이면 하늘만 쳐다봅니다"" 동아일보 1996년 10월 26일, "박정희 전 대통령 사망 처음 확인한 김병수 당시 국군 서울지구 병원장 증언" KBS뉴스9 1999년 10월 26일

668 해당 10.26 사건 내용은 다음을 참고함. "박정희 대통령 피격서거" 조선일보 1979년 10월 27일, "박정희 대통령 서거" 매일경제 1979년 10월 27일, "박정희 대통령 서거" 동아일보 1979년 10월 27일, "박정희 대통령 서거" 경향신문 1979년 10월 27일, "박정희 대통령 서거" 조선일보 1979년 10월 28일

669 "President Park Killed in South Korea" The Washington Post, 1979년 10월 26일

670 "PRESIDENT PARK IS SLAIN IN KOREA BY INTELLIGENCE CHIEF, SEOUL SAYS; PRE MIER TAKES OVER, G.I.'S ALERTED" The New York Times, 1979년 10월 27일

671 "Sudden Death" The New York Times, 1979년 10월 28일, "Official Account of Death ArousesDoubts" By Henry Scott Stokes Special to The New York Times. 1979년 10월 28일

672 해당 내용은 다음을 참고함. "키티호크호 4일 부산입항" 동아일보 1979년 10월 31일, "『하늘의 불침번』E3A기 00기지서 첫 공개" 경향신문 1979년 11월 2일

673 해당 내용은 다음을 참고함. "청와대서 도보행진 11시반 중앙청 떠나 국장절차" 조선일보 1979년 11월 1일, "고 박정희 대통령 국장 엄수" 동아일보 1979년 11월 3일, "온 국민애도 속 중앙청광장서 영결식" 매일경제 1979년 11월 3일

674 해당 장례식 내용은 다음을 참고함. "고 박정희 대통령 국장엄수" 경향신문 1979년 11월 3일, "고 박정희 대통령 국장엄수" 조선일보 1979년 11월 4일, 『박정희 전 대통령 국장, 1979-11-03』서울기록원(서울특별시 문화공보관. 1979.11.3), "고 박정희 대통령 국장" 대한뉴스 제1264-5호(1979년 11월 9일), "박정희 대통령 서거" e영상역사관(대통령기록영상. 1979년 11월 30일)

에필로그

675 『계엄포고 제10호』위키문헌(https://ko.wikisource.org/wiki/계엄포고_10호)

676 "세계의 미녀들" 대한뉴스 제1289호(1980년 7월 10일)

677 보안사 위로파티의 내용은 다음을 참고함.
"12·12 성공했다고 춤판 벌인 전두환의 보안사" KBS광주5.18 40주년 아카이브 프로젝트

2020년 7월 31일 (https://www.youtube.com/watch?v=SF5eAkLOTKo)

678 "각하, 만수무강하십시오" KBS뉴스 전북 2007년 6월 9일(https://www.youtube.com/watch?v=tpTHd8M7Emo) 서울국제가요제 행사는 다음을 참고함. "80서울국제가요제 15개국 17개팀 참가" 매일경제 1980년 5월 17일, "80서울국제가요제 여자 MC정민경양" 매일경제 1980년 5월 24일

679 "영 밀러양 그랑프리 80서울국제가요제" 매일경제 1980년 5월 26일

680 "역사속 오늘 "[1973년 11월 17일] 그리스 반군부독재 시위"" YTN 2010년 11월 17일

681 "그리스 군사정권" 위키백과(https://ko.wikipedia.org/wiki/그리스_군사정권)

682 『필리핀 개항』, 외교부 남아시아태평양국 동남아과, 2018년, p.25

683 "페르디난드 마르코스" 위키백과(https://ko.wikipedia.org/wiki/페르디난드_마르코스)

684 "36년 만에 권좌 되찾은 '마르코스 가문' 필리핀은 왜 마르코스에 열광할까?" 14F 일사에프 (https://www.youtube.com/watch?v=U1XuwgRdCeY)

685 "1975 Miss Universe Pageant - Full Show" Anything Universal TV (https://www.youtube.com/@AnythingUniversalTV)

686 위키백과(https://en.wikipedia.org/wiki/Arturo_Armando_Molina)

687 "paint Hong Kong red from the earth to the sky" THE Atlantic, 1967년 11월. Reports: Hong Kong by Maynard Parker.

688 "1967, 2019-홍콩, 두 개의 분수령" 한겨레신문 2022년 2월 6일

689 "80년도 미스 유니버스 대회." e영상역사관(분야별기록영상. 1980년)

690 "1980년 서울에서 미스 유니버스대회 개최" 경향신문 2010년 7월 27일

691 "1980년 서울에서 미스 유니버스대회 개최" 경향신문 2010년 같은 날

692 "미스 유니버스 대회 개막 69개국 참가" 경향신문 1980년 6월 30일

693 "1980 Miss Universe Pageant - Full Show" Anything Universal TV (https://www.youtube.com/@AnythingUniversalTV)

694 "계엄령 오늘밤 12시 해제" 경향신문 1981년 1월 24일

695 "오늘밤 국제가용제 서울 16국 18곡…" 조선일보 1981년 5월 23일, "구성-진행 손색없어 81 서울가요제" 조선일보 1981년 5월 26일

696 아라베스크의 공연 무대는 다음을 참고했다. "Arabesque - Seoul Songs Festival in Korea, 1981" (https://www.youtube.com/watch?v=KG4lY-04jY8)

697 "전국 대학생 민속·국학 큰잔치" 동아일보 1981년 4월 24일

698 "남산의 부장들(172) 2許「李-張 사건」빌미 전氏 견제" 동아일보 1994년 1월 30일

699 『전국대학생축제 "국풍'81"보고서』, 대통령비서실(1981)

700 "국풍81 예산 6억 5천만 원" 동아일보 1981년 6월 1일

701 『전국대학생축제 "국풍'81"보고서』, 대통령비서실(1981)

702 "「국풍81」예산 6억 5천만 원" 동아일보 1981년 같은 날

703 "국풍81 내 1일까지 지신밟기부터 축제 시작" 동아일보 1981년 5월 28일

704 『전국대학생축제 "국풍'81"보고서』, 대통령비서실(1981)

705 "국풍81" e영상역사관(제1335호. 1981년 6월 5일)

706 해당 내용은 다음을 참고함. "우리들의 축제 국풍81 개막" 조선일보 1981년 5월 29일, "국풍 81 첫날 줄잡아 백만 인파" 동아일보 1981년 5월 29일

707 "國風八十一" 한국민족문화대백과사전(https://encykorea.aks.ac.kr)

라이브 인 서울 1962~1981

환상 공화국의 카퍼레이드

1판 1쇄   2025년 2월 15일
ISBN   979-11-24110-07-2 (03910)

저자   원종훈
편집   김효진
교정   이수정
제작   재영 P&B
디자인   우주상자
펴낸곳   마르코폴로
등록   제2021-000005호
주소   세종시 다솜1로9
이메일   laissez@gmail.com
페이스북   www.facebook.com/marco.polo.livre

책 값은 뒤표지에 있습니다. 잘못된 책은 교환하여 드립니다.